www.ingramcontent.com/pod-product-compliance
Lightning Source LLC
LaVergne TN
LVHW010202070526
838199LV00062B/4468
9789358726244

عشق کے بعد

(ڈرامے)

مرتبہ:

سید معز الدین احمد فاروق

© Taemeer Publications LLC

Ishq ke baad (Urdu Dramas)
by: Syed Moizuddin Ahmad Farooq
Edition: April '2024
Publisher :
Taemeer Publications LLC (Michigan, USA / Hyderabad, India)

ISBN 978-93-5872-624-4

مرتب یا ناشر کی پیشگی اجازت کے بغیر اس کتاب کا کوئی بھی حصہ کسی بھی شکل میں بشمول ویب سائٹ پر اَپ لوڈنگ کے لیے استعمال نہ کیا جائے۔ نیز اس کتاب پر کسی بھی قسم کے تنازع کو نمٹانے کا اختیار صرف حیدرآباد (تلنگانہ) کی عدلیہ کو ہو گا۔

© تعمیر پبلی کیشنز

کتاب	:	**عشق کے بعد** (ڈرامے)
مرتب	:	**سید معزالدین احمد فاروق**
کمپیوٹر کمپوزنگ	:	ساحل کمپیوٹرس، مومن پورہ، ناگپور
پروف ریڈنگ / تدوین	:	اعجاز عبید
صنف	:	ڈراما
ناشر	:	تعمیر پبلی کیشنز (حیدرآباد، انڈیا)
سالِ اشاعت	:	۲۰۲۴ء
صفحات	:	۲۳۲
سرورق ڈیزائن	:	تعمیر ویب ڈیزائن

فہرست

(۱)	پیش لفظ	محمد امین الدین	6
(۲)	رستم و سہراب	آغا حشر کاشمیری	8
(۳)	تلاش	امتیاز علی تاج، قدسیہ زیدی	38
(۴)	محبت کی پیدائش	سعادت حسن منٹو	51
(۵)	چوڑیاں	سعادت حسن منٹو	67
(۶)	عورت	رشید جہاں	86
(۷)	سرائے کے باہر	کرشن چندر	116
(۸)	عشق کے بعد	کرشن چندر	139
(۹)	سانپ	عصمت چغتائی	162
(۱۰)	گوشۂ عافیت	ڈاکٹر محمد حسن	199

پیش لفظ

ڈراما یونانی زبان کے لفظ ''ڈراؤ'' سے مشتق ہے۔ جس کے معنی ہیں عمل یا ایکشن، ہر ملک اور ہر زبان کی تعریف کے مطابق ڈراما انسانی زندگی کی عملی تصویر مانا گیا ہے۔ قدیم زمانے سے لے آج تک فنی اصطلاح میں ڈراما کا اطلاق اس صنف ادب پر ہوتا ہے۔ جس کے الفاظ میں گفتار کی متحرک قوت اور کردار میں عمل اور ارادہ کی کیفیت موجود ہے۔

آج اردو ڈراما کا تذکرہ کرتے ہوئے صرف ماضی کی داستان اور قدیم اسٹیج اور تھیٹر کی کہانیاں دہرائی جاتی ہیں۔ اس کا سب سے بڑا سبب اسٹیج اور تھیٹر کی عدم موجودگی ہے۔ کیونکہ ڈراما صرف لفظی و کاغذی پیرہن سے مکمل نہیں ہوتا۔ یہ آرٹ زندگی کی سچی نقالی ہے اور اس کی تشکیل و تکمیل کا دارومدار نقل و حرکت پر ہے۔ یعنی ڈراما کی برکت اسٹیج اور تھیٹر کی تمثیلی حرکت ہی سے ہے۔

ڈراما خواہ اسٹیج کا ہو یا ریڈیو کا جہاں تک فنی لوازم و عناصر کا تعلق ہے اس کے ترکیبی اجزا سوا معدودے چند ہیئتی تبدیلیوں کے یکساں ہوتے ہیں۔ جب ہم فن ڈراما کا ذکر کرتے ہیں تو لازمی طور پر ہمارے سامنے تھیٹر اور اسٹیج کی تشکیل ہوتی ہے۔ ہر ڈرامے میں حسب ذیل اجزا یا عناصر ترکیبی کا ہونا ضروری ہے۔ اگر ان میں سے ایک بھی کمزور یا غائب ہو تو وہ ڈراما مکمل شکل اختیار نہیں کر سکتا۔

۱۔ کہانی کا مرکزی خیال یا تھیم   ۲۔ پلاٹ   ۳۔ آغاز

۴۔ کردار و سیرت نگاری　　۵۔ مکالمہ ۶۔ تسلسل، کشمکش اور تذبذب

۷۔ تصادم ۸۔ نقطہ عروج وکلائمکس(Climax)) ۹۔ انجام

سید معزالدین فاروق صاحب نے جس ماحول میں آنکھیں کھولی وہ گھرانہ ایک تعلیم یافتہ اور نہایت ہی مہذب گھرانہ ہے۔ انھوں نے موروثی وضعداری کو قائم رکھا اور ایم اے (اردو) کا امتحان امتیازی حیثیت سے کامیاب ہو کر ناگپور مہاودیالیہ (ماریس کالج) میں بحیثیت لکچرار ملازمت کا سلسلہ شروع کیا۔ بچپن سے مطالعہ کا شوق رہا اس لئے مختلف اصناف ادب کا مطالعہ رہا لیکن خصوصیت سے ان کا رجحان فن ڈراما پر رہا۔

اس کتاب میں شامل تمام ڈرامے بھی ان شہرہ آفاق ڈرامہ نگاروں کے ہیں جنھوں نے اس فن کو عروج کی منزلوں تک پہنچانے میں کسی قسم کی کوئی کسر نہیں چھوڑی ہے۔

ان ڈراموں کے انتخاب کو مرتب کرنے کا ان کا مقصد یہ تھا کہ بعض کتب نایاب ہو چکی ہیں۔ جو ڈھونڈنے سے بھی نہیں ملتی۔ ایم اے کے نصاب میں ایک پرچہ ڈرامہ اور فکشن پر ہوتا ہے۔ جس کے لئے طلباء و طالبات کو دشواریوں کا سامنا کرنا پڑتا ہے۔ اگر اس طرح کا ایک انتخاب منظر عام پر آجائے تو طلباء و طالبات ایک بڑی پریشانیوں سے نجات پاجائیں گے۔

محمد امین الدین

ایڈیٹر قرطاس، ناگپور　　۳۰/اپریل ۲۰۰۶ء، ناگپور

رستم و سہراب

آغا حشر کاشمیری

پلاٹ: رستم سمنگان میں اپنے چند لشکریوں کے ساتھ خیمہ زن ہوتا ہے۔ جہاں چند دیہاتی اس کا گھوڑا چرا کر لے جاتے ہیں۔ رستم شاہ سمنگان کو جنگ کی دعوت دیتا ہے اور کہتا ہے کہ یا تو میرا گھوڑا واپس دلاؤ یا پھر جنگ کے لیے تیار ہو جاؤ۔ شاہ سمنگان رستم سے مقابلہ کی تاب نہیں لاتا اور اس کو شاہی محل میں بلا کر خاطر مدارات کرتا ہے۔ پھر صلح صفائی کے بعد شاہ کی حسین بیٹی شہزادی تہمینہ سے رستم کی شادی ہو جاتی ہے اور رستم کچھ عرصہ قیام کے بعد ایران واپس لوٹ جاتا ہے۔ بعد ازاں تہمینہ کے بطن سے لڑکا پیدا ہوتا ہے اور عرصہ دراز کے بعد تہمینہ اور رستم کا بیٹا سہراب جوان ہو جاتا ہے۔ اس زمانہ میں ایران و توران کے درمیان جنگ چھڑتی ہے۔ سہراب تورانی لشکر کے ساتھ ایران کے قلعہ، سفید پر حملہ آور ہوتا ہے۔ قلعہ کا حاکم گستہم، سہراب سے زچ ہو کر صلح کرنا چاہتا ہے مگر حاکم پرگنہ کی بیٹی گرد آفرید کمال دلیری و شجاعت سے جنگ جاری رکھنے پر مصر ہوتی ہے۔ اس موقع پر بہرام اور گرد آفرید میں سخت کلامی ہوتی ہے اور گرد آفرید اسے پست ہمتی پر لعنت ملامت کرتی ہے۔ پھر لشکر کو خطاب کر کے اپنی ولولہ انگیز تقریر سے ان میں نیا جوش اور نئی زندگی دوڑا دیتی ہے۔ جنگ چھڑ جاتی ہے۔ گرد آفرید مردانہ لباس میں مصروف جنگ ہے۔ وہ سہراب کے ہاتھوں شکست کھاتی ہے، اس دوران میدان کارزار

میں اس کے سر سے خود گر جاتا ہے اور اس کے زنانہ بالوں کو دیکھ کر سہراب پہچان لیتا ہے کہ یہ مرد نہیں عورت ہے۔ وہ اس کے حسن اور بہادری سے متاثر ہو کر اپنا دل دے بیٹھتا ہے۔ گرد آفرید بھی سہراب کی مردانگی و شجاعت پر فریفتہ ہوتی ہے، اس کے باوجود وطن کے فرض کو محبت کی خاطر قربان کرنے کو تیار نہیں ہے اور قلعہ کے اندر سہراب اور اس کے لشکر کو داخل ہونے سے روکتی ہے، سہراب غیظ و غضب میں حملہ کرنے کا حکم دیتا ہے۔ گرد آفرید بڑی بے جگری سے لڑتی ہے لیکن بہرام کی غداری اور جنگ کا نقشہ بدل ڈالتی ہے۔ گرد آفرید کے چند سردار بہرام کے اشارے پر سہراب سے ساز باز کر لیتے ہیں اور شکست خوردہ ہو کر اس کی فوج بھاگنا شروع کرتی ہے۔ سہراب اپنے سرداروں کو حکم دیتا ہے کہ گرد آفرید کے ناخن کو بھی گزند نہ پہنچے، اسے زندہ سلامت گرفتار کر لاؤ۔ لیکن غدار بہرام زخمی گرد آفرید کی پشت پر وار کر کے مہلک زخم لگاتا ہے اور وہ گر جاتی ہے۔ بہرام قلعہ کا پھاٹک کھول کر سہراب کے لشکر کو اندر بلا لیتا ہے لیکن جب سہراب کو گرد آفرید کے حادثہ کا علم ہوتا ہے تو وہ بدحواس ہو جاتا ہے اور دیوانہ وار اسے تلاش کر کے اس کی حالت پر رنج و غم کا اظہار کرتا ہے، عین اسی وقت سہراب اور گرد آفرید ایک دوسرے کی محبت کا اقرار کرتے ہیں اور گرد آفرید یہ کہہ کر دم توڑ دیتی ہے کہ:

"وطن کا فرض، عشق کے فرض سے بڑا ہے اس لیے میں نے اپنے وطن اور قوم کی آزادی کے لئے اپنے وطن کے دشمن سہراب سے جنگ کی ہے، دل کے مالک سہراب سے نہیں!"

سہراب مضطرب و آب دیدہ ہو جاتا ہے اور یہ معلوم کر کے کہ گرد آفرید کو بہرام نے دھوکے سے قتل کیا ہے، فوراً اس غدار کو ہلاک کر ڈالتا ہے، اور نہایت خلوص و احترام سے گرد آفرید کو ان الفاظ میں نذرانۂ عقیدت پیش کرتا ہے:

"پیاری آفرید!

تونے فرض محبت کو، اور ملک پر زندگی کو قربان کر کے انسان کو سکھا دیا کہ دنیا میں کس طرح جینا اور کس طرح مرنا چاہئے۔ ایران کی آنے والی نسلیں تیرے کارناموں پر فخر کریں گی، ایران کی تاریخ کے حروف ہمیشہ تیرے نام کی روشنی سے چمکتے رہیں گے۔"

اس کے بعد رستم ایران کی شکست کا بدلہ لینے اس کی مدد کو آتا ہے۔ میدان کارزار گرم ہوتا ہے اور رستم و سہراب جیسے عظیم، دلیر و شہ زور باپ بیٹے کے درمیان دنیا کی تاریخ کا حیرت انگیز و عبرت خیز مجادلہ ہوتا ہے جو کئی روز جاری رہتا ہے۔ بالآخر رستم، سہراب کو مغلوب کر کے ہلاک کر دیتا ہے۔ جنگ کے دوران دونوں میں سے کسی کو اس بات کا علم نہیں ہوتا کہ وہ باپ بیٹے ہیں۔ بعد میں جب رستم کو سہراب کی زبانی اس کے باپ اور ماں کے نام معلوم ہوتے ہیں اور وہ سہراب کے بازو پر بندھی ہوئی نشانی اپنا مہرہ دیکھتا ہے تو بیٹے سے لپٹ کر بے اختیار رونے لگتا ہے اور کہتا ہے کہ:

"آج دنیا سہراب کے خون اور رستم کے آنسوؤں میں ڈوب گئی۔"

آغا صاحب نے اس شاہکار کے پلاٹ کی ترتیب اس انداز میں کی ہے کہ یہ ایران و توران کی کہانی ہوتے ہوئے بھی برصغیر پاک و ہند اور برطانیہ کے مابین پیش آنے والے تاریخی معرکوں کی یاد تازہ کرتی ہے۔ اس ڈرامے کے اکثر مناظر، جرأت و شجاعت، حب الوطنی، ایثار و قربانی اور غداروں کے جوڑ توڑ تمام کیفیات معرکہ، پلاسی، معرکہ، میسور اور ۱۸۵۷ء کی جنگ آزادی کے نقشے پیش کر دیتے ہیں۔

ایکٹ دوسرا

سین تیسرا

سمنگان کا شاہی محل

(شاہ سمنگان، تہمینہ، کنیزیں، بارمان اور ہومان موجود ہیں۔)

شاہ سمنگان: بیٹی! بادل کے کمان سے نکل کر زمین کی طرف آتا ہوا بجلی کا تیر اور سہراب کا ارادہ ہماری منتوں سے اپنا راستہ نہیں بدل سکتا۔ اس لیے اپنی ممتا کو اس سرکش کی مرضی کے ساتھ صلح کرنے کے لیے مجبور کرو۔

تہمینہ: ابا جان! میری زبان نے مجبوری سے اسے ایران جانے کی اجازت دے دی ہے لیکن ممتا کی آگ سے جلتا ہوا دل ابھی تک اجازت دینے کے لیے تیار نہیں ہے:

ادھر کہتا ہے وہ ماں مجھ کو قسمت آزمانے دے

ادھر کہتا ہے دل میرا نہ جانے دے، نہ جانے دے

نہ وہ مانے نہ یہ مانے، کروں کیا سخت مشکل ہے

ادھر بپھرا ہوا سہراب، ادھر بگڑا ہوا دل ہے

ہومان: محترم بانو! توران کے شہنشاہ افراسیاب نے محبت کے تحفوں کے ساتھ تورانی فوج کے جو بارہ ہزار بہادر بھیجے ہیں ان میں ہر سپاہی بارہ ہزار دلیروں کی طاقت کا مالک ہے۔ ان بارہ ہزار تورانی شیروں کے ساتھ آپ کا فرزند جس سرزمین پر قدم رکھے گا:

سر جھکا دے گا زمانہ جبہ سائی کے لیے

آئے گی خود فتح بڑھ کر پیشوائی کے لیے

غم نہ کیجئے آپ اس کے نیک و بد کے واسطے

قسمت و اقبال حاضر ہیں مدد کے واسطے

(سہراب کا جوش میں داخلہ)

سہراب: رستم کا فرزند اپنے بازو اور تلوار کے سوا کسی سے مدد کا طلب گار نہیں ہے۔

(ہومان، بارمان سے)

میں نے صرف ناشکری کے الزام سے بچنے کے لیے تاجدار توران کی فوجی مدد قبول کر لی ہے، لیکن سہراب تورانی لشکر کے اعتماد پر نہیں، اپنی جرأت و طاقت کے بھروسہ پر ایران کے غرور کو للکارنے جا رہا ہے۔ خدا میرا محافظ، ہمت میری ہمدم، تلوار میری خادم، میدان جنگ میرا راستہ اور کیکاؤس کا تخت میرے سفر کی آخری منزل ہے، اس سفر کے آغاز کا نام ہے استقلال، اور سفر کے خاتمے کا نام ہے فتح۔

بارمان: ہمیں کامل یقین ہے کہ آپ اپنے زور بازو سے ضرور ایران کی تاریخ بدل دیں گے۔

سہراب: ماں! جس رستم کی پیدائش پر آسمان، زمین کو مبارکباد دیتا ہے، جس رستم کا نام سن کر بہادری غرور کے نشے میں جھوم اٹھتی ہے، اس رستم کا بیٹا ہونا میرے لیے شرم کا نہیں فخر کا باعث تھا پھر آج تک میری حقیقت کو پردے میں رکھنے کی کیا وجہ تھی؟:

دل میں رکھا راز دنیا کو خبر ہونے نہ دی
شام گمنامی کی تم نے کیوں سحر ہونے نہ دی

تہمینہ: اس غصے اور رحم سے بھرے سوال کا جواب ماں سے نہیں ماں کی مامتا سے پوچھ۔ تیری پیدائش کا راز ظاہر ہو جانے سے اندیشہ تھا کہ تیرا باپ تجھے اپنے پاس بلا کر میری دنیا کی روشنی مجھ سے چھین لے گا اور مجھ بد نصیب کی آنکھیں شوہر کے چہرے کی طرح بیٹے کی صورت دیکھنے کے لیے بھی بے رحم قسمت کے سامنے فریاد کرتی رہیں گی:

نہ زہر گھول دے تقدیر میرے جینے میں
چھپا کے رکھا تھا اس سے یہ بھید سینے میں

سہراب: ماں! رستم جیسا باپ، سہراب جیسا بیٹا، ان دو آفتاب و ماہتاب کی موجودگی میں دنیا کو حقیر ستاروں کی ضرورت نہیں ہے، میں خدا اور دنیا کے سامنے کیکاؤس کو تخت سے

اتار کر اپنے باپ کو ایران کا بادشاہ اور تمہیں ایران کی شہنشاہ بیگم بنانے کا عہد کر چکا ہوں ،اس عہد کو پورا کرنے کے لیے اب تم سے آخری مرتبہ اجازت مانگنے آیا ہوں۔

تہمینہ :(روتے ہوئے) سہراب!

سہراب: یہ کیا ماں !روتی ہو؟ روؤ نہیں۔ ماں لائق اولاد کے لیے نہیں، نالائق اولاد کے لیے روتے ہیں تمہارا بیٹا عزت کی دنیا فتح کرنے جارہا ہے۔ اس لیے یہ رونے کا نہیں، خوش ہونے کا وقت ہے ہنستے ہوئے ہونٹوں سے اجازت دے کر مجھے میدان جنگ کی طرف رخصت کرو۔ سمنگان کے قلعہ کے دروازے پر فوج اور ایران کی زمین پر شہرت تمہارے سہراب کا انتظار کر رہی ہے۔

تہمینہ : سہراب!ایران کی سرزمین جادو کی زمین ہے ، جہاں جاتے ہی انسان اپنے پیاروں اور پچھلی محبت کو بھول جاتا ہے۔ مجھے خوف ہے کہ یہاں سے جانے کے بعد اپنے باپ کی طرح کہیں تو بھی غریب تہمینہ کو نہ بھول جائے:

تری صورت، تری باتیں مرے دو ہی سہارے ہیں
تجھی کو دیکھ کر دنیا میں اتنے دن گزارے ہیں
کلیجے سے لگا لینے کو پاؤں گی کہاں تجھ کو
کرے گا کون ضد مجھ سے کہے گا کون ماں مجھ کو

سہراب:ماں !ماں !یہ کیا کہہ رہی ہو، تم میری نجات کا وسیلہ ہو، میری زندگی کی برکت ہو:

بھول جاؤں فرض کو ایسی نہیں اولاد میں
اپنی اک اک سانس سے تم کو کروں گی یاد میں

تہمینہ : اچھا تو خدا کی مرضی پوری ہو۔ (مہرہ نکال کر) یہ تیرے باپ کی دی ہوئی نشانی ہے۔

اس نے سمنگان سے رخصت ہوتے وقت تاکید کی تھی کہ اگر لڑکی ہو تو یہ مہرہ اس کے سر کے بالوں میں ، اور اگر لڑکا ہوا تو اس کے بازو پر باندھ دینا۔ لا ہاتھ بڑھا۔ پندرہ برس سے آج ہی کے دن کے لیے اس محبت کی یادگار کی حفاظت کر رہی تھی۔ اس مہرہ پر نظر پڑتے ہی باپ بیٹے کو اور خون، خون کو پہچان لے گا۔ (سہراب کے بازو پر باندھ دیتی ہے) میرے لال! تجھے سچے بہادر اور سچے سپاہی کا فرض سکھانے کی ضرورت نہیں ہے۔ پھر بھی تجھے رخصت کرنے سے پہلے نصیحت کرتی ہوں کہ ہمیشہ تلوار کو کمزوروں کا محافظ سمجھنا ظلم کو ذلیل جاننا اور پیروں میں پڑے ہوئے دشمن کو رحم مانگنے پر معاف کر دینا:

دیکھنا جرأت و طاقت پہ نہ الزام آئے
لب پہ شاباش ہو سہراب کا جب نام آئے

سہراب: پیاری ماں! میں لوہے کے ہتھیاروں سے سج کر میدان جنگ کی طرف ناموری کی تلاش میں جا رہا ہوں۔ یہ ہتھیار دشمن کی ہمتوں کو، جسموں کو، فوجوں کے قلعوں کو فتح کر سکتے ہیں لیکن عزت اور شہرت پر فتح پانے کے لیے مجھے ایک اور حربے کی ضرورت ہے۔

تہمینہ: میرے بچے! وہ کون سا حربہ ؟

سہراب: (تہمینہ کے قدموں میں بیٹھ کر) ماں کی دعا:

ہو نہ یہ حربہ تو پھر بے کار میرے ہاتھ ہیں
ساتھ ہے دنیا، اگر ماں کی دعائیں ساتھ ہیں

تہمینہ: (سہراب کے سر پر ہاتھ رکھ کے):

دعائیں دیتی ہوں تجھ کو وقت خادم، بخت ی اور ہو
زمانہ پاؤں کے نیچے، خدا کا ہاتھ سر پر ہو

ایکٹ دوسرا

سین چوتھا

ایرانی سرحد

(قلعہ سفید کا اندرونی حصہ)

(قلعہ کے رئیس گستہم اور فوجی سردار بیٹھے ہوئے غمگین نظروں سے سامنے کھڑے ہوئے بہرام کی طرف دیکھ رہے ہیں۔)

بہرام: امید آپ لوگوں کو دھوکا دے رہی ہے۔ ہوا میں گرہ دینے کی کوشش نہ کیجئے۔ اپنی طاقت کا غلط اندازہ کرنا یہ آپ کی پہلی غلطی، اور سہراب کو معمولی لڑکا سمجھنا، یہ آپ کی دوسری غلطی ہے۔ خاموش ہونے سے پہلے ایک بار پھر آگاہ کرتا ہوں کہ آپ اپنے ہاتھوں سے اپنے لیے سلامتی کا دروازہ بند کر رہے ہیں، وقت کی آنکھیں بدل چکی ہیں۔ سہراب سے جنگ کرنا جنگ نہیں خودکشی ہے۔

گستہم: (سرداروں سے) مجھے اپنی رائے کے درست ہونے پر اصرار نہیں ہے۔ میں نے جلسہ مشاورت کے سامنے اپنا خیال پیش کر دیا۔ اب آپ لوگ متفق ہو کر خود فیصلہ کریں کہ ہمیں کیا کرنا چاہئے۔ جنگ یا صلح؟

سردار: جب ہمارا لشکر بے حوصلہ اور دشمن کے حملے کامیاب ہیں تب صلح نہ کرنا زندگیوں اور ملک کو جنگ کی آگ کا ایندھن بنانا ہے۔ میری رائے صلح کے حق میں ہے۔

دوسرا سردار: میں بھی اس رائے کی تائید کرتا ہوں۔

گستہم: (بہرام سے) جب کثرت رائے جنگ کی مخالفت میں ہے تو آپ ہماری جانب سے صلح کے قاصد بن کر جایئے، سہراب سے کہیے کہ ہم جان و مال کی سلامتی کے وعدے پر

اپنا قلعہ حوالے کرنے کو تیار ہیں۔

بہرام: آنے والے زلزلے کی دہشت سے ملک کانپ رہا تھا۔ آپ نے اس فیصلہ سے خون اور تباہی کے طوفان کو آگے بڑھنے سے روک دیا، بربادی کے ہاتھ کے حربے چھین لیے۔ بد بختی کی امیدیں توڑ دیں۔ میں آپ کی دوراندیشی کو مبارکباد کہتا ہوں۔ میری زبان سے سہراب کا شکریہ آمیز جواب سننے کے لیے تیار رہیے۔

(جوش میں جانا چاہتا ہے۔ اس وقت گرد آفرید آکر اس کے سینے پر اپنی تلوار کی نوک رکھ دیتی ہے۔)

گرد آفرید: ٹھیرو! کہاں جاتے ہو؟

بہرام: صلح کرنے۔

گرد آفرید: کس سے!

بہرام: سہراب سے!

گرد آفرید: سہراب سے؟ ایران کے بدخواہ، قوم کے دشمن سے! طاقت ور سے کمزور کا، پتھر سے شیشے کا، آندھی سے تنکے کا کبھی اتحاد نہیں ہوتا۔ صلح برابر والوں سے ہوتی ہے اور طاقت کا ثبوت دینے کے بعد ہوتی ہے، یہ صلح نہیں، ذلت کا اعلانیہ اقرار ہے، ملک فروشی کی دستاویز ہے۔ تمہاری غیرت کی پیشانی پر غلامی کا داغ اور تمہاری مادر وطن کے پر جلال چہرے پر شرم کی کالک ہے:

مردود ہے وہ کوشش ملعون ہے وہ خانہ
آزادیِ وطن کا لکھے جو بیع نامہ
عزت سمجھ رہے ہو، غیروں کی بندگی میں
مر جاؤ، گر ہے جینا ذلت کی گندگی میں

بہرام: گرد آفرید! حریف کی طاقت اور ملک کی کمزوری کا اندازہ کرنے کے بعد رائے ظاہر کرو۔ جس سہراب نے ہجیر جیسے طاقت کے پہاڑ کو گھوڑے سمیت اٹھا کر مٹی کے ڈھیلے کی طرح زمین پر پھینک دیا۔ اس سہراب کو ہم اپنی تلوار بازی کا تماشا دکھا کر کبھی فتح نہیں کر سکتے۔

گرد آفرید: فتح جرأت وہمت سے ملا کرتی ہے۔ سوچنے رونے اور بیوہ عورت کی طرح ہائے ہائے کرنے سے نہیں ملتی، فتح بے عزت کے غلاموں کی آقا اور ہمت کے آقاؤں کی لونڈی ہے۔ بزدل قسمت سے فتح کی بھیک مانگتے اور بہادر قسمت کے منہ پر تھپڑ مار کر زبردستی حاصل کرتے ہیں:

جرأت ہے جس کے پاس وہی فتح مند ہے
جھک جائے گا جہان جو ہمت بلند ہے
اٹھو بڑھو دکھاؤ کہ طاقت ہے پاؤں میں
ملتی ہے فتح مرد کو خنجر کی چھاؤں میں

بہرام: لیکن جب صلح کر لینے سے ہمارا قلعہ، ہماری دولت، ہماری زندگی ہر چیز بچ سکتی ہے تو ہمیں اپنی بیوقوفی کا ثبوت دینے کے لیے سہراب سے جنگ کرنے کی کیا ضرورت ہے۔

گرد آفرید: شرم کر، شرم کر، خود غرضی کے بازار میں، دولت دواجب کے چھوٹے سکون پر قوم کی عزت اور ملک کی آزادی فروخت کر دینے کو تو شرافت کا سودا جانتا ہے۔ پالتو کتے کی طرح گلے میں سہراب کی اطاعت کا پٹا ڈال کر اس کے پیر چاٹنے کو عزت کی زندگی سمجھتا ہے:

تری زباں ہے فسانہ، نمک حرامی کا
سبق پڑھاتا ہے اوروں کو بھی غلامی کا

بہرام: خبردار! گرد آفرید! تو کسی معمولی شخص سے ہم کلام نہیں ہے، میری حیثیت کا ادب کر، جاگھر میں جا، آرام کر، سلطنت کے انتظام میں عورت کو دخل دینے کا حق نہیں۔

گرد آفرید: بزدل! بے حیا! تو مجھے عورت کہتا ہے، میں عورت نہیں، تو عورت ہے، کیوں کہ میں عورت ہو کر بھی مرد کی طرح ملک اور قوم کے دشمن کا سر اپنے پیروں میں روندنا چاہتی ہوں اور تو عورت کی طرح اپنی پلکوں سے سہراب کے پاؤں کی گرد صاف کرنا اور اس کی جوتیوں کو اپنے سر کا تاج بنانا چاہتا ہے۔

بہرام: ذلیل، زبان دراز۔۔۔

(گرد آفرید پر تلوار سے حملہ کرتا ہے، گرد آفرید اسے اٹھا کر زمین پر دے مارتی ہے اور کلائی مروڑ کر تلوار چھین لیتی ہے۔)

گرد آفرید: کتا شیرنی پر حملہ نہیں کر سکتا، وطن کے دشمن (لات مار کر) جا، سہراب کی جوتیاں اٹھانے والوں میں اپنا نام لکھا کر اپنی عزت پر فخر کر، تیری قسمت میں نہ شریفوں کی زندگی ہے نہ بہادروں کی موت۔

بہرام: گرد آفرید! میں اس توہین کا خوف ناک بدلہ لوں گا، تجھ سے بھی اور جو اپنی خاموشی سے تیری تائید کر رہے ہیں ان سے بھی۔

(غصے میں سانپ کی طرح بل کھاتا ہوا چلا جاتا ہے۔)

گرد آفرید: ایران کے دلیرو! سہراب اس دنیا میں دنیا سے علیحدہ کوئی چیز نہیں ہے۔ وہ بھی تمہاری ہی طرح مٹی پانی سے بنا ہوا انسان ہے۔ وہ بھی تمہاری ہی طرح اپنی زندگی کی مدت اور موت کے وقت سے بے خبر ہے۔ اس لیے تنکے کو پہاڑ اور پہاڑ کو آسمان سمجھ کر اپنی طاقتوں کو حقیر نہ سمجھو۔۔۔ اٹھو۔۔۔ اٹھو اٹھو۔۔۔ مست ہاتھی کی طرح جھوم کر۔۔۔ آندھی کی طرح جھلا کر۔۔۔ بادل کی طرح گرج کر۔۔۔ اپنے وطن کی حفاظت

کے لیے تلواریں کھینچ کر کھڑے ہو۔۔۔ جہاں بزدلی ہے وہاں شکست ہے۔۔۔ اور۔۔۔ جہاں جرأت ہے وہیں فتح ہے۔

گستہم: خوف۔۔۔ خیال کا خواب ہے۔۔۔ تم نے ہمیں اس خواب سے جگا دیا۔

سب: زندہ باد گرد آفرید۔

گرد آفرید: زندہ باد ایران۔

(سب خوشی سے تلواریں کھینچ لیتے ہیں۔)

ایکٹ دوسرا

سین پانچواں

میدان جنگ کا ایک حصہ

(ہومان، بارمان اور قلعہ سفید کے نگہبان، ہجیر کے ساتھ سہراب کا داخلہ، ہجیر کے دونوں ہاتھ کمند سے بندھے ہوئے ہیں۔)

سہراب: تم قلعہ سفید کے نگہبان ہو؟

ہجیر: ہاں!

سہراب: تمہارا نام۔

ہجیر: ہجیر!

سہراب: قلعہ کے حاکم کا نام؟

ہجیر: کژدہم!

سہراب: اگر قید کی زندگی کے سر پر موت کی تلوار لٹک رہی ہے آزاد زندگی سے بدلنا

چاہتے ہو تو خط لکھ کر قلعہ کے حاکم کو آگاہ کرو کہ میرے حضور میں آ کر نذرانۂ اطاعت پیش کرے۔

ہجیر: عمر کے ساتھ میری یادداشت بھی بوڑھی ہو گئی ہے۔ اس لیے زندگی کے دنوں میں نمک حرامی کا سبق یاد نہیں کر سکتا۔

سہراب: یعنی؟

ہجیر: تم نے میدان جنگ میں شکست دے کر میرے جسم کو قید کر لیا ہے۔ میری روح تمہاری قید میں نہیں۔ زندہ رکھو یا قتل کر دو۔ لیکن میں اپنی غلامی کے کاغذ پر کبھی دستخط نہیں کروں گا۔

سہراب: (ہومان اور بارمان سے) اچھا تو بربادی کے درندوں کو زنجیریں کھول کر قلعہ سفید پر حملہ کرنے کے لیے آزاد کر دو، اور غم کی سیاہ رات میں وطن کی حالت پر الو کی طرح ماتم کرنے کے لیے اس بدبخت کو قید میں رکھو، احمق امید کی زمین میں مستی بو رہے ہیں لیکن انھیں بہت جلد آنسوؤں کی فصل کاٹنا ہو گی:

مرے قدموں کو بوسہ دے گی جھک جھک کر جبیں تیری
بساط بحر بن جائے گی سجدوں سے زمیں تیری
اٹھا سکتا نہیں سر تیغ جوہر دار کے آگے
سن او ایران! جھک جا اب مری تلوار کے آگے

ہجیر: زمین پر رینگتے ہوئے حقیر کیڑے کی طرح حرکت کرنے اور سانس لینے کا نام زندگی نہیں ہے۔ آزادی اور اختیار سے محروم ہو کر پامال گھاس کے مانند زندہ رہنا انسانیت کی موت ہے۔ میری تمنا ہے اور دعا کہ میرے اہل وطن جئیں لیکن غلام بن کر نہیں، آقا بن کر، کتے کی طرح نہیں، شیر کی طرح۔

(ہومان اور باران، ہجیر کو لے جاتے ہیں۔)

(مردانہ لباس میں انتہائی جوش و غضب کے ساتھ گرد آفرید کا داخلہ)

گرد آفرید: ایران دنیا کا سر جھکانے کے لئے پیدا ہوا ہے، جھکنے کے لئے پیدا نہیں ہوا:

ایران کے قدموں میں ہے جیحوں سے تا گنگ
اس خاک سے پیدا ہوئے طہمورث و ہوشنگ
ہر فرد یہاں کوہ فگن، زور شکن ہے
یہ شیروں کا گہوارہ شجاعت کا وطن ہے

سہراب: میدان جنگ میں زبان کے ہر دعوے کو زور بازو سے ثابت کرنا ہوتا ہے۔

گرد آفرید: میرے دعوے کو مری تلوار ثابت کرے گی۔

سہراب: ایران کی زمین میں وہ لوہا پیدا ہی نہیں ہوتا جس سے مرد کی آبرو بڑھانے والی تلوار بن سکے، ظاہر کر، تو کون ہے، تیری موت کے بعد قلعہ سفید میں کس نام سے تیرا ماتم کیا جائے گا؟

گرد آفرید:

دشمن نخوت، حریف شعلہ، سامانی ہوں میں
بس مرا نام و نشان یہ ہے کہ ایرانی ہوں میں
سیل خوں میں موج آہن کی روانی دیکھ لے
آج تو بھی برش تیغ کیانی دیکھ لے

(سہراب پر حملہ۔ دونوں میں خوف ناک جنگ، گرد آفرید کی شکست، گھوڑے سے زمین پر گرتے وقت سر کا خود علیحدہ ہو جانے سے گرد آفرید کے بال کھل کر بکھر جاتے ہیں۔ مرد کے لباس میں ایک حسین دوشیزہ کو دیکھ کر سہراب حیرت زدہ ہو جاتا ہے۔)

سہراب: یہ کیا؟ حسن کی دنیا کا چاند زرہ بکتر کے بادل میں:
طلوع قوس قزح کا عالم ہے جلوہ جسم نازنین پر
نثار ہے حسن شام جنت بہار گیسوئے عنبریں پر
حسین آنکھیں رسیلے تیور نظر میں انداز دلبری کے
بلوریں گردن پہ روئے روشن چراغ ہے ہاتھ میں پری کے

گرد آفرید: اقبال مند سہراب! ایران کی وہ بہادر لڑکی جس کے بازوؤں میں طاقت کا طوفان، جس کی تلوار میں بجلیوں کا سیلاب پوشیدہ تھا آج اس کے یقین کی دنیا ناکامی کے زلزلہ سے تباہ ہوگئی ہے۔ مجھے امان دو۔ میں اظہار ندامت کے ساتھ اپنی شکست کا اقرار کرتی ہوں۔

سہراب: بہادر نازنین! جو عورت خون کا ایک قطرہ گرائے بغیر اپنی مسکراہٹ سے ایک لمحہ میں آدھی دنیا کو قتل کر سکتی ہے، جو عورت اپنی شرمیلی نگاہوں سے چشم زدن میں بادشاہوں کا تاج اور دلیروں کی تلوار چھین سکتی ہے، اسے تیر و شمشیر لے کر میدان جنگ میں آنے کی کیا ضرورت ہے؟ حسن کے مقابلے میں ہمیشہ مرد کے غرور کو شکست ہوتی ہے، اٹھو! یہ میری فتح نہیں ہے تمہاری فتح ہے۔

گرد آفرید: (دل میں) "کس قدر شریف، جتنا چہرہ خوبصورت ہے، اتنا ہی دل بھی خوبصورت ہے۔" (چونک کر) "ارے میں کدھر جا رہی ہوں۔"

سہراب: فتح یاب حسینہ! جب کہ تم اپنی اصلی شکل میں ظاہر ہو گئیں تو اب تمہیں اپنا نام و نشان بھی ظاہر کر دینا چاہئے۔ یہ میرا حکم نہیں، حسن کی سرکار میں عاجزانہ درخواست ہے۔

گرد آفرید: میں قلعہ سفید کے حاکم کژدہم کی بیٹی گرد آفرید ہوں۔

سہراب: اور جانتی ہو؟ میں کون ہوں۔

گرد آفرید: جس گرد آفرید کی ہیبت سے بہادروں کی رگوں کا سرخ خون زرد ہو جاتا تھا۔ تم اسے شکست دینے والے سہراب ہو۔

سہراب: تمہاری نظر تمہیں دھوکا دے رہی ہے:

مجروح شوق جور کش روزگار ہوں

زخمی جگر کا شور، وفا کا شکار ہوں

دل کو نشہ ہے عشق کا آنکھوں کو دید کا

سہراب اب غلام ہے گرد آفرید کا

گرد آفرید: (خود سے) ''اس کی باتوں میں کون سا جادو ہے جو میری روح اس کی طرف کھینچی جارہی ہے۔'' (چونک کر) ''مگر نہیں وطن کے دشمن کا جرم میں کبھی معاف نہیں کر سکتی۔'' (سہراب سے) سہراب! تم اب تک میرے دشمن تھے، لیکن اب میری جان کے مالک ہو اور میرے ملک کے مہمان ہو، میں تمام کی طرف سے تمہیں اور تمہاری بہادر فوج کو قلعہ سفید میں آنے کی دعوت دیتی ہوں۔ اجازت دو کہ میں پہلے سے جا کر تمہاری پیشوائی کی تیاری کروں۔

سہراب: اب میں تمہاری مرضی کے خلاف نہیں کر سکتا۔ تمہارے حکم کی اطاعت میری زندگی کا فرض ہے کیوں کہ تم حسن کی ملکہ ہو، اور میں حسن کی وفادار رعیت ہوں۔

گرد آفرید: تم میرے دل کی دنیا کے بادشاہ ہو۔

ایکٹ دوسرا

سین آٹھواں

(قلعہ کا اندرونی حصہ)

(شور و غل، چیخ و پکار، آگ اور دھوئیں سے گھرے ہوئے مکانات، گرد آفرید زخموں سے چور، لہو میں شرابور داخل ہوتی ہے۔)

گرد آفرید: (اپنے آپ سے) "دغا بازی نے قلعہ سفید کی قسمت کو غدار بہرام کے ہاتھ سے سیاہ کفن پہنا دیا۔ بیواؤں کے شیون، یتیموں کی فریاد، خاک و خون میں پڑی ہوئی لاشوں کے سوا کچھ باقی نہیں رہا۔"

(تلوار کو مخاطب کر کے) "اے تلوار! (چوم کر) اس جسم سے روح کی علیحدگی کا وقت قریب آ پہنچا ہے۔ جب تک موت ان دونوں کو جدا نہ کر دے، میرے جوانی کے سنگھار، میرے ہاتھوں کا زیور، میری زندگی کی وفادار سہیلی! تو مجھ سے جدا نہ ہونا، ایک بار سہراب کے خون میں۔۔۔" (جذبۂ محبت سے مغلوب ہو کر) "آہ! کیسا خوبصورت نام، کتنا شیریں نام، اس نام کے سنتے ہی یہ معلوم ہوتا ہے کہ دل کی دنیا میں محبت کے زمزموں کی بارش ہو رہی ہے۔۔۔"

(خیال میں تبدیلی) "محبت؟ کس کی محبت؟ سہراب کی محبت؟ خبردار! اگر تو نے ایران کے دشمن سے محبت کی، تو میں تجھے سینے سے نکال کر پیروں سے مل کر ذلت کی ٹھوکر مار کر بھوکے کتوں کے آگے پھینک دوں گی۔"

(تورانی سپاہیوں کے ساتھ نمک حرام بہرام کا داخلہ)

بہرام: تلاش کامیاب ہوئی، گرفتار کر لو۔ گرد آفرید! ملت کی فدائی کہاں ہے تیرا قومی غرور کہاں ہے؟۔۔۔ کہاں ہیں تیرے گرجتے ہوئے دعوے:
دیکھ آئینے میں چہرہ، زخم بھی ہے خاک بھی

خون میں ڈوبا ہے دل بھی، جسم بھی پوشاک بھی
گر رہے ہیں آنکھ سے آنسو تن صد پاش پر
رو رہی ہے کیوں کھڑی ہو کر وطن کی لاش پر

گرد آفرید: کیا تیرا دل پتھر بن گیا ہے؟ کیا تیری پرورش ایرانی ماں کے دودھ کے بجائے خون سے کی گئی ہے۔ موذی جلاد! اگر تیرے پاس دیکھنے والی آنکھیں اور سننے والے کان ہیں تو دشمن کی ٹھوکروں سے پامال ملک کی دردناک حالت دیکھ اور ڈوب مر۔ غلامی کی زنجیر میں جکڑی ہوئی مادر وطن کی فریاد سن اور شرم کر، جن بہادروں نے ایران کی حفاظت کے لیے اپنے خون کا قطرہ تک قربان کر دیا۔ کیا وہ تیرے قومی بھائی نہ تھے؟ جن شریف عورتوں نے فرض کی قربان گاہ پر اپنے شوہروں، بھائیوں، بچوں کی جانیں نثار کر دیں، وہ تیری ملکی بہنیں نہ تھیں؟ اپنے بھائیوں کی زندگیاں، اپنی بہنوں کا سکھ لٹوا کر شرم کے زخم سے مر جانے کے بدلے تو خوش ہو رہا ہے، ٹوٹے ہوئے دلوں کی ذبح کی ہوئی امیدوں پر آنسو بہانے کے عوض دوزخ کے موکل کی طرح بے رحمی سے ہنس رہا ہے:

نہ ہو گا تجھ سے بے غیرت، کمینے سے کمینہ بھی
زمانے کے لیے لعنت ہے تو بھی تیرا جینا بھی

بہرام: عداوت کے بازار کا سودا اتنے ہی مہنگے داموں بکتا ہے۔ یہ بربادی میری بے عزتی کا بدلہ ہے۔

گرد آفرید: اگر تیرا دل مجھ سے بدلہ لینے کے لیے بے قرار تھا تو شریف دشمن کی تلوار لے کر میرا مقابلہ کرتا۔ مقابلہ کی ہمت نہ تھی تو کھانے میں زہر ملا دیتا۔ یہ بھی ناممکن تھا تو سوتے میں چھری بھونک دیتا۔ لیکن غریب ملک نے کیا قصور کیا تھا جو تو نے بے رحموں کے ہاتھ سے اس کی عزت کے گلے پر چھری چلوا دی؟ تو سہراب کی مہربانی کے سائے میں

برباد وطن کی راکھ سے اپنے عیش کی جنت بنانا چاہتا ہے۔ لیکن یاد رکھو اس جنت کا ہر پھول تیرے دغا بازوں کو سانپ بن کر ڈستا اور یہ گناہ کا گھر ہمیشہ نفرت و لعنت کے زلزلوں سے کانپتا رہے گا:

اگر وہ جانتی دل ہے دغاؤں سے بھرا تیرا
تری ماں پیدا ہوتے ہی دبا دیتی گلا تیرا

بہرام: (ساتھیوں سے) کیا دیکھتے ہو، گرفتار کر لو یا قتل کر دو۔

(سپاہی چاروں طرف سے حملہ کرتے ہیں۔ مگر گرد آفرید شیرنی کی طرح ہر ایک کے حملے کا جواب دیتی ہے۔)

بہرام: میرے بھوکے انتقام کا آخری نوالہ۔۔۔

(پیچھے سے گرد آفرید کے پیٹھ میں خنجر بھونک دیتا ہے۔)

گرد آفرید: آہ! دغا باز موذی۔۔۔ (گرتے گرتے پلٹ کر دونوں ہاتھوں سے بہرام کا گلا پکڑ لیتی ہے) اتنے گناہ کر چکا تھا۔ یہ آخری گناہ نہ کرتا تو کیا دوزخ کے دروازے تیرے لیے بند ہو جاتے۔۔۔ کتے تجھے زندہ رکھنا کمینے پن کی عمر میں اضافہ کرنا ہے۔ تیرا ایمان مر چکا ہے۔۔۔ انسانیت مر چکی ہے تو بھی مر۔۔۔ (جان لینے کے ارادے سے گلا دباتی ہے پھر رک جاتی ہے) مگر نہیں۔۔۔ تو کمینہ ہے۔۔۔ نمک حرام ہے۔۔۔ دغا باز ہے۔۔۔ قاتل ہے۔۔۔ سب کچھ ہے مگر پھر بھی میرا ہم وطن ہے۔۔۔ (گلا چھوڑ دیتی ہے) قوم پرستوں کے مذہب میں بدی کا بدلہ بدی نہیں ہے۔۔۔ میں اپنے وطن کی عزت کے صدقے میں۔۔۔ میں اپنا خون تجھے معاف کرتی ہوں۔

(زمین پر گر پڑتی ہے۔)

(اسی وقت سہراب کا سپاہیوں کے ساتھ داخلہ)

سہراب: یا خدا۔۔۔ یا خدا۔۔۔ میں کیا نظارہ دیکھ رہا ہوں۔۔۔ (گرد آفرید کا سر زانو پر رکھ کر) آفرید۔۔۔ پیاری آفرید۔۔۔ آنکھیں کھولو۔ میں تمھیں بے وفائی کا الزام دینے کے لیے نہیں، اپنی وفاداری کا یقین دلانے آیا ہوں۔ کیا ٹوٹے دل کو تسلی نہ دو گی۔۔۔ کیا اپنی مسکراہٹ سے میرے غم کی اندھیری رات میں امید کی صبح پیدا نہ ہو گی:

کرو کچھ رحم میری التجا پر، میری آہوں پر

اٹھو، بولو، ہنسو، دیکھو میں صدقے ان نگاہوں پر

گرد آفرید: (آنکھیں بند کئے ہوئے نیم بے ہوشانہ حالت میں) کس کی آواز۔۔۔ ستاروں کا گانا۔۔۔ زمین پر کون گا رہا ہے؟

سہراب: تمہارا شیدائی۔۔۔ تمہارا پرستار۔۔۔ سہراب۔۔۔

گرد آفرید: (آنکھیں کھول کر) تم۔۔۔ تم۔۔۔ اوہ مرنا بھی مشکل ہو گیا۔۔۔ (جوش محبت سے اٹھنے کی کوشش کرتی ہے اور گر پڑتی ہے) آؤ۔۔۔ پیارے سہراب آؤ!۔۔۔ تمھیں دیکھ کر دل میں زندہ رہنے کی تمنا پیدا ہو گئی۔۔۔ لیکن اب تمنا کا وقت نہیں رہا۔ عدم کے مسافر کا سامان بندھ چکا ہے۔۔۔ زندگی اسے ہمیشہ کے لیے رخصت کر رہی ہے۔ میرے دل کے مالک! میرے فرض نے مجھے بے مروت بننے کے لیے مجبور کر دیا تھا۔۔۔ وطن کا مرتبہ عشق سے بلند ہے۔۔۔ اس لیے مجھے معاف کرو۔۔۔ اور جو ہوا، اسے بھول جاؤ۔۔۔ موت کے دروازے پر دنیا کی دوستی اور دشمنی ختم ہو جاتی ہے۔

سہراب: پیاری آفرید! میرا تو یہ خیال تھا کہ تم مجھے اپنی محبت کا حق دار نہیں سمجھتیں، اس لیے اس قدر جوش کے ساتھ جنگ کر رہی ہو۔

گرد آفرید: آہ! تمھیں کیا معلوم کہ فرض اور محبت کی جنگ میں میری روح نے کتنے عذاب برداشت کئے ہیں۔۔۔ اس لئے تمھیں دھوکا ہوا۔۔۔ میں نے اپنے پیارے

سہراب سے نہیں، اپنے پیارے ملک کے دشمن سے جنگ کی:

دم آخر بھی صید عشق دو قف بے قراری ہوں

میں پھر اقرار کرتی ہوں تمہاری تھی تمہاری ہوں

سہراب: آہ! ان لفظوں میں کتنا پیار، کتنی مٹھاس ہے۔۔۔ قسمت کا ستم دیکھو۔۔۔ محبت کے پیاسے کو تسلی کا آب حیات پلا رہی ہے اور جدائی کا زہر بھی۔۔۔

گرد آفرید: فرشتے روشنی کی چادر میں لپٹے ہوئے آہستہ آہستہ زمین پر اتر رہے ہیں، دنیا عالم نور سے بدل رہی ہے۔۔۔ آسمان کا دروازہ کھل گیا ہے۔۔۔ کس نے پکارا۔۔۔ زندگی کے دروازے پر کون آواز دے رہا ہے۔۔۔ موت! تو ہے۔۔۔ آہ۔۔۔ آہ۔۔۔ میں نہیں سمجھتی تھی کہ تو اتنی خوب صورت ہو گی:

نہیں معلوم راز مرگ دنیا کے طبیبوں کو

اگر فرصت ملے تو یاد کرنا بد نصیبوں کو

(مر جاتی ہے۔)

سہراب: ٹھیر۔۔۔ اے حسین مسافر! ٹھیر۔۔۔ تو کہاں جا رہی ہے؟ واپس آ۔۔۔ واپس آ۔۔۔ تیرے جانے کے بعد دنیا میں صرف فریاد اور آنسوؤں کی آبادی رہ جائے گی۔۔۔ آفتاب و ماہتاب آسمان کے دل کے داغ، تارے رات کے جگر کے چھالے اور رنگین پھول زمین کے جسم پر زخم معلوم ہوں گے۔

(دیوانہ وار پکارتا ہے)

آفرید!۔۔۔ آفرید!۔۔۔ آفرید!۔۔۔ ہائے کوئی جواب دے۔۔۔ پھول ہے خوشبو نہیں۔۔۔ مکان ہے مکین نہیں۔۔۔ سلطنت ہے ملکہ نہیں۔۔۔ پیاری آفرید! تو نے فرض

پر محبت کو۔۔۔ اور۔۔۔ ملک پر زندگی قربان کر کے انسانوں کو سکھا دیا کہ دنیا میں کس طرح جینا اور کس طرح مرنا چاہئے۔۔۔ ایران کی آنے والی نسلیں تیرے کارناموں پر فخر کریں گی۔۔۔ ایران کی لڑکیاں تیری بہادری کے گیت گائیں گی اور ایران کی تاریخ کے حروف تیرے نام کی روشنی سے ہمیشہ چمکتے رہیں گے۔ تیرے قدموں کو رخصتی کا بوسہ دیتا ہوں۔ یہی پہلا اور یہی آخری بوسہ محبت ہے۔۔۔ (روتا ہوا گرد آفرید کے قدموں پر گر پڑتا ہے اور پھر جوش میں کھڑا ہو جاتا ہے۔) میرے حکم سے بے پرواہ ہو کر، یہ دنیا کی سب سے زیادہ قیمتی زندگی کس نے برباد کی؟

بہرام: (فخریہ لہجہ میں) میں نے!

سہراب: تو نے!۔۔۔ ایک ایرانی نے؟ گرد آفرید کے ہم قوم اور ہم وطن نے؟۔۔۔ کس لئے؟

بہرام: اس لیے کہ یہ میرا خیر خواہانہ فرض تھا، اس لیے کہ تورانیوں کی دشمن تھی اور میں توران کا دوست ہوں۔

سہراب: تو کتنا بے حیا، کتنا کمینہ، کتنا قابل نفرت ہے۔۔۔ جس ایران کی بہادر لڑکی نے ملک و قوم کی آبرو پر اپنی محبت، راحت، امید، زندگی کی ہر خوشی قربان کر دی۔۔۔ اس کے سینے میں خنجر بھونکتے وقت تیرے دل نے تجھ پر لعنت نہ کی۔۔۔ اپنے باپ کی ناپاک یادگار! ماں کی کوکھ کے ملعون نتیجے!۔۔۔ جب تو نے ایرانی ماں کے دودھ اور ایران کے نمک سے پرورش پا کر ایران سے وفاداری نہ کی، تو توران کا کب دوست ہو سکتا ہے۔۔۔ جس منہ سے اپنے کو تورانیوں کا دوست کہتا ہے، میں ذلیل کے منہ پر تھوکتا ہوں۔۔۔ تیرے رہنے کی جگہ دنیا نہیں دوزخ ہے۔۔۔

(بہرام کو مار ڈالتا ہے۔)

ایکٹ تیسرا

سین چھٹا

(میدان جنگ)

(رستم اداس چہرے اور غمگین دل کے ساتھ مایوس نگاہوں سے آسمان کی طرف دیکھ رہا ہے۔)

رستم: ”پروردگار! میں نے کبھی تیرے قہر و غضب کو حقیر نہیں سمجھا! کبھی طاقت کے سامنے اپنی فانی طاقت کا غرور نہیں کیا۔ پھر اس ذلت کی شکل میں تو نے مجھے میرے کس گناہ کی سزا دی ہے۔۔۔ اوہ دردمندوں کی دوا اور کمزوروں کی طاقت! اے نامیدوں کی امید! میں نے کل ساری رات تیرے حضور میں سجدہ ہائے نیاز کے ساتھ آنسو بہا کر مدد کے لیے التجا کی۔۔۔ اپنے عاجز بندے کی التجا قبول کر۔۔۔ اس بڑھاپے میں دنیا کے سامنے میری شرم رکھ اور ایک بار میری جوانی کا زور جوش مجھے دوبارہ واپس دے دے:

عطا کر دے وہی طاقت کبھی جو تھی مرے بس میں
جوانی کا لہو پھر جوش مارے میری نس نس میں
تری قدرت پلٹ سکتی ہے سارے کارخانے کو
پھر اک دن کے لیے تو بھیج دے پچھلے زمانے کو

(سہراب کا داخلہ)

سہراب: ”صبح ہو گئی، ممکن ہے کہ آج کی صبح اس کی زندگی کی شام ثابت ہو، نہ جانے کیا سبب ہے کہ اس کی موت کا خیال آتے ہی روح کانپ اٹھتی ہے۔“ (رستم کو دیکھ کر) تو آ

گیا۔۔۔جنگ کے نقارہ کی پہلی چوٹ سے تری نیند ٹوٹ گئی؟

رستم: بہادر اپنا وعدہ نہیں بھولتا۔۔۔ میں آدھی رات سے صبح ہونے کا انتظار کر رہا تھا۔

سہراب: آج لڑائی کا دوسرا دن ہے۔ جانتا ہے اس جنگ کا نتیجہ کیا ہو گا؟

رستم: ہم دونوں میں سے ایک کی موت!

سہراب: شیر دل بوڑھے! میرا دل تیری موت دیکھنے کے لیے راضی نہیں ہوتا۔ ایک غیبی آواز بار بار مجھے اس جنگ سے روک رہی ہے۔ اگر ایران کی گود بہادر فرزندوں سے خالی نہیں ہے تو جا، واپس چلا جا اور اپنے عوض کسی اور ایرانی دلیر کو بھیج دے۔ میں تجھے زندگی اور سلامتی کے ساتھ لوٹ جانے کی اجازت دیتا ہوں۔

رستم: کل کی اتفاقی فتح پر غرور نہ کر، ہر نیا دن انسان کے لیے نیا انقلاب لے کر آتا ہے تقدیر کا پہیہ ہمیشہ ایک ہی سمت میں نہیں گھومتا:

گھڑی بھر میں بدلنا ہو گا تجھ کو پیراہن اپنا

منگا کر پاس رکھ لے، جنگ سے پہلے کفن اپنا

(جنگ شروع ہوتی ہے۔ تھوڑی دیر کے بعد سہراب اپنا ہاتھ روک لیتا ہے۔)

سہراب: آج میں تجھ میں نیا جوش اور نئی قوت دیکھ رہا ہوں، جواں ہمت بوڑھے مجھے پھر شک ہوتا ہے کہ تو رستم ہے۔ میں تیری عزت کا واسطہ اور تیری بہادری کی دہائی دے کر ایک بار پھر تیرا نام پوچھتا ہوں، منت سے نہیں عاجزی سے۔

رستم: تو میرا نام ہی جاننا چاہتا ہے تو سن میرا نام۔۔۔

سہراب: (خوشی کی گھبراہٹ سے) رستم۔۔۔

رستم: نہیں! سہراب کی موت۔

سہراب: افسوس تو نے رحم کی قدر نہ کی۔

(دوبارہ جنگ ہوتی ہے۔ رستم سہراب کو گرا کر سینے پر چڑھ بیٹھتا ہے)

رستم:

بس اسی ہمت، اسی طاقت پہ تھا اتنا غرور

تو کوئی شیشہ نہ تھا کیوں ہو گیا پھر چور چور

کیا ہوا زور جوانی اٹھ اجل ہے گھات میں

دیکھ لے اب کس قدر قوت ہے بوڑھے ہات میں

(سہراب کے سینے میں خنجر بھونک دیتا ہے۔)

سہراب: آہ! اے آنکھو! تمہارے نصیب میں باپ کا دیدار نہ تھا۔ کہاں ہو؟ پیارے باپ کہاں ہو؟ پیارے باپ کہاں ہو؟ آؤ آؤ کہ مرنے سے پہلے تمہارا سہراب تمہیں ایک بار دیکھ لے:

کیا خبر تھی بگڑ جائے گی قسمت اپنی

آخری وقت دکھا دو مجھے صورت اپنی

رستم: کیا اپنی جوانی کی موت پر ماتم کرنے کے لیے باپ کو یاد کر رہا ہے۔ اب تیرے باپ کی محبت، اس کی دعا، اس کے آنسو، اس کی فریاد، کوئی تجھے دنیا میں زندہ نہیں رکھ سکتی:

مرہم کہاں جو رکھ دے دل پاش پاش پر

آیا بھی وہ تو روئے گا بیٹے کی لاش پر

سہراب: بھاگ جا، بھاگ جا۔۔۔ اس دنیا سے کسی دوسری دنیا میں بھاگ جا۔۔۔ تو نے سام و نریمان کے خاندان کا چراغ بجھا دیا ہے۔۔۔ تاریک جنگلوں میں۔۔۔ پہاڑوں کے غاروں میں۔۔۔ سمندر کی تہ میں۔۔۔ تو کہیں بھی جا کر چھپے۔۔۔ لیکن۔۔۔ میرے باپ رستم کے انتقام سے نہ بچ سکے گا۔

رستم:(چونک کر کھڑا ہو جاتا ہے) کیا کہا؟ کیا کہا؟ تو رستم کا بیٹا ہے ؟

سہراب: ہاں !

رستم: تیری ماں کا نام ؟

سہراب: تہمینہ !

رستم: تیرے اس دعوے کا ثبوت ؟

سہراب: ثبوت اس بازو پر بندھی ہوئی مرے باپ رستم کی نشانی ہے۔

رستم: جھوٹ ہے، غلط ہے، تو دھوکا دے رہا ہے، مجھے پاگل بنا کر اپنے قتل کا انتقام لینا چاہتا ہے۔

(گھبراہٹ کے ساتھ سہراب کے بازو کا کپڑا اپھاڑ کر اپنا دیا ہوا مہرہ دیکھتا ہے۔)

وہی مہرہ۔۔۔ وہی نشانی !(سر پٹک کر) یہ کیا کیا اندھے !پاگل، جلاد۔۔۔ یہ کیا کیا۔۔۔ شیر جیسا خونخوار۔۔۔ بھیڑیئے جیسا ظالم۔۔۔ ریچھ جیسا موذی۔۔۔ حیوان بھی اپنی اولاد کی جان نہیں لیتا۔ لیکن تو انسان ہو کر حیوان سے بھی زیادہ خونی اور جہنم سے بھی زیادہ بے رحم ہے:

خون میں ڈوبا ہے وہ جس سے مزا جینے میں تھا
دل کے بدلے کیا کوئی پتھر ترے سینے میں تھا؟
توڑ ڈالا اپنے ہی ہاتھوں سے او ظالم اسے !
تیرا نقشہ تیرا ہی چہرہ جس آئینے میں تھا

سہراب: فتح مند بوڑھے !تو رستم نہیں ہے، پھر میری موت پر خوش ہونے کے بدلے اس طرح کیوں رنج کر رہا ہے ؟

رستم: (روکر) اس دنیا میں رنج اور آنسو، رونے اور چھاتی پیٹنے کے سوا میرے لیے اب اور کیا باقی رہ گیا ہے۔ میں نے تیری زندگی تباہ کر کے اپنی زندگی کا ہر عیش اور اپنی دنیا کی ہر ایک خوشی تباہ کر دی۔۔۔ مجھ سے نفرت کر۔۔۔ میرے منہ پر تھوک دے۔۔۔ مجھ پر ہزاروں زبانوں سے لعنت بھیج:

فغاں ہوں، حسرت و ماتم ہوں، سر سے پاؤں تک غم ہوں
میں ہی بیٹے کا قاتل ہوں میں ہی بد بخت رستم ہوں

(سہراب کے پاس ہی زمین پر گر پڑتا ہے اور سہراب اس کے گلے میں ہاتھ ڈال کر چھاتی سے لپٹ جاتا ہے۔)

سہراب: بابا! میرے بابا!

رستم: ہائے میرے لال! تو نے الفت سے، نرمی سے، منت سے، کتنی مرتبہ میرا نام پوچھا، اس محبت و عاجزی کے ساتھ پوچھنے پر لوہے کے ٹکڑے میں بھی زبان پیدا ہو جاتی ہے پتھر بھی جواب دینے پر مجبور ہو جاتا ہے۔ لیکن اس دو روزہ دنیا کی جھوٹی شہرت اور اس فانی زندگی کے فانی غرور نے میرے ہونٹوں کو ہلنے کی اجازت نہ دی۔ میرے بچے۔۔۔ میری تہمینہ کی نشانی:

کس جگہ بے رحم ہاتھوں سے نہاں رکھوں تجھے
آنکھوں میں دل میں کلیجے میں کہاں رکھوں تجھے
بس نہیں انسان کا چلتا فنا و فوت سے
کیا کروں کس طرح تجھ کو چھین لوں میں موت سے

سہراب: ہومان، بارمان، ہجیر سب نے مجھے دھوکا دیا۔۔۔ بابا نہ رو! میری موت کو خدا کی

مرضی سمجھ کر صبر کرو:

مل گئی مجھ کو جو قسمت میں سزا لکھی تھی

باپ کے ہاتھ سے بیٹے کی قضا لکھی تھی

رستم: جب تیری ناشاد ماں بال نوچتی، آنسو بہاتی، چھاتی پیٹتی، ماتم اور فریاد کی تصویر بنی ہوئی سامنے آکر کھڑی ہوگی اور پوچھے گی کہ میرا لاڈلا سہراب، میرا بہادر بچہ، میری کوکھ سے پیدا ہونے والا شیر کہاں ہے؟ تو اپنا ذلیل منہ دونوں ہاتھوں سے چھپا لینے کے سوا اور کیا جواب دوں گا؟ کن لفظوں سے اس کے ٹوٹے ہوئے دل اور زخمی کلیجے کو تسلی دوں گا:

سنوں گا ہائے کیسے مامتا کی اس دہائی کو

کہاں سے لاؤں گا، مانگے گی جب اپنی کمائی کو

نگاہیں کس طرح اٹھیں گی مجھ قسمت کے ہیٹے کی

میں کس منہ سے دکھاؤں جا کے، ماں کو لاش بیٹے کی

سہراب: پیارے باپ! میری بدنصیب ماں سے کہنا کہ انسان سب سے لڑ سکتا ہے۔۔۔ قسمت سے جنگ نہیں کر سکتا۔۔۔ آہ۔۔۔

(رستم کی گود سے زمین پر گر کر آنکھیں بند کر لیتا ہے۔)

رستم: یہ کیا۔۔۔ یہ کیا۔۔۔ میرے بچے آنکھیں کیوں بند کر لیں۔ کیا خفا ہو گئے۔۔۔ کیا ظالم کی صورت دیکھنا نہیں چاہتے۔ یہ موت کا گہوارہ، یہ خون میں ڈوبی ہوئی زمین، پھولوں کا بستر، ماں کی گود، باپ کی چھاتی نہیں ہے۔ پھر تمہیں کس طرح نیند آ گئی:

میرے بچے یوں نہ جا مجھ کو تڑپتا چھوڑ کے

میرا دل میرا جگر میری کمر کو توڑ کے

ہائے کیا کیا آرزو تھی زندگانی میں تجھے
موت آئی پھولتی پھلتی جوانی میں تجھے

سہراب: ماں۔۔۔ خدا۔۔۔ تمہیں۔۔۔ تسلی دے۔۔۔

رستم: اور۔۔۔ اور۔۔۔ بیٹا بولو۔۔۔ بولو۔۔۔ چپ کیوں ہو گئے ہو آہ۔ اس کا خون سرد ہو رہا ہے۔۔۔ اس کی سانسیں ختم ہو رہی ہیں۔۔۔ اے خدا۔۔۔ اے کریم و رحیم خدا۔۔۔ اولاد باپ کی زندگانی کا سرمایہ اور ان کی روح دولت ہے۔۔۔ یہ دولت محتاجوں سے نہ چھین۔۔۔ اپنی دنیا کا قانون بدل ڈال۔ اس کی موت مجھے اور میری باقی زندگی اسے بخش دے۔۔۔ موت! موت! تو زال، درودابہ کے گھر کا اجالا اور بڑھاپے کی امید۔۔۔ میری تہمینہ کا بولتا کھیلتا ہوا کھلونا کہاں لے جا رہی ہے۔۔۔ دیکھ میری طرف دیکھ۔۔۔ میں نے بڑے بڑے بادشاہوں کو تاج و تخت کی بھیک دی ہے۔۔۔ آج ایک فقیر کی طرح تجھ سے اپنے بیٹے کی زندگی کی بھیک مانگتا ہوں:

پھینک دے جھولی میں تو میرے گل شاداب کو
ہاتھ پھیلائے ہوں میں دے دے مرے سہراب کو

سہراب: (آنکھیں بند کئے ہوئے) دنیا۔۔۔ رخصت۔۔۔ خدا۔۔۔

(مر جاتا ہے۔)

رستم: آہ! جوانی کا چراغ، آخری ہچکی لے کر بجھ گیا۔ بے رحم موت نے میری امید کی روشنی لوٹ لی۔۔۔ اب لاکھوں چاند۔۔۔ ہزاروں سورج مل کر بھی میرے غم کا اندھیرا دور نہیں کر سکتے۔۔۔ آسمان ماتم کر۔۔۔ زمین! چھاتی پیٹ۔۔۔ درختو! پہاڑو! ستارو! ٹکرا کر چور چور ہو جاؤ۔ آج ہی زندگی کی قیامت ہے۔۔۔ آج ہی دنیا کا آخری دن ہے۔۔۔

زندگی۔۔۔ دنیا۔۔۔ کہاں ہے دنیا۔۔۔ زندگی سہراب کے خون میں اور دنیا رستم کے آنسوؤں میں ڈوب گئی۔۔۔

(دیوانوں کی طرح پکارتا ہے)

"سہراب! سہراب!!"

(غش کھا کر گر پڑتا ہے۔)

***

تلاش

امتیاز علی تاج، قدسیہ زیدی

کردار: چچا، چچی، ودو، چھٹن، بنو، اماں بی، بندو، خان صاحب کا ملازم

(دالان میں ایک چارپائی، ایک تخت جس پر میلے کپڑے رکھے ہیں، دو کرسیاں، ایک دو چھوٹی میزیں، صراحی وغیرہ ہیں۔ فرش پر کاغذ، چھپٹیاں اور رسی کے ٹکڑے پڑے ہیں۔ پچھلی دیوار میں ایک دروازہ ہے جو غسل خانہ میں کھلتا ہے۔ دائیں ہاتھ کا دروازہ باورچی خانے کو، بائیں کا باہر جاتا ہے۔ سامنے دیوار پر ایک ربڑ کی تھیلی ٹنگی ہے۔ چلّے کا جاڑا ہے۔ صبح کے تین بجے ہیں۔ چچا سر سے پاؤں تک لحاف اوڑھے سو رہے ہیں۔ کمرہ ان کے خراٹوں سے گونج رہا ہے۔ بائیں ہاتھ کا دروازہ کوئی دھڑ دھڑ پیٹ رہا ہے۔ جواب نہ ملنے پر پھر پیٹتا ہے۔)

چچا: (لحاف میں سے ہاتھ نکال کر لیمپ جلاتے ہیں۔ پھر نہایت احتیاط سے منہ لحاف میں سے نکالتے ہیں۔ گھڑی میں وقت دیکھ کر) لا حول ولا قوۃ! کون ہو جی؟ (زوردار دستک) دم بھی لو گے یا پیٹے ہی جاؤ گے کواڑ؟ (لحاف میں سے نکلتے ہیں۔ کنٹوپ پہنتے ہیں، رضائی اوڑھتے ہیں اور سو سو کرتے ہوئے بائیں ہاتھ کے دروازے کی طرف جاتے ہیں) یہ بھی

کوئی وقت ہے بھلے آدمیوں کو جگانے کا؟ (دروازہ کھول کر) ابے پاجی تو اس وقت کیا کر رہا ہے یہاں؟

ملازم: خانصاحب کے پیٹ میں بہت درد ہے۔ انھوں نے تمہاری ربڑ کی تھیلی منگوائی ہے۔

چچا: بس کھا گئے ہوں گے رات دعوت میں اناپ شناپ۔ آخر کھانا کسی اور کا تھا تو پیٹ تو خانصاحب کا اپنا تھا۔ (جمائی لے کر) کوئی یہ پوچھے کہ بھلا اناڑی کی سی توپ بھرنے کی کیا ضرورت تھی۔ آخر پٹھان جو ٹھہرے اور پھر یہ کہ صبح تین بجے پیٹ میں درد کر لیا۔

ملازم: خانصاحب کے پیٹ تو دو بجے سے درد ہے۔

چچا: لیجئے ذرا غور تو فرمایئے۔ شریف آدمی کچھ تو وقت کا لحاظ رکھا ہوتا۔ بے وقت کی راگنی اسی کو تو کہتے ہیں۔

ملازم: اجی کوئی یہ بھی اپنے بس کی بات ہے؟

چچا: تو پھر کیا ہمارے بس کی بات ہے۔ خیراتی ہسپتال میں داخل کیوں نہ ہو گئے۔ یہ تو گھر ہے۔ کوئی شفاخانہ تو ہے نہیں کہ جس کا جی چاہا سوتوں کو بے آرام کیا اور ربڑ کی تھیلی طلب کر لی۔

ملازم: تو پھر۔۔۔

چچا: تو پھر کیا۔ اب آیا ہے تو لیتا ہی جا تھیلی۔ رک۔ ہم ابھی لائے دیتے ہیں (دیوار پر سے تھیلی اتار کر دیتے ہیں اور دروازہ بند کر لیتے ہیں) نامعقول انسان۔ (کنٹوپ اور رضائی اتار کر رکھ دیتے ہیں اور لحاف میں گھس جاتے ہیں۔ لیمپ بڑھا کر منھ لحاف سے ڈھانپ لیتے ہیں۔ کروٹ لے کر سونے کی کوشش کرتے ہیں کہ ایک بار پھر کوئی دروازہ کھٹکھٹاتا ہے۔ لحاف میں سے منھ نکال کر) اب یہ کہلوایا ہو گا کہ انتقال فرما گئے ہیں۔ آکر تجہیز و تکفین کا انتظام کر دو۔ مردود!

(لیمپ جلاتے ہیں۔ جا کر دروازہ کھولتے ہیں تو خانصاحب کا نوکر تھیلی لئے کھڑا ہے۔)

ملازم۔: خانصاحب نے کہا ہے کہ اسے اپنے پاس انڈے دینے دیجئے۔ ہم بوتل سے کام چلالیں گے اور اب کبھی ہم سے پالش کی شیشی منگا کر دیکھئے گا۔

چچا: (تھیلی ہاتھ میں لئے دم بخود کھڑے ہیں) ارے کمبخت صبح صبح پرائیویٹ بات جا کر خانصاحب سے بیان کرنے کی کیا ضرورت تھی۔ وہ تو ہم نے۔۔۔

ملازم: اور خانصاحب نے یہ بھی کہا ہے کہ آپ جب بیمار ہوں تو خیراتی ہسپتال میں چلے جایئے گا۔

چچا: ذرا ملاحظہ تو فرمایئے شرافت خانصاحب کی، بھلا نوکر کے ہاتھ اخلاق سے ایسی گری ہوئی بات کہلوا بھیجا کہاں کی انسانیت ہے۔ (دروازہ بند کر لیتے ہیں۔ ربڑ کی تھیلی تخت پر پٹک دیتے ہیں اور آ کر پھر لیٹ جاتے ہیں) جیسے ان کے باپ کی میراث مجھے ربڑ کی تھیلی ملی تھی۔ ہونہہ اور مزاج تو دیکھو پٹھان کا کہ اپنے ہی پاس انڈے دینے دیجئے مرغی کا۔۔۔ دھمکی دیتا ہے کہ پالش منگا کر دیکھئے۔ (اٹھ کر بیٹھ جاتے ہیں) جیسے شہر بھر میں یہی تو ایک موچی رہ گیا ہے۔ (لیٹ کر لیمپ بڑھا دیتے ہیں۔ سونے کی کوشش کرتے ہیں۔ لحاف میں سے منھ نکال کر) کم بخت اجالا ہی نہیں ہو چکتا کہ امامی چلم ہی بھر لاتا۔ (بیٹھ جاتے ہیں) سارا گھر پڑا سو رہا ہے جیسے کم بختوں کو سانپ سونگھ گیا ہو۔ (کھڑے ہو جاتے ہیں) افلاطون اور آخر اس میں جھوٹ بھی کیا ہے کہ گھر ہے کوئی خیراتی ہسپتال تو ہے نہیں کہ جس وقت جس کا جی چاہا سوتوں کو بے آرام کیا اور ربڑ کی تھیلی طلب کر لی۔ آخر کوئی چندے کی تھیلی ہے اور پھر یہ مزاج کہ اپنے ہی پاس انڈے دینے دیجئے۔ (دائیں ہاتھ کے دروازے سے باورچی خانے میں جاتے ہیں، وہیں سے) گھر داری کرنے چلی ہیں۔ (اندر آتے ہیں) اتنی توفیق نہیں کہ سونے سے پہلے بھوبھل میں لکڑی دبا دیں۔ (چارپائی

کے پاس آتے ہوئے) اور ہر وقت کی ضد کہ یہ کرتی ہوں میں وہ کرتی ہوں۔ میں کام سے مری جاتی ہوں۔ (غصہ میں آکر) حالت یہ ہے کہ گھر میں پالش تک منگا کر رکھنے کا ہوش نہیں۔ ضرورت ہو تو ہمسایوں کے ہاں سے پالش منگایا جاتا ہے۔ (چارپائی پر بیٹھ کر) اور اس کم ظرف کو دیکھو کہ پالش کیا دے دی حاتم کی گور پر لات ماردی۔ جو برابر پالش لے لی تو بدلے میں ربڑ کی تھیلی انھیں بخش دو کمینہ کہیں کا۔ (اٹھ کر کھڑے ہو جاتے ہیں) اور بیوی صاحبہ کو دیکھئے کہ جنھیں اتنا خیال نہیں کہ چلم کے لئے تھوڑی سی آگ کا انتظام کر دیں۔ (بڑبڑاتے ہوئے کاغذ، چھپٹیاں، رسی وغیرہ جمع کرتے ہیں پھر باورچی خانے میں جا کر لوہے کی انگیٹھی لاتے ہیں۔ میز پر سے ماچس لے کر انگیٹھی میں آگ جلاتے ہیں۔) لیجئے اب تمبا کو تلاش کیجئے (پھر باورچی خانے میں جاکر لیٹن چائے کا گندا سا ٹین زمین پر پٹخ دیتے ہیں۔) کمبخت خالی پڑا ہیں۔ تمبا کو کی رمق نہیں اس میں۔ دیکھی اس کی حرکت۔ جی میں آتا ہے حرام خور کا قیمہ کر کے رکھ دوں۔ (آگ ٹھیک کرتے ہیں) ہزار تاکید کرو پر ان نوکروں کے کان پر جوں نہیں رینگتی۔ (کھڑے ہو جاتے ہیں) اور اس بدمعاش کو دیکھو صبح صبح پرائیویٹ بات خانصاحب سے ٹھسکا دی۔ کوئی اس پاجی سے پوچھے میں نے خانصاحب کے خیراتی ہسپتال میں داخل ہونے کی بات اس لئے کہی تھی کہ تو جان کر ان کے سامنے بیان کر دے۔ (ٹہل کر) تجھے ربڑ کی تھیلی دی ہے۔ تو چپ چاپ جا کر ان کے حوالے کر دے۔ تجھے دوسروں کے قصے سے کیا سروکار۔ اور پھر ان نواب صاحب کا مزاج کہ فرماتے ہیں تھیلی کو اپنے ہی پاس انڈے دینے دیجئے۔ بدتمیز جاہل۔ یہ کمبخت امامی آج پڑا سوتا ہی رہے گا یا اٹھے گا بھی۔ (دائیں دروازے سے جاتے ہیں، باہر سے غصے میں) حرام خور، بدمعاش، ہزار دفعہ نہیں کہا کہ ایک چلم تمبا کو باقی رہے تو اور تمبا کو فوراً لے آیا کر، اٹھ یا سوتا ہی رہے گا۔ (امامی کے رونے کی آواز) اٹھ نہیں لگاؤں ایک اور

لات، بھلالاتوں کے بھوت کہیں باتوں سے مانتے ہیں؟

امامی:(دائیں دروازے سے اندر آتا ہے، چچا پیچھے پیچھے) ہائے مر گیا، ہائے مر گیا۔

(بیٹھ جاتا ہے اور روتا ہے۔)

چچی:(دوپٹہ سنبھالتی ہوئی بائیں سے آتی ہیں) کیا ہوا؟ کیا ہوا؟ کیوں صبح صبح غریب پر برس پڑے؟

چچا:بس اس معاملے میں میری رائے محفوظ رہنے دیجئے۔

چچی: آخر معلوم تو ہو کہ صبح صبح اس غریب پر نزلہ کیوں گر رہا ہے؟

چچا:لا بتا کہاں ہے تمباکو؟

امامی:(منھ بسورتے ہوئے) میاں رکھا تو ہوا ہے تمباکو۔

چچا:تو ہم اندھے ہیں؟

چچی: رات ہی تو اس نے تمباکو کے لئے مجھ سے چار پیسے لئے ہیں۔

(دائیں کو چلی جاتی ہیں۔)

چچا:(جھک کر امامی کا کان پکڑتے ہیں اور اسے اٹھاتے ہوئے) دکھا چل کر کہاں رکھا ہے تمباکو۔ تمباکو کے نام سے پیسے لے کر ریوڑیاں آتی ہیں۔

امامی:(روتا ہے) نہیں تو۔

چچا:کیوں بدمعاش رات کھا نہیں رہا تھا ریوڑیاں، اسی وقت پیدا نہ کیا تمباکو تو میرے ہاتھوں جیتا نہ بچے گا۔

امامی: چلو میاں دکھاؤں۔

چچا: چلوں کیا۔ جا جا کر لے آ۔

امامی:(بائیں سے باہر جاتا ہے اور ایک بھرا ہوا ٹین لے کر آتا ہے) لو یہ رہا تمباکو۔ طاق

میں رکھا تھا۔ رات ہی میں نے بھرا تھا ڈبہ۔

(روتا ہے۔)

چچا: پاجی، ابے طاق میں تمبا کو، تمبا کو رکھنے کی جگہ طاق ہے۔ دوکان ہی میں نہ رکھ آیا حرام خور، یہ جگہ ہوتی ہے تمبا کو رکھنے کی؟

امامی: (کرتے سے آنسو پونچھتے ہوئے) بیوی جی نے کہا تھا۔

چچا: (چلا کر) ابے بیوی کے بچے تجھے خود خیال نہ آیا کہ ضرورت ہو گی تو طاق میں کہاں تلاش کرتے پھریں گے۔

امامی: (آستین سے ناک پونچھتے ہوئے) نیچے بلبلاں گرا دیتی ہیں۔

چچی: (دالان میں آکر غصے کر دباتے ہوئے) ہو چکی تفتیش۔

چچا: (جھنجھلا کر) تمہاری ہی شہ نے نوکروں کو سر پر چڑھا دیا ہے کہ تمبا کو کے ڈبے طاق میں رکھنے لگے ہیں۔

چچی: تو اور کہاں رکھیں۔

چچا: ہمیں کیوں کر معلوم ہو سکتا تھا کہ ڈبا طاق میں رکھا ہے۔

چچی: عقل سے کام لے کر۔

چچا: (کچھ کہنا چاہتے ہیں۔ پھر رک جاتے ہیں۔ پھر سینے میں سانس بھر کر کچھ کہنے کو ہیں رک جاتے ہیں۔) ناقص العقل۔

(بائیں ہاتھ کے دروازے سے باہر چلے جاتے ہیں۔)

چچی: (امامی) بس چپ ہو جاؤ۔ آج صبح سے ان کے سر پر بھوت سوار ہے۔ صبح ہی صبح نہ اللہ کا نام نہ رسول کا۔ غریب لڑکے پر پل پڑے۔ جا جا کر منہ ہاتھ دھو لے۔

(امامی بیچ کے دروازے سے غسل خانے میں جاتا ہے۔ چچی بستر وغیرہ ٹھیک کرتی ہیں۔ پھر

دائیں سے باہر چلی جاتی ہے۔)

چچی: (باہر سے) منہ دھو چکا ہو تو ادھر باورچی خانے میں آجا۔

امامی: ابھی آیا۔

(غسل خانے میں سے منہ پونچھتا ہوا نکلتا ہے اور دائیں سے باہر چلا جاتا ہے۔)

چچا: (بائیں سے اندر آتے ہیں چہرہ تمتمایا ہوا ہے بڑبڑا رہے ہیں۔) ربڑ کی تھیلی بخش دو باپ کی میراث، موچی کہیں کا۔

امامی: (کشتی میں چائے لے کر آتا ہے) بیوی نے چائے بھجوائی ہے۔

چچا: لے جا واپس اور کہہ دے کہ اسے بھی اٹھا کر طاق میں رکھ دیں۔ (امامی چائے لے کر چلا جاتا ہے) نوکروں کے سامنے کیا ہمسایوں کے سامنے تک مجھے رسوا کر ڈالا۔ ورنہ اس پٹھان کی طاقت تھی کہ پالش کا طعنہ دے جاتا۔۔۔ آخر کوئی حد بھی ہو۔۔۔ بس اب ہو چکی۔۔۔ اب نہیں ادھر کو دنیا ادھر ہو جائے۔۔۔ مگر انکار۔۔۔ جب دیکھو نوکروں کی طرفداری۔۔۔ زندگی اجیرن کر ڈالی۔۔۔ آیا تھا بڑا طاق۔۔۔ طاق کا بچہ۔۔۔ طاق میں پالش کی شیشی منگا کر نہ رکھی گئی۔ شیشی ہوتی تو میں کیوں منگاتا اس چمار سے پالش۔ میری عقل ماری گئی تھی۔۔۔ جو برابر پالش لے کر ربڑ کی تھیلی انھیں دے ڈالو۔ بڑے آئے کہیں کے۔ (دائیں ہاتھ کے دروازے کے پاس کھڑے ہو کر اندر جھانکتے ہیں پھر واپس لوٹتے ہیں۔) ہم نہیں پئیں گے چائے امامی کو پلا دیں۔

(بائیں ہاتھ کے دروازے سے باہر چلے جاتے ہیں۔)

(ودو اور چھٹن اندر آتے ہیں۔ ودو تولیہ ہاتھ میں لئے ہے۔ غسل خانے میں چلا جاتا ہے۔ چھٹن لٹو سے کھیلتا ہے۔ غسل خانے کا دروازہ بند ہے۔ پانی گرنے کی آواز آتی ہے۔ چھٹن لٹو چھوڑ کر جاتا ہے اور غسل خانے کا دروازہ پیٹتا ہے۔)

چھٹن: جلدی نکلو ہم بھی نہائیں گے۔

ددو: (اندر سے) نہیں نکلتے۔ نہالیں گے تو نکلیں گے۔

چھٹن: (دروازہ پیٹ کر) نکلو گے کیسے نہیں۔

ددو: جاؤ جا کر اماں سے کہہ دو۔

چھٹن: نکلو۔۔۔ نکلو۔۔۔

(دروازہ پیٹتا ہے۔ پھر جا کر لٹو سے کھیلنے لگتا ہے۔)

(چچا غصے میں اندر آتے ہیں اور سیدھے غسل خانے کے دروازے کی طرف جاتے ہیں۔ دروازہ بند ہے۔ چچا کا سر اس سے ٹکراتا ہے۔)

ددو: (باہر سے) نہیں مانے گا تو چھٹن میں اماں سے جا کر کہہ دوں گا چھٹن مجھے نہانے نہیں دیتا۔

(چھٹن ہنسی کے مارے بے قرار ہو جاتا ہے۔ چچا سر سہلاتے ہیں۔ پھر چھٹن کو ہنستے ہوئے دیکھ کر اس کی طرف لپکتے ہیں۔ چچی دائیں سے اندر آتی ہیں۔ چھٹن دوڑ کر چچی سے لپٹ جاتا ہے۔ چچا بے بس ہو کر لوٹتے ہیں اور چھٹن دائیں کو چلے جاتے ہیں۔)

چچا: (غسل خانے کا دروازہ پیٹ کر) نکل باہر۔

ددو: (اندر سے) نہا تو لوں۔

چچا: نہیں ابھی نکل۔

ددو: صابن تو اتار لوں۔

چچا: کہہ جو دیا کہ ابھی نکل جیسا ہے ویسا ہی نکل۔

ددو: ابا صابن لگا ہے۔

چچا: آتا ہے باہر یا بتاؤں۔ صابن ہے تو ہوا کرے۔ (ددو صابن منہ پر اور جسم پر ملے دھڑ

سے تولیہ لپیٹے اندر آتا ہے۔) پاجی کہیں کا نکل ہی نہیں چکتا تھا۔ اب کہا جو تھا ہم نے جیسا ہے ویسا ہی نکل آ چیخواۓ چلا جاتا ہے۔

(ایک چانٹا رسید کرتے ہیں۔)

ددو: (روتا ہے) صابن گھس گیا آنکھوں میں۔

(روتا ہے۔)

چچا: (فوراً غسل خانے میں گھس جاتے ہیں اور اندر سے چٹخنی چڑھا لیتے ہیں۔ ددو دروازے پر کھڑا رو رہا ہے) تو نہیں چپ ہو گا (ددو روتا ہے) دیکھ میں کہتا ہوں سرک جا یہاں سے، نہیں اچھا نہ ہو گا۔ میں دروازہ کھول کر اتنی لگاؤں گا کہ اماں ربڑ کی تھیلی سے سینک کرتی پھریں گی۔

چچی: (دائیں سے اندر آتی ہیں) کیا ہوا لال کیوں رو رہا ہے؟ آ جا تو میرے پاس آ جا؟

ددو: (رو کر) ابا نہانے نہیں دیتے۔ غسل خانے میں سے نکال دیا۔ دیکھو تو اماں سارے پنڈے پر صابن لگا ہے۔

چچی: حد کرتے ہیں بعض دفعہ تو بچوں کی سی باتیں کرنے لگتے ہیں اور آج صبح سے تو نہ جانے کیا آفت آ رہی ہے۔ معلوم ہوتا ہے کسی سے لڑ کر آتے ہیں۔ چل میں تجھے نہلا دوں۔ پھر کوئی اور کام کروں گی۔

(چچی ددو کو لے کر دائیں کو جاتی ہیں۔ چچا غسل خانے کا دروازہ کھول کر دیکھتے ہیں پھر بند کر لیتے ہیں۔ ددو اور چچی لوٹ کر آتے ہیں۔)

چچی: (غسل خانے کے دروازے کے باہر کھڑے ہو کر) چھٹن کے ابا دوسرا تولیہ لا دوں؟ تولیہ تو بچہ باندھ کر چلا آیا ہے۔

(پانی گرنے کی آواز۔)

چچی: (د دوسے) چل تو تو چل۔ نہیں لیتے تولیہ تو نہ لیں۔
(دونوں چلے جاتے ہیں۔)

چچا: (دروازہ کھول کر اندر آتے ہیں۔ گیلا کرتہ پاجامہ پہن رکھا ہے) ہو نہہ! (بائیں دروازے سے باہر چلے جاتے ہیں۔ پھر فوراً ہی اندر آتے ہیں جیسے کچھ ڈھونڈ رہے ہوں۔ غسل خانے میں جاتے ہیں پھر اندر آتے ہیں) نہ جانے کہاں چلی گئی۔ (طاق میں تلاش کرتے ہیں) طاق سب چیزیں طاق۔۔۔ بدمعاش" پالش کی شیشی منگوا کر دیکھئے گا"۔ بس یہی تو خرید سکتا ہے پالش اور تو سب قلانچ ہیں۔ ایک دم سے چھ شیشیاں خرید کے لاؤں گا اور سب کو طاق۔۔۔ پاجی حرام خور تمبا کو اٹھا کر طاق میں رکھ گیا مگر۔۔۔ اس پٹھان کے ہاتھوں ذلیل کرا دیا۔ (پھر اکڑوں بیٹھ نعمت خانے کے نیچے دیکھتے ہیں) لاحول ولا قوۃ۔ گئی تو کہاں گئی۔ (تکیے کے نیچے دیکھتے ہیں) آخر پر تو نہیں لگ گئے اسے۔ (تخت پر رکھے ہوئے کپڑوں کو ٹٹول کر دیکھتے ہیں) یہاں بھی نہیں۔ (چاروں طرف گھوم کر) اس گھر میں ہر چیز غائب ہو جاتی ہے۔ پھوہڑ پن کی حد ہو گئی۔ بھلا ان سے کوئی پوچھے کہ اگر پالش کی شیشی منگوا کر رکھ لیتیں تو کیا حرج تھا۔ (پھر تلاش میں لگ جاتے ہیں۔ تخت پر کے میلے کپڑے اٹھا کر ایک ایک کر کے جھاڑتے ہیں) کم بخت سوئی بھی ہوتی تو الگ ہو کر گر پڑتی۔ لاحول ولا قوۃ الا باللہ۔ (لوٹوں کے نیچے دیکھتے ہیں) سمجھ میں نہیں آتا کہ کہاں ہو سکتی ہے۔ (داڑھی کھجاتے ہیں) اچھا صبح سے شروع کروں۔۔۔ صبح۔۔۔ خانصاحب۔۔۔ اپنے پاس انڈے دینے دیجئے۔ بدمعاش! رات کے تین بجے پیٹ میں درد کر لیا۔ تکلیف وہ انسان اور یہ نہیں کہ صبح تک انتظار کر لیں، نہیں لاٹ صاحب کے بچے رات کے تین بجے جگوائیں گے شریف آدمیوں کو اور اسے دیکھو کہ صبح صبح جا کر پرائیویٹ بات خانصاحب سے کہہ دی۔ کمینہ، کم ظرف، بھلا یہ بات ان سے کہنے کی تھی۔ (پھر بستہ ٹٹولتے ہیں) یعنی حد ہو

گئی۔ ارے او۔ (رک جاتے ہیں) بندو نامعقول۔ گدھا۔ خوب یاد آیا۔ صبح باورچی خانہ میں گیا تھا انگیٹھی لینے۔ شاید وہیں رکھ دی ہو گی۔ (باورچی خانہ میں جھانکتے ہیں) دیکھی بیگم صاحبہ کی حرکت، ایسی چپ چپ اور انجان سی بنی بیٹھی ہیں گویا کوئی بات ہی نہیں ہوئی۔ ہونہہ !اس طرف نظر ہی نہیں اٹھاتیں۔ چہرے پر کیا پارسائی اور شہداپن برس رہا ہے۔ (چٹکی بجا کر) اب آیا سمجھ میں۔ بھٹیارہ ہے نمازی تو ضرور ہے۔ دغا بازی۔ انھوں نے ہی چھپا رکھی ہے۔ تبھی تو بے نیازی کا یہ عالم ہے۔۔۔ خیال ہو گا کہ آخر ہار جھک مار کر مانگنے آئے گا۔ (پھر جھانکتے ہیں) اب اس طرف دیکھا نا۔ میں پہلے ہی جانتا تھا کہ چپکے چپکے میری پریشانیوں کا تماشا دیکھ رہی ہیں۔ اس بچپن کی بھلا کوئی حد بھی ہے۔ میں نے بھی بیگم صاحبہ کا پاندان ہی غائب نہ کیا ہو تو کہنا۔ (موو اندر آتا ہے) کیوں بے موو ے! بیوی کیا کر رہی ہیں؟

موو ا: ہنڈیا بگھار رہی ہیں۔

(چلا جاتا ہے۔ بائیں ہاتھ کے دروازے سے)

چچا: (ٹہلتے ہیں) کیا بے ہودہ مذاق ہے اور اگر میں ان کی اوڑھنی کو دیا سلائی دکھا دوں جب؟

بنو: (بنو اندر آتی ہے۔ ہنڈکلیا کا سامان لئے ہوئے ہے) ابا میاں گر کے چاول کھاؤ گے؟

چچا: ادھر تو آ بنو۔ ایک کام کیجو۔ ہماری عینک کھو گئی ہے۔ باورچی خانے میں رکھی تھی۔ ڈھونڈ کر لا دے۔

بنو: کون سی عینک؟

چچا: احمق کہیں کی۔ جو عینک ہم لگاتے ہیں اور کون سی، مگر دیکھ تیری اماں کو نہ معلوم ہونے پائے۔

بنو: (مسکرا کر) اپنی عینک لگا تو رکھی ہے آپ نے۔

چچا: (چونک کر ہاتھ آنکھوں کی طرف بڑھاتے ہیں) ہیں! (اتارتے ہیں۔ ہاتھ میں لے کر گھماتے ہیں۔ سوچتے ہیں۔ پھر بنو کی طرف دیکھ کر) یہ یہیں تھی۔ کب لگائی تھی ہم نے؟

بنو: (زور سے قہقہہ لگاتی ہے) اماں! اماں! ہم تو اماں کو سنائیں گے۔

(بھاگنے لگتی ہے)

چچا: (لپک کر اسے پکڑ لیتے ہیں) ہیں ہیں! کیا ہوا؟ کہاں چلی؟ گلاب جامن کھائے گی۔ اری وہ بات تو ہم نے مذاق میں کہی تھی، پاگل کہیں کی۔ اس میں اماں کو سنانے کی کیا بات ہے۔ دیوانی ہوئی ہے۔ کیا لائیں تیرے لئے بازار سے؟

بنو: (بھاگنے کی کوشش کرتی ہے) اماں! اماں!!

چچا: تھپڑ ماروں گا میں۔

بنو: اماں! اماں!!

چچا: بد تمیز۔

(بنو کو دھکا دے دیتے ہیں۔ وہ گر کر رونے لگتی ہے۔ چچی جلدی سے بائیں ہاتھ کے دروازے سے باہر چلے جاتے ہیں)

چچی: (باورچی خانے سے) بنو۔ او بنو۔ کیوں ریں ریں کر رہی ہے۔ کیا ہوا؟ (چچی دائیں سے آتی ہیں۔ بنو کر اٹھا کر پیار کرتی ہیں) کیوں رو رہی ہے۔ صبح صبح کس نے مارا؟

بنو: ابا۔۔۔ (رو کر) ابا۔۔۔

چچی: کوئی شرارت کی ہوگی؟

بنو: (ناک پونچھتے ہوئے) نہیں ابا کی عینک۔۔۔

چچا: (بائیں سے اندر آتے ہیں۔ بڑی سی ٹوکری میں مٹھائی کی ہاتھ میں لئے ہیں) اے او

چھٹن، اوللو، چلو۔ آؤ ہم تمہارے لئے مٹھائی لائے ہیں۔ لے بنو بیٹا تو بھی لے۔ (سب کو مٹھائی تقسیم کرتے ہیں۔ چچی باورچی خانے میں چلی جاتی ہیں) لے ددو تو ایک اور حصہ لے اور بنو تو بھی لے۔ (کاغذ پر مٹھائی رکھ کر) لے بندو یہ بیوی کو دے آ۔ (بندو مٹھائی کو لے کر دائیں کو جاتا ہے۔ سب بچے مٹھائی کھاتے ہیں۔)

چچا: (فٹ لائٹ کے قریب آکر) او اماں ذرا ادھر تو آ یار۔ یہ لو تم ایک آنہ اور اگر کام کرو تو چونی انعام۔ دیکھ خانصاحب نکڑ کی دوکان پر حجام کے ہاں بیٹھے خط بنوا رہے ہیں۔ بائیسکل ان کا دوکان کے باہر رکھا ہے۔ تو چپکے سے جا کر ان کے بائیسکل میں پنکچر کر دیجیو۔ بڑے آئے پالش کی شیشی والے۔

(پردہ)

***

محبت کی پیدائش

سعادت حسن منٹو

(خالد سیٹی بجا رہا ہے۔ سیٹی بجاتا بجاتا خاموش ہو جاتا ہے۔ پھر ہولے ہولے اپنے آپ سے کہتا ہے۔)

خالد: اگر محبت ہاکی یا فٹ بال میچوں میں کپ جیتنے، تقریر کرنے اور امتحانوں میں پاس ہو جانے کی طرح آسان ہوتی تو کیا کہنے تھے۔۔۔ مجھے سب کچھ مل پاتا۔ سب کچھ (پھر سیٹی بجاتا ہے) نیلے آسمان میں ابابیلیں اڑ رہی ہیں اس چھوٹے سے باغیچے کی پتی پتی خوشی سے تھرا رہی ہے پر میں خوش نہیں ہوں۔ میں بالکل خوش نہیں ہوں۔

حمیدہ: (دھیمے لہجے میں) خالد صاحب!

(خالد خاموش رہتا ہے)

حمیدہ: (ذرا زور سے) خالد صاحب!

خالد: (چونک کر) کیا ہے؟ کوئی مجھے بلا رہا ہے؟

حمیدہ: میں ہوں!۔۔۔ مجھے آپ سے ایک ضروری کام ہے۔

خالد: اوہ! حمیدہ۔۔۔ کہو، یہ ضروری کام کیا ہے۔۔۔ میں یہاں یونہی لیٹے لیٹے اونگھنے لگ گیا تھا۔ کیا کسی کتاب کے بارے میں کچھ کہنا ہے؟۔۔۔ مگر تم نے مجھے اتنا قابل کیوں سمجھ رکھا ہے۔۔۔ فلسفے میں میں اتنا ہوشیار نہیں جتنی کہ تم ہو۔ عورتیں فطرتاً فلسفی ہوتی ہیں۔

حمیدہ: میں آپ سے فلسفے کے بارے میں گفتگو کرنے نہیں آئی۔ افلاطون اور ارسطو اس معاملے میں میری مدد نہیں کر سکتے جتنی آپ کر سکتے ہیں۔

خالد: میں حاضر ہوں۔

حمیدہ: میں بہت جرأت سے کام لے کر آپ کے پاس آئی ہوں۔ آپ یقین کیجئے کہ میں نے بہت بڑی جرأت کی ہے۔۔۔ بات یہ ہے۔۔۔ مجھے شرم محسوس ہو رہی ہے۔۔۔ مگر نہیں۔۔۔ اس میں شرم کی کونسی بات ہے۔۔۔ مجھے یہ کہنا ہے کہ پرسوں رات میں نے اباجی کو امی جان سے یہ کہتے سنا کہ وہ آپ سے میری شادی کر رہے ہیں۔

خالد: (خوش ہو کر) سچ مچ؟

حمیدہ: جی ہاں۔۔۔ میں نے یہ سنا ہے کہ بات پکی ہو گئی ہے۔۔۔ اور اس فائنل کے بعد ہم بیاہ دیئے جائیں گے۔

خالد: (خوشی کے جذبات کو دبانے کی کوشش کرتے ہوئے) حد ہو گئی ہے۔۔۔ مجھے تو کسی نے بتایا ہی نہیں۔۔۔ یہ چپکے چپکے انھوں نے بڑا دلچسپ کھیل کھیلا۔۔۔ دراصل بات یوں ہوئی ہے کہ میں نے اپنی امی جان سے ایک دو مرتبہ۔۔۔ تمہاری تعریف کی تھی اور کہا تھا کہ جو شخص حمیدہ جیسی۔۔۔ حمیدہ جیسی۔۔۔ حمیدہ جیسی۔۔۔ حمیدہ جیسی پیاری لڑکی کا شوہر بنے گا۔۔۔ وہ کس قدر خوش نصیب ہو گا۔ (ہنستا ہے) حد ہو گئی ہے۔۔۔ میں یہاں اسی فکر میں گھلا جا رہا تھا کہ تم کہیں کسی اور کی نہ ہو۔ جاؤ (خوب ہنستا ہے)۔۔۔ دیکھو نیلے آسمان میں ابابیلیں اڑ رہی ہیں۔۔۔ اس باغیچے کی پتی پتی خوشی سے تھرا رہی ہے۔۔۔ اور میں بھی خوش ہوں۔۔۔ کس قدر خوش (ہنستا ہے) حمیدہ اب تمہیں ہم سے پردہ کرنا چاہئے۔۔۔ ہم تمہارے ہونے والے شوہر ہیں۔

حمیدہ: مگر مجھے یہ شادی منظور نہیں۔!

خالد: شادی منظور نہیں۔۔۔ پھر تم نے یہ بات کیوں چھیڑی؟۔۔۔ میں تمہیں ناپسند ہوں کیا؟

حمیدہ: خالد صاحب! میں اس معاملے پر زیادہ گفتگو کرنا نہیں چاہتی۔ میں آپ سے صرف یہ کہنے آئی تھی کہ اگر ہماری شادی ہو گئی۔ تو یہ میری مرضی کے خلاف ہو گی۔ ہماری دونوں کی زندگی اگر ہمیشہ کے لئے تلخ ہو گئی تو اس کے ذمہ دار آپ ہوں گے۔ میں نے اپنے دل کی بات آپ سے چھپا کر نہیں رکھی، جو فرض میرے ماں باپ کو ادا کرنا چاہیے تھا۔ میں نے ادا کر دیا ہے آپ عقل مند ہیں۔ روشن خیال ہیں۔ اس لئے میں آپ کے پاس آئی۔ ورنہ یہ راز قبر تک میرے سینے میں محفوظ رہتا۔

خالد: یہ جھوٹ ہے میں تم سے محبت کرتا ہوں۔

حمیدہ: ہو گا۔ مگر میں آپ سے محبت نہیں کرتی۔

خالد: اس میں میرا کیا قصور ہے؟

حمیدہ: اور اس میں میرا کیا قصور ہے؟

خالد: حمیدہ تم اچھی طرح جانتی ہو کہ میں جھوٹ نہیں بولا کرتا۔ میں سچ کہتا ہوں کہ میرا دل تمہاری اور صرف تمہاری محبت سے بھرا ہے۔

حمیدہ: لیکن میرا دل بھی تو آپ کی محبت سے بھرا ہو۔۔۔ میرے اندر سے بھی تو یہ آواز پیدا ہو کہ حمیدہ آپ کو چاہتی ہے۔۔۔ میں بھی تو آپ سے جھوٹ نہیں کہہ رہی۔۔۔ آپ مجھ سے محبت کرتے ہیں تو آپ کی محبت اس وقت مجھ پر کیا اثر کر سکتی ہے جب میرا دل آپ کی محبت سے خالی ہو۔

خالد: ایک دیا دوسرے دیئے کو روشن کر سکتا ہے۔

حمیدہ: صرف اس صورت میں جب دوسرے دیئے میں تیل موجود ہو۔۔۔ یہاں میرا دل

تو بالکل خشک ہے آپ کی محبت کیا کر سکے گی۔ میں نے آج تک آپ کو ان نگاہوں سے کبھی نہیں دیکھا جو محبت پیدا کر سکتی ہیں۔۔۔ اس کے علاوہ کوئی خاص بات بھی تو نہیں ہوئی جس سے یہ جذبہ پیاہو سکے۔۔۔ لیکن میں آپ کے بارے میں اچھی طرح جانتی ہوں کہ آپ اچھے نوجوان ہیں با اخلاق ہیں۔ کالج میں سب سے زیادہ ہوشیار طالب علم ہیں۔ آپ کی صحت آپ کی علمیت، آپ کی قابلیت قابل رشک ہے۔ آپ ہمیشہ میری مدد کرتے رہے ہیں۔ مگر مجھے افسوس ہے کہ میرے دل میں آپ کی محبت ذرہ بھر بھی نہیں ہے۔۔۔ میرا خیال ہو سکتا ہے کہ درست نہ ہو۔ پر یہ تمام خوبیاں جو آپ کے اندر موجود ہیں ضروری نہیں کہ وہ کسی عورت کے دل میں آپ کی محبت پیدا کر دیں۔

خالد: تم ٹھیک کہہ رہی ہو۔ مجھے اس کا احساس ہے۔

حمیدہ: تو کیا میں امید رکھوں کہ آپ مجھے اس بے مرضی کی شادی سے بچانے کی ہر ممکن کوشش کریں گے۔

خالد: مجھ سے جو کچھ ہو سکے گا۔ ضرور کروں گا۔

حمیدہ: تو میں جاتی ہوں۔۔۔ بہت بہت شکریہ!

(چند لمحات تک خاموشی طاری رہتی ہے۔۔ خالد دردناک سروں میں سیٹی بجاتا ہے۔۔)

خالد: سسکیوں میں نیلے آسمان میں ابابیلیں اڑ رہی ہیں۔ اس چھوٹے سے بغیچے کی پتی پتی خوشی سے تھرتھرا رہی ہے۔ میں خوش نہیں۔ بالکل خوش نہیں ہوں۔

(اسی روز شام کو خالد کے گھر میں)

ڈپٹی صاحب: (خالد کا باپ۔ دروازے پر آہستہ سے دستک دے کر) بھئی میں ذرا اندر آ سکتا ہوں۔

خالد: آیئے آیئے۔ ابا جی!

ڈپٹی صاحب: میں نے بہت مشکل سے تمہارے ساتھ چند باتیں کرنے کی فرصت نکالی۔ یوں کہو کہ ایسا اتفاق ہو گیا کہ تم بھی گھر میں موجود ہو اور مجھے بھی ایک، آدھ گھنٹے تک کوئی کام نہیں۔۔۔ بات یہ ہے کہ تمہاری ماں نے تمہاری شادی کی بات چیت پکی کر دی ہے لڑکی حمیدہ ہے جس کو تم اچھی طرح جانتے ہو۔ تمہاری کلاس میٹ ہے اور میں نے سنا ہے کہ تم دل ہی دل میں اس سے ذرا۔۔۔ محبت بھی کرتے ہو چلو اچھا ہوا۔۔۔ اب تمہیں اور کیا چاہئے۔۔۔ امتحان پاس کرو اور دلہن کو لے آؤ۔

خالد: پر ابا جی، میں نے تو یہ سن رکھا تھا کہ حمیدہ کی شادی مسٹر بشیر سے ہو گی جو پچھلے برس ولایت سے ڈاکٹری امتحان پاس کر کے آئے ہیں۔

ڈپٹی صاحب: شادی اس سے ہونے والی تھی مگر حمیدہ کے والدین کو جب معلوم ہوا کہ وہ شرابی اور آوارہ مزاج ہے تو انھوں نے یہ خیال موقوف کر دیا لیکن تمہیں ان باتوں سے کیا تعلق۔۔۔ حمیدہ تمہاری ہو رہی ہے۔ ہو رہی ہے کیا ہو چکی ہے۔

خالد: حمیدہ راضی ہے کیا؟

ڈپٹی صاحب: ارے راضی کیوں نہ ہو گی؟ جب ڈپٹی ظہور احمد کے بیٹے خالد کی شادی کا سوال ہو، تو اس میں رضامندی کی ضرورت ہی کیا ہے۔

خالد: مجھے بنا رہے ہیں آپ؟

ڈپٹی صاحب: رہنے دو۔ اس قصے کو، مجھے اور بہت سے کام کرنا ہے۔ اچھا تو میں چلا۔۔۔ پر ایک اور بات بھی تو مجھے تم سے کرنا تھی۔ تمہاری ماں نے ایک لمبی چوڑی فہرست بنا کر دی تھی۔۔۔ ہاں یاد آیا۔۔۔ دیکھو بھئی نکاح کی رسم پرسوں یعنی اتوار کو ادا ہو گی۔ اس لئے کہ حمیدہ کا باپ حج کو جانے سے پہلے اس فرض سے سبکدوش ہو جانا چاہتا ہے۔۔۔ ٹھیک ہے،

ٹھیک ہے ، ایسا ہی ہونا چاہئے اور جب تمہاری ماں کہہ دے تو پھر اس میں کسی کلام کی گنجائش نہیں رہتی۔۔۔ میں نے ان لوگوں سے کہہ دیا ہے کہ ہم سب تیار ہیں۔ تمہیں جن لوگوں کو Invite کرنا ہو گا کر لینا۔ مجھے اس درد سری میں مبتلانہ کرنا بھئی، میں بہت مصروف آدمی ہوں۔

خالد: بہت اچھا اباجی!

ڈپٹی صاحب: ہاں ایک اور بات۔۔۔ ممکن ہے کہ میں تم سے کہنا بھول جاؤں اس لئے ابھی سے کان کھول کر سن لو۔۔۔ (رازدارانہ لہجہ میں) شادی کے بعد اپنی بیوی کو سر پر نہ چڑھا لینا۔ ورنہ یاد رکھو، بڑی آفتوں کا سامنا کرنا پڑے گا۔ اپنی ماں کی طرف دیکھ لو، کس طرح مجھے نکیل ڈالے رکھتی ہے۔

خالد: (ہنستا ہے)۔۔۔ نصیحت کا شکریہ!

ڈپٹی صاحب: شکریہ وکریہ کچھ نہیں تم سے جو کچھ میں نے کہا ہے اس کا خیال رکھنا اور بس۔۔۔ تو میں چلا۔۔۔ نکاح کے ایک روز پہلے مجھے یاد دلا دینا۔ تاکہ میں کہیں اور نہ چلا جاؤں۔

خالد: بہت اچھا اباجی!

(دروازہ بند کرنے کی آواز)

خالد: (ہولے ہولے گویا گہری فکر میں غرق ہے) بہت اچھا اباجی۔۔۔ بہت اچھا اباجی۔۔۔ میں نے کتنی جلدی کہہ دیا بہت اچھا اباجی۔۔۔ بہت اچھا۔۔۔ جو کچھ کہا ہوا ہے۔۔۔ اب اس کے سوا اور چارہ ہی کیا ہے۔۔۔ نیلے آسمان میں ابابیلیں اڑتی رہیں گی بغیچوں میں پتیاں خوشی سے تھر تھراتی رہیں گی اور یہ دل ہمیشہ کے لئے اجڑ جائے گا۔۔۔ اجڑ جائے گا!

(تیسرے روز کالج میں پرنسپل کا دفتر)

(گھنٹی بجائی جاتی ہے پھر دروازہ کھولا جاتا ہے۔)

چپراسی: جی حضور!

پرنسپل: خالد کو اندر بھیج دو۔

چپراسی: بہت اچھا حضور!

(دروازہ کھولنے اور بند ہونے کی آواز پھر خالد کے آنے کی آواز)

پرنسپل: (کھانستا ہے) تمہیں اپنی صفائی میں کچھ کہنا ہے؟

(خالد خاموش رہتا ہے۔)

پرنسپل: (بارعب لہجے میں) تمہیں اپنی صفائی میں کچھ کہنا ہے؟

خالد: کچھ نہیں۔ میرا دل کوڑے کرکٹ سے صاف ہے۔

پرنسپل: تم گستاخ بھی ہوگئے ہو؟

خالد: کالج میں اگر کوئی گستاخ لڑکا نہ ہو تو پرنسپل اپنی قوتوں سے بے خبر رہتا ہے اگر اس کمرے کو جس میں آپ رہتے ہیں ترازو فرض کر لیا جائے تو میں اس ترازو کی وہ سوئی ہوں جو وزن بتاتی ہے۔

پرنسپل: تم مجھے اپنی اس بے ہودہ منطق سے مرعوب نہیں کر سکتے۔

خالد: یہ میں اچھی طرح جانتا ہوں۔

پرنسپل: (زور سے) تم خاک بھی نہیں جانتے۔

خالد: آپ بجا فرما رہے ہیں۔

پرنسپل: میں بجا نہیں فرما رہا۔ اگر میرا فرمانا بجا ہوتا تو کل تم ایسی بے ہودہ حرکت کبھی نہ کرتے جس نے تمہیں سب لوگوں کی نگاہ میں ذلیل کر دیا ہے اب تم میں اور ایک بازاری

غنڈے میں کیا فرق رہا ہے۔

خالد: آپ سے عرض کروں؟

پرنسپل: کرو۔ کرو کیا عرض کرنا چاہتے ہو تمہاری یہ نئ منطق بھی سن لوں!

خالد: بازاری غنڈہ چوک میں کھڑا ہو کر جو اس کے دل میں آئے کہہ سکتا ہے مگر میں کچھ بھی نہیں کہہ سکتا۔ مجھ میں اتنی قوت نہیں ہے کہ اپنے دل کا تالا کھول سکوں جو تہذیب آج سے بہت عرصہ پہلے لگا چکی ہے بازاری غنڈہ مجھ سے ہزار درجے بہتر ہے۔

پرنسپل: جو تھوڑا بہت تم میں اور اس میں باقی رہ گیا ہے اب پورا کر لو۔۔۔ میں تمہیں اپنے کالج سے باہر نکال رہا ہوں۔

خالد: مگر۔۔۔

پرنسپل: مگر وگر کچھ بھی نہیں۔ میں فیصلہ کر چکا ہوں میرے کالج میں ایسا لڑکا ہرگز نہیں رہ سکتا۔۔۔ جو بد چلن ہو، آوارہ ہو۔ کالج میں شراب پی کر آنا ایسا جرم نہیں کہ سزا دیئے بغیر تمہیں چھوڑ دیا جائے۔

خالد: اپنے آپ پر دوبارہ غور فرمایئے۔ اتنی جلدی نہ کیجئے۔۔۔ آپ مجھے اپنے کالج سے ہمیشہ کے لئے باہر نہیں نکال سکتے۔

پرنسپل: (غصے میں) کیا کہا۔

خالد: میں نے یہ کہا تھا کہ مجھے اپنے کالج سے کیسے باہر نکال سکتے ہیں۔۔۔ آپ کو۔۔۔ آپ کو۔۔۔ میرے چلے جانے سے کیا آپ کو نقصان نہ ہو گا؟

پرنسپل: نقصان؟ تمہارے چلے جانے سے مجھے کیا نقصان ہو سکتا ہے۔ تم جیسے دو درجن لڑکے میرے کالج سے چلے جائیں۔ خس کم جہاں پاک!

خالد: آپ میرا مطلب نہیں سمجھے پرنسپل صاحب! مجھے افسوس ہے کہ اب مجھے خودستائی

سے کام لینا پڑے گا۔ آپ کے سامنے یہ کالا بورڈ جو لٹک رہا ہے اس پر سب سے اوپر کس کا نام لکھا ہے۔ آپ بتانے کی تکلیف گوارا نہ کیجئے۔ یہ اسی آوارہ اور بد چلن کا نام لکھا ہے، جو یہ ظاہر کرتا ہے کہ بی اے میں وہ صوبے بھر میں اول رہا۔ اس بورڈ کے ساتھ ہی ایک اور بورڈ لٹک رہا ہے جو آپ کو بتا سکتا ہے کہ ہندوستان کی کسی یونیورسٹی کا ہوشیار سے ہوشیار طالب علم بھی آپ کے کالج کی کالی بھیڑ خالد کا مقابلہ نہیں کر سکا۔ تقریر میں اس نے تین سال تک کسی کو آگے بڑھنے نہیں دیا۔ آپ کے پیچھے ایک اور تختہ لٹک رہا ہے۔ اگر آپ کبھی اس پر نظر ڈالیں تو آپ کو معلوم ہو سکتا ہے کہ خالد جب سے آپ کی ہاکی ٹیم کا کپتان بنا ہے شکست ناممکن ہو گئی ہے۔ فٹ بال کی ٹیم میں مجھ سے بہتر گول کیپر آپ کہاں سے تلاش کریں گے ؟ اخبار لکھتے ہیں کہ میں لوہے کا مضبوط جال ہوں، سیسہ پلائی ہوئی دیوار ہوں۔۔۔ اور پچھلے برس میچ میں ہنگامہ برپا ہو گیا تھا۔ تو آپ کو بچانے کے لئے کس نے آگے بڑھ کر ڈھال کا کام دیا تھا اسی خاکسار نے۔۔۔ آپ اپنے فیصلے پر دوبارہ غور کیجئے۔

پرنسپل: کیا اب احسان جتلا کر تم مجھے رشوت دینے کی کوشش کر رہے ہو۔

خالد: پرنسپل صاحب آج کل دنیا کے سارے دھندے اسی طرح چلتے ہیں بچہ جب روئے نہیں ماں دودھ نہیں دیتی یہ تو آپ اچھی طرح جانتے ہیں۔ مگر آپ کو یہ بھی معلوم ہونا چاہئے کہ پڑوس میں اگر بن ماں کا یتیم بچہ رونا شروع کر دے تو میری ماں دودھ کی بوتل لے کر ادھر کبھی نہیں دوڑے گی۔۔۔ آپ نے آج تک مجھ پر اتنی مہربانیاں کی ہیں تو محض !اس لئے کہ مجھ میں خوبیاں تھیں اور آپ مجھے پسند کرتے تھے اور میں نے اس روز آپ کو اس لئے بچایا تھا کہ وہ میرا فرض تھا۔ میں آپ کو رشوت نہیں دے رہا۔ مجھے معلوم ہے کہ آپ سزا دے کر رہیں گے۔ میں خود سزا چاہتا ہوں۔ مگر کڑی نہیں۔۔۔ رشوت تو وہاں دی جاتی ہے جہاں بالکل اجنبیت ہو۔

پرنسپل: تم تقریر کرنا خوب جانتے ہو۔

خالد: (ہنس کر) یہ کالا بورڈ بھی جو آپ کے سامنے لٹک رہا ہے یہی کہتا ہے۔

پرنسپل: خالد۔۔۔ میں حیران ہوں کہ تم نے کالج میں شراب پی کر ادھم کیوں مچایا۔۔۔ تم شریر ضرور تھے، مگر مجھے معلوم نہ تھا۔ تم شراب بھی پیتے ہو۔ تمہارے کیریکٹر کے بارے میں مجھے کوئی شکایت نہ تھی۔ مگر کل کے واقعہ نے تمہیں بہت پیچھے ہٹا دیا ہے۔

خالد: جب کھائی پھاندنا ہو تو ہمیشہ دس بیس قدم پیچھے ہٹ کر کوشش کی جاتی ہے ہو سکتا ہے کہ میں نے اپنی زندگی میں ایک گہری کھائی پھاندنے کی کوشش کی ہو۔

پرنسپل: مجھے افسوس ہے کہ تم اس کوشش میں اوندھے اس گہری کھائی میں گر پڑے ہو۔

خالد: ایسا ہی ہو گا۔ مگر مجھے افسوس نہیں۔

پرنسپل: تو اب تم کیا چاہتے ہو؟

خالد: میں کیا چاہتا ہوں؟۔۔۔ کاش کہ میں کچھ چاہ سکتا۔ آپ سے میری صرف یہ گزارش ہے کہ سزا دیتے وقت پرانے خالد کو یاد رکھئے۔ بس۔!

پرنسپل: تمہیں ایک سال کے لئے کالج سے خارج کر دینے کا حکم میں لکھ چکا ہوں یہ سزا تمہاری ذلیل حرکت کے مقابلے میں بہت کم ہے۔ اس لئے تم معلوم کر سکتے ہو کہ پرانے خالد کو میں نے ابھی تک دل سے محو نہیں کیا۔

خالد: میں آپ کا بے حد ممنون ہوں۔ ایک سال کے بعد جب خالد پھر آپ کے پاس آئے گا۔ تو وہ پرانا ہی ہو گا۔

پرنسپل: اب تم چپ چاپ یہاں سے چلے جاؤ اور دیکھو۔ اس غم کو دور کرنے کے لئے کہیں شراب خانے کا رخ نہ کرنا۔

خالد: ایک بار جو میں نے پی ہے۔ وہی عمر بھر کے لئے کافی ہے آپ بے فکر رہیں۔

(دروازہ کھلنے اور بند کرنے کی آواز)

(دروازے بند کرنے کے ساتھ ہی دس پندرہ لڑکوں کی آوازوں کا شور۔ پیدا کیا جائے یہ لڑکے خالد سے طرح طرح کے سوال پوچھیں۔)

ا۔ کیوں خالد کیا ہوا؟

۲۔ سال بھر کے لئے Expel کر دیئے گئے؟

۳۔ پر میں پوچھتا ہوں۔ شراب پی کر تمہیں کالج ہی میں آکر ادھم مچانا تھا؟

۴۔ تم نے سخت غلطی کی، شراب تو میں بھی پیتا ہوں، مگر کسی کو کانوں کان خبر نہیں ہوتی؟

۵۔ کیا جانے اس کے سر پر کیا وحشت سوار ہوئی؟

٦۔ پہلی دفعہ پی اور بری طرح پکڑے گئے میرے یار؟

۷۔ اب کیا ہوگا؟

خالد: (تنگ آکر) بکواس نہ کرو۔ جو کچھ ہو چکا ہے تمہارے سامنے ہے جو کچھ ہوگا وہ بھی تم دیکھ لوگے۔ دنیا کی نگاہوں سے کوئی چیز پوشیدہ بھی رہی ہے؟

(کالج کے گھنٹے کی آواز ٹن ٹن ٹن)

خالد: جاؤ۔ جاؤ اپنی اپنی کلاس Attend کرو۔۔۔ مجھے میرے حال پر چھوڑ دو۔

(چند لمحات کے بعد خاموشی طاری ہو جاتی ہے۔)

خالد: بڑے بڑے معرکہ خیز میچوں میں حصہ لیا ہے بڑی بڑی چوٹیں کھائی ہیں مگر یہ تھکن جو اس وقت محسوس ہو رہی ہے آج تک کبھی طاری نہیں ہوئی۔ بغیچے کی اس جھاڑی کے پاس حمیدہ نے میرے دل کے ٹکڑے کئے تھے۔ اب یہیں تھوڑی دیر بیٹھ کر ان کو جوڑتا ہوں۔۔۔ دل ٹوٹا ہوا ہو مگر پہلو میں ضرور ہونا چاہئے۔۔۔ اس کے بغیر زندگی فضول

ہے۔۔۔

(وقفہ)

۔۔۔اس وقت مجھے کسی ہمدرد کی کتنی ضرورت محسوس ہو رہی ہے۔۔۔ مگر۔۔۔

(گیت)

کون کسی کا میت منوا

کون کسی کا میت!

راگ سبھا ہے دنیا ساری

جیون دکھ کا گیت

منوا کون کسی کا میت

رام بھروسے کھینے والے

نیا کو منجدھار!

اپنے ہاتھوں آپ ڈبو دے

کیوں ڈھونڈے پتوار

ڈبو دی۔۔۔ اپنے ہاتھوں سے آپ ڈبو دی۔۔۔

حمیدہ: خالد صاحب۔

(خالد خاموش رہتا ہے۔)

حمیدہ: (ذرا بلند آواز سے) خالد صاحب!

خالد: (چونک کر) کیا ہے؟۔۔۔ اوہ! حمیدہ تم ہو۔۔۔ میں۔۔۔ میں۔۔۔ شاید گا رہا تھا۔

حمیدہ: میں سن رہی تھی۔

خالد: سن رہی تھیں۔۔۔ کیا سچ مچ؟۔۔۔ تو معلوم ہو گیا نا تمھیں کہ میں کتنا بے سرا

ہوں۔۔۔ اور یہ گیت جو میں گا رہا تھا کتنا اوٹ پٹانگ تھا۔ ہاں تو۔۔۔ کیا تمہیں کسی بات کے بارے میں کچھ پوچھنا ہے ؟

حمیدہ: میں یہ پوچھنے آئی ہوں کہ کل آپ نے میری غیر حاضری میں کیا کیا؟

خالد: اوہ۔۔۔ تم کل کی بات پوچھ رہی ہو۔ مگر جو کل کی بات ہو چکی۔۔۔ اس کے متعلق پوچھ کر کیا کرو گی؟

حمیدہ: کیا آپ نے سچ مچ کل شراب پی کر یہاں شور وغل مچایا؟

خالد: یہ تم کیوں پوچھ رہی ہو۔

حمیدہ: مجھے یقین نہیں آتا۔

خالد: کہ میں نے تمہارے کہے پر عمل کیا ہو گا؟

حمیدہ: (حیرت سے) میرے کہے پر؟ میں نے آپ سے شراب پینے کو کبھی نہیں کہا۔

خالد: تو کیا زہر پینے کو کہا تھا؟

حمیدہ: اور اگر میں نے کہا ہوتا تو؟

خالد: میں کبھی نہ پیتا۔

حمیدہ: کیوں؟

خالد: اس لئے کہ میں مرنا نہیں چاہتا۔ میں تم محبت کرتا ہوں۔ اس میں کوئی شک نہیں مگر میں اس محبت کی شکست پر خود کو ہلاک کرنے کے لئے تیار نہیں۔ پرانے عاشقوں کا فلسفہ میری نگاہوں میں فرسودہ ہو چکا ہے جب تک میں زندہ رہ سکوں گا تمہاری محبت اپنے دل میں دبائے رہوں گا۔ تم میری آنکھوں کے سامنے رہو گی تو میرے زخم ہمیشہ ہرے رہیں گے۔۔۔ جب ایک روگ اپنی زندگی کو لگایا ہے تو کیوں نہ وہ عمر بھر تک ساتھ رہے۔ تم مجھ سے محبت نہیں کرتیں تو اس کا یہ مطلب نہیں کہ میں اپنی محنت کا گلا گھونٹ دوں۔

حمیدہ: تو آپ نے صرف میری محبت کی خاطر اپنے آپ کو رسوا کیا؟

خالد: ظاہر ہے۔

حمیدہ: لیکن کیا آپ کو اس رسوائی کے علاوہ کوئی اور راستہ نظر نہ آیا؟

خالد: کئی راستے تھے لیکن مجھے یہی اچھا نظر آیا۔ تم خود دیکھ لو گی کہ ہینگ پھٹکری لگے بغیر رنگ چوکھا آئے۔۔۔ آج شام ہی کو جب تمہارے گھر میرے کالج سے نکال دینے کی خبر پہنچے گی تو تمہارا وہ کام فوراً ہو جائے گا۔ جس کے لئے تم نے مجھ سے امداد طلب کی تھی۔ نہ میں نے اپنے والدین کی عدول حکمی کی اور نہ تمہیں اپنے ماں باپ کو ناراض کرنے کا موقع ملا۔ بتاؤ کیا میں نے غلط راستہ منتخب کیا۔

حمیدہ: لیکن یہ بدنامی، یہ رسوائی، جو آپ نے مول لی؟

خالد: مجھے اب شادی نہیں کرنا ہے۔۔۔ جو یہ رسوائی اور بدنامی میرے حق میں غیر مفید ہو گی۔

حمیدہ: اور اگر آپ کو شادی کرنی پڑی تو؟

خالد: پاگل ہو گئی ہو۔۔۔ جب تم ایسے مرد سے شادی کرنے کو تیار نہیں ہو جس سے تم محبت نہیں کر سکتیں تو میں کیونکر ایسی عورت سے شادی کر سکتا ہوں جس سے میں محبت نہیں کرتا؟

حمیدہ: ممکن ہے آپ کو کسی سے محبت ہو جائے!

خالد: یہ ناممکن ہے جس طرح تمہارے دل میں میری محبت پیدا نہیں ہو سکتی اسی طرح میرے دل میں اور کسی کی محبت پیدا نہیں ہو سکتی۔۔۔ مگر اس گفتگو سے کیا فائدہ۔۔۔ میری روح کو سخت تکلیف پہنچ رہی ہے۔

حمیدہ: آپ نے کیسے کہہ دیا کہ میرے دل میں محبت پیدا نہیں ہو سکتی؟

خالد: میں نے یہ کہا تھا کہ تمہارے دل میں میری محبت پیدا نہیں ہو سکتی؟

حمیدہ: اگر ہو جائے؟

خالد: (حیرت زدہ ہو کر) یعنی کیا؟

حمیدہ: میرے دل میں آپ کی محبت پیدا ہو جائے۔۔۔ ایکا ایکی مجھے ایسا محسوس ہونے لگے کہ میں آپ سے محبت کرتی ہوں۔ کیا ایسا نہیں ہو سکتا۔

خالد: اپنے دل سے پوچھو۔

حمیدہ: ایسی بات پوچھی نہیں جاتی اپنے آپ معلوم ہو جایا کرتی ہے۔۔۔ پڑوسی کے مکان میں اگر آگ لگ جائے تو کیا آپ دوڑے ہوئے اسی کے پاس جا کر پوچھیں گے۔ کیوں صاحب! کیا واقعی آپ کا مکان جل رہا ہے۔

خالد: میں تمہارا مطلب نہیں سمجھا۔

حمیدہ: میں ٹھیک سمجھا نہیں سکتی پر اب سمجھنے اور سمجھانے کی ضرورت ہی کیا ہے جو کچھ آپ چاہتے تھے اور جس کے متعلق مجھے وہم و گمان بھی نہ تھا۔ آج ایکا ایکی ہو گیا ہے۔

خالد: کیا ہو گیا ہے۔

حمیدہ: میرے دل میں آپ کی محبت پیدا ہو گئی ہے۔۔۔ اتوار کو ہمارا نکاح ہو رہا ہے۔

خالد: محبت؟ میں۔۔۔ تم۔۔۔ میں۔۔۔ میں۔۔۔ نکاح۔۔۔ کیسے؟

حمیدہ: مجھے آپ سے شادی کرنا منظور ہے جب گھر میں آپ کے کالج سے نکال دیئے جانے کی بات شروع ہو گی تو میں سارا واقعہ بیان کر دوں گی۔۔۔ اس طرح کوئی بدگمانی پیدا نہ ہو گی۔ مگر مجھے افسوس ہے کہ آپ کا ایک برس ضائع ہو گیا۔

خالد: ایک برس ضائع ہو گیا۔۔۔ میں تمہیں اپنا بنانے کے لئے اپنی زندگی کے سارے برس۔۔۔ پر میں کیا سن رہا ہوں۔

حمیدہ: میں اب جاتی ہوں۔ مجھے پرنسپل صاحب سے مل کر یہ کہنا ہے کہ میں اس سال امتحان میں شریک نہیں ہو رہی اگلے برس ہم اکٹھے امتحان دیں گے۔
(چند لمحات خاموشی طاری رہتی ہے۔)
خالد: نیلے آسمان میں ابابیلیں اڑ رہی ہیں اس بغیچے کی پتی پتی خوشی سے تھر تھرا رہی ہے اور میں کس قدر حیرت زدہ ہوں۔۔۔ کس قدر حیرت زدہ ہوں۔
فیڈ آؤٹ

***

چوڑیاں

سعادت حسن منٹو

افراد:

حامد: کالج کا ایک جوان طالب علم طبیعت شاعرانہ

سعید: حامد کا دوست

ڈپٹی صاحب: حامد کے والد

ثریا: حامد کی بہن

حمیدہ: حامد کی بہن

ماں: حامد کی ماں

دوکاندار۔ حمیدہ کی ایک اور سہیلی۔ تار والا اور ایک ملازم

پہلا منظر

(کالج ہوسٹل کا ایک کمرہ۔ ہر چیز قرینے سے رکھی ہے۔ بہت کم فرنیچر ہے لیکن ٹھکانے سے رکھا ہے اور بہت خوبصورت دکھائی دیتا ہے پلنگ کی چادر اجلی ہے، بے داغ، میز کا کپڑا بھی صاف ستھرا ہے دیواروں پر صرف دو تصویریں نظر آتی ہیں۔ چغتائی کی جن کے فریم بہت ہی نازک ہیں۔ میز پر کچھ کتابیں رکھی ہیں جن میں سے اکثر شاعروں کے دیوان

ہیں۔ حامد آرام کرسی میں پورے لباس میں بیٹھا اخبار پڑھ رہا ہے اور اس کا دوست سعید لوہے کے پلنگ پر لیٹا دو نرم نرم تکیوں پر کہنی جمائے۔ ہاتھ ٹھوڑی کے نیچے رکھے حامد کی طرف دیکھ رہا ہے۔ جو اخبار پڑھنے میں مصروف ہے۔)

حامد: (اخبار کے پیچھے سے) اپنے عزیزوں اور دوستوں کو تحفے دیجئے۔ ہیں بھئی۔۔۔ اشتہار کی سرخی دلچسپ ہے۔۔۔ "اپنے دوستوں اور عزیزوں کو تحفے دیجئے۔۔۔ "شادی بیاہ اور سالگرہ اور اسی قسم کی دوسری تقریبوں پر حسین تحفے ہی دینے چاہئیں۔ آپ کا دیا ہوا آئینہ، آپ کا پیش کردہ پھولدان، آپ کا بھیجا ہوا ہار۔ ذرا غور فرمایئے۔ ان حسین تحفوں میں کتنی شاعری ہے۔ ہمارے شوروم میں تشریف لایئے اور اپنے دوست اپنے عزیز یا اپنے۔۔۔

(سعید کھانستا ہے۔)

حامد: کوئی تحفہ دینے کے لئے اپنے دل پسند شعر انتخاب فرمایئے۔

سعید: لایئے اخبار میرے حوالے کیجئے۔۔۔ میں جنگ کی تازہ خبریں پڑھنا چاہتا ہوں۔

حامد: (اخبار چہرے پر سے ہٹاتے اور اسے تہہ کرتے ہوئے) آپ کو جنگ سے اتنی دلچسپی کیوں ہے؟

سعید: اس لئے کہ میں بہت صلح کن آدمی ہوں۔

حامد: یہ جنگ بھی صلح کن آدمی ہی کر رہے ہیں (اخبار تہہ کرتا اٹھتا ہے) خیر ہٹایئے اس قصے کو۔۔۔ میں آپ سے یہ عرض کرنے والا تھا کہ میں ایک حسین تحفہ خریدنا چاہتا ہوں۔

سعید: (کروٹ بدل کر) کس کے لئے؟

حامد: (اخبار میز پر پھینکتے ہوئے) اس کا ابھی فیصلہ نہیں ہوا؟

سعید: خوب!

حامد: تحفہ لے آؤں تو بعد میں فیصلہ کر لیا جائے گا۔

سعید: (اٹھ کے پلنگ پر بیٹھ جاتا ہے) ٹھیک۔۔۔ لیکن آپ کا کوئی دوست۔۔۔ کوئی عزیز۔۔۔؟۔۔۔ کوئی۔۔۔؟

حامد: یہاں آپ کے سوا کوئی نہیں۔

سعید: (خوش ہو کر) تو۔۔۔

حامد: جی نہیں۔ تحفہ میں آپ کو نہیں دینا چاہتا۔

سعید: کیوں؟

حامد: (کرسی لے کر سعید کے پاس بیٹھ جاتا ہے) اس لئے کہ آپ کو اپنی تاریخ پیدائش ہی معلوم نہیں۔۔۔ فرمایئے آپ کب پیدا ہوئے تھے۔

سعید: ایسی چیزیں کون یاد رکھتا ہے۔

حامد: اب آپ کی سالگرہ کا سوال ہی پیدا نہیں ہوتا۔

سعید: جی ہاں۔ بالکل پیدا نہیں ہوتا۔

حامد: رہی آپ کی شادی تو اس کے متعلق مجھے یقین ہے کہ کبھی ہو ہی نہیں سکتی۔

سعید: یعنی اس معاملے میں آپ مجھ سے کہیں زیادہ ناامید ہو چکے ہیں۔

حامد: جی ہاں۔۔۔ اس لئے کہ آپ کبھی یہ فیصلہ نہیں کر سکیں گے کہ آپ کو پچاس برس کی عورت چاہیۓ جس میں سولہ برس کی الھڑ لڑکی کی خادم کاریاں ہوں یا آپ کو سولہ برس کی لڑکی چاہیۓ جس میں پچاس برس کی عورت کی پختہ کاریاں موجود ہوں۔۔۔ لیکن میرا نقطہ نظر بالکل جدا ہے۔

سعید: (پلنگ پر سے اٹھ کر آرام کرسی پر بیٹھ جاتا ہے۔ جہاں پہلے حامد بیٹھا تھا) جو مجھے

اچھی طرح معلوم ہے لیکن کیا اس کا یہ مطلب ہے کہ آپ تحفہ خریدنے کے بعد ہی شادی کے مسئلے پر غور کریں گے۔

حامد: غالباً ایسا ہی ہو گا۔

سعید: تو ظاہر ہے کہ آپ کوئی زنانہ تحفہ خریدیں گے۔

حامد: بالکل ظاہر ہے (پلنگ پر لیٹ جاتا ہے اسی طرح سعید لیٹا ہوا تھا۔) میں نے اگر کوئی مردانہ تحفہ خریدا تو اس کا یہ مطلب ہو گا کہ میں بہت خود غرض اور کمینہ ہوں۔

سعید: کیا شک ہے۔۔۔ میرا مطلب ہے۔۔۔

حامد: آپ کا مطلب ٹھیک ہے اس لئے کہ تحفہ میری طرف سے میری طرف ہو گا لیکن ہو سکتا ہے کہ میں اپنی سالگرہ منالوں۔ کیونکہ مجھے اپنی تاریخ پیدائش اچھی طرح یاد ہے۔۔۔ میرا مطلب ہے زبانی یاد نہیں لیکن نوٹ بک میں لکھی ہوئی موجود ہے۔

سعید: اس صورت میں بھی آپ کا تحفہ آپ کی طرف سے آپ ہی کی طرف ہو گا۔

حامد: (بستر پر اٹھ کر بیٹھ جاتا ہے) ارے ہاں۔۔۔ یہ تو ہو گا۔ تو اس کا یہ مطلب ہوا کہ تحفہ خریدنے کے بعد مجھے کوئی عورت۔۔۔

سعید: (اٹھ کھڑا ہوتا ہے) یا لڑکی کی تلاش کرنا پڑے گی جس کے ساتھ آپ شادی کر سکیں۔

حامد: ہاں ایسی عورت۔۔۔

سعید: یا لڑکی!

حامد: یا لڑکی۔۔۔ مجھے ہر حالت میں تلاش کرنا پڑے گا۔

سعید: ہر حالت میں کیوں؟

حامد: ہر حالت میں نہیں۔ صرف اس حالت میں جب میں نے تحفہ خرید لیا ہو گا۔

سعید: یہ حالت بہت ہی قابل رحم ہو گی۔

حامد: کچھ بھی ہو۔۔۔ میں تحفہ خریدنے کا فیصلہ کر چکا ہوں۔۔۔ اب یہ تبدیل نہیں ہو سکتا۔ آیئے چلیں۔۔۔

(حامد ٹوپی پہنتا ہے۔۔۔ سعید ذرا آئینے میں اپنے بال درست کرتا ہے۔ حامد میز پر سے اخبار اٹھاتا ہے۔)

حامد: چلیئے!

سعید: چلیئے!

(دونوں باہر نکل جاتے ہیں۔)

دوسرا منظر

(تحفوں کی دوکان۔۔۔ وسیع و عریض جگہ ہے، جہاں بے شمار الماریاں دھری ہیں بڑے بڑے شیشے کے شوکیس رکھے ہیں۔ ہر ایک چیز جھلمل جھلمل کر رہی ہے۔۔۔ بہت سے گاہک جمع ہیں۔ کچھ آرہے ہیں کچھ جارہے ہیں۔۔۔ حامد اور سعید ادھر آتے ہیں۔ حامد کے ہاتھ میں اخبار ہے وہ اس دوکان کا پتہ دیکھ رہا ہے۔۔۔ دوکان دار نئے گاہکوں کو دیکھ کر متوجہ ہوتا ہے اور پاس آتا ہے۔)

دوکاندار: فرمایئے۔

حامد: تحفوں کی یہی دوکان ہے۔ جس کا اشتہار۔۔۔

دوکاندار: آپ اس اخبار میں ملاحظہ فرمارہے ہیں۔۔۔ آیئے۔۔۔ آیئے۔۔۔

(دوکان کے ذرا اندر چلے جاتے ہیں۔۔۔ اتنے میں چند لمحات کے بعد دو لڑکیاں آتی ہیں۔ بڑی تیز بڑی طرار)

حمیدہ:(دوکان کے ملازم سے) تحفوں کی یہی دوکان ہے۔

ملازم:جی ہاں۔یہی دوکان ہے اور گورنمنٹ سے رجسٹرڈ۔

حمیدہ:رجسٹرڈ؟

ملازم:جی ہاں۔۔۔اندر تشریف لے جایئے میم صاحب۔

(دونوں لڑکیاں دوکان کے اندر چلی جاتی ہیں۔حمیدہ اس شوکیس کے پاس پہنچتی ہے۔ جہاں حامد دوکاندار کے پاس کھڑا ہے اور جھک کر شوکیس میں رکھی ہوئی چیزوں کو دیکھ رہا ہے۔)

حامد:(دوکاندار سے) مجھے آپ کی سب چیزیں پسند آئی ہیں (اچانک حمیدہ کی طرف دیکھتا ہے) خاص طور پر وہ چیز تو خوب ہے۔۔۔

(حمیدہ کے گال ایک دم سرخ ہو جاتے ہیں۔)

دوکاندار:کونسی؟

حامد:(دوکان کے ایک کونے کی طرف اشارہ کر کے) وہ پتلی جو اس کے کونے کی زینت بڑھا رہی ہے۔

دوکاندار:قدر افزائی کا شکریہ۔۔۔فرمایئے کون سا تحفہ باندھ دوں؟میرا ذاتی خیال ہے کہ۔۔۔

حامد:فرمایئے فرمایئے۔آپ کا ذاتی خیال کیا ہے۔

(حمیدہ کی طرف دیکھتے ہوئے۔)

دوکاندار:کس کے متعلق؟

حامد:(چونک کر) ان ہی۔۔۔ان ہی تحفوں کے متعلق!

دوکاندار:میرا ذاتی خیال ہے۔مگر آپ کس تقریب کے لئے تحفہ چاہتے ہیں؟

حامد: ہاں یہ بتانا واقعی ضروری ہے (آواز دیتا ہے) سعید صاحب۔۔۔ سعید صاحب!

سعید: حاضر ہوا۔

حامد: آپ انہیں بتا دیجئے کہ مجھے کس تقریب کے لئے تحفہ چاہتے۔

(حمیدہ کھل کھلا ہنستی ہے۔)

حامد: یہ کون ہنسا؟

دوکاندار: لڑکیاں ہیں۔ ہنس رہی ہیں۔

حامد: ہاں لڑکیاں ہیں ہنس رہی ہیں۔۔۔ قصہ یہ ہے کہ مجھے اپنی بیوی کے لئے۔۔۔ میرا مطلب ہے کہ اس بیوی کے لئے جو میری بیوی ہونی چاہئے اور بہت جلد ہونی چاہئے۔ مجھے ایک تحفہ خریدنا ہے۔ ہم دونوں نے یہی فیصلہ کیا ہے حالانکہ میں اپنی سالگرہ منا سکتا تھا۔

دوکاندار: اس میں کیا شک ہے۔۔۔ میرا ذاتی خیال ہے۔

(حمیدہ ہنستی ہے۔)

دوکاندار: یہ کون ہنسا؟

سعید: لڑکیاں ہیں ہنس رہی ہیں!

حامد: ہاں لڑکیاں ہیں۔ انہیں ہنسنا ہی چاہئے۔

دوکاندار: میرا ذاتی خیال ہے کہ اب، آپ کو جلدی کوئی تحفہ خرید لینا چاہئے کیوں کہ۔۔۔

حامد: میں اپنا تحفہ منتخب کر چکا ہوں۔

دوکاندار: فرمایئے۔

حامد: (شوکیس میں سے دو چوڑیاں نکالتا ہے جس پر میناکاری کا کام ہے) یہ وہ چوڑیاں جو اس خوب صورت بکس میں دو حسین کلائیوں کو دعوت دے رہی ہیں۔

دوکاندار: (بکس لے کر) واہ واہ۔۔۔ کیا تحفہ چنا ہے آپ نے۔۔۔ میرا ذاتی خیال ہے

کہ۔۔۔

(تیز قدمی سے حمیدہ آتی ہے۔)

حمیدہ:(دوکاندار سے)اس تاش کے متعلق آپ کا کیا خیال ہے؟

حامد:بہت خوب صورت ہے۔ خصوصاً۔۔۔

حمیدہ:میں نے آپ کی رائے طلب نہیں کی۔

سعیدہ:کچھ میں عرض کروں۔

حمیدہ::جی نہیں (دوکاندار سے) فرمایئے اس کے متعلق آپ کی ذاتی رائے کیا ہے؟

دوکاندار:بڑا خوب صورت ہے۔ دیرپا ہے اور ایک تحفہ چیز ہے۔ وہ خوش نصیب ہو گا۔ جسے آپ یہ تحفہ دیں گی۔

حامد:یعنی اگر وہ فلش کھیلے گا تو خوب جیتے گا۔

حمیدہ: آپ نے کیسے جانا کہ میں یہ تاش کسی کو تحفہ دینے ہی کے لئے خرید رہی ہوں۔۔۔ آپ کو معلوم ہونا چاہئے کہ یہ تلاش میں نے صرف اپنے لئے خریدا ہے۔۔۔(دوکاندار سے) پیک کر ادیجئے اسے (بٹوہ کھول کر) یہ لیجئے اس کی قیمت۔

حامد:(چوڑیوں کا بکس دوکاندار کو دیتے ہوئے) پیک کر ادیجئے اسے (جیب سے دام نکال کر دیتے ہوئے) لیجئے قیمت!

(دوکاندار دونوں چیزیں لے کر چلا جاتا ہے۔)

حمیدہ:(اپنی سہیلی کو آواز دیتی ہے)سعیدہ!

سعید:ارشاد۔

حمیدہ:آپ کا نام سعیدہ ہے؟

سعید:جی نہیں۔۔ فقط سعید،ہائے ہو ز کے بغیر۔۔۔

(سعیدہ آتی ہے۔)

حمیدہ:(حامد کی طرف دیکھ کر سعیدہ سے) کیوں سعیدہ، میں نے یہ تاش اپنے لئے خریدا ہے یا کسی اور کے لئے ؟

سعیدہ: اپنے لئے۔

حامد: یہ اور بھی اچھا ہے۔

حمیدہ: کیوں ؟

حامد: اس لئے کہ چوڑیاں بھی میں نے اپنے لئے خریدی ہیں۔

حمیدہ:(مسکراکر) آپ خود پہنئے گا۔

حامد: جی ہاں فی الحال خود ہی پہنوں گا جب تک۔۔۔ آپ تاش بھی فی الحال اکیلے ہی کھیلیں گے۔

حمیدہ: فی الحال میں نے کوئی فیصلہ نہیں کیا اور میں سمجھتی ہوں کہ فی الحال ہمیں یہ گفتگو بند کر دینی چاہیئے۔

(دوکاندار آتا ہے۔)

دوکاندار: میرا ذاتی خیال ہے کہ۔۔۔

حامد: فی الحال اپنے ذاتی خیال کو موقوف رکھئے۔۔۔ لایئے میری چوڑیاں۔

حمیدہ: لایئے میرا تاش۔

(دوکاندار دونوں کے پیکٹ دونوں کے حوالے کر دیتا ہے۔۔۔)

(سب باہر نکلتے ہیں۔)

تیسرا منظر

(ہوسٹل کا وہی کمرہ جو ہم پہلے منظر میں دکھا چکے ہیں۔۔۔ حامد کرسی پر بیٹھا ہے سامنے تپائی رکھی ہے جس پر تاش کے پتے بکھرے ہوئے ہیں حامد انہیں اکٹھا کرتا ہے پھینٹتا ہے۔۔۔ اٹھ کھڑا ہوتا ہے اور سامنے دیوار پر چغتائی کی پینٹنگ کی طرف دیکھ کر گانا شروع کر دیتا ہے۔)

گیت

نیندوں سے لبریز ہیں آنکھیں جیسے خواب رسیلے
ترچھی نظریں یوں پڑتی ہی جیسے بان کٹیلے
چال میں ایسا دم خم جیسے رک جانے کے حیلے
زہر سہی پر کون ہے جو یہ زہر نہ بڑھ کر پی لے
ہونٹوں پر ان سنے ترانے جھیل میں جیسے تارے
بانکی چتون میں وہ جھل مل جو کھیلے سو ہارے
چہرے پر لالی جیسے کلیاں ندی کنارے
حسن کے اس امڈے دھارے میں ڈھونڈے کون سہارے

حامد: (پھر کرسی پر بیٹھ جاتا ہے اور تھوڑی دیر گیت کی دھن گنگنانے کے بعد تاش کے پتے ایک ایک کر کے پھینکتا ہے) بادشاہ۔۔۔ بیگم۔۔۔ اور یہ کہ۔۔۔ راؤنڈ بن گئی (گنگناتا ہے)۔۔۔ حسن کے اس امڈے دھارے میں ڈھونڈے کون سہارے؟ (پھر پتے پھینکتا ہے) ستا۔۔۔ اٹھّا۔۔۔ اور۔۔۔ یہ نہلا۔ یہ بھی راؤنڈ بن گئی۔

(سعید اندر داخل ہوتا ہے۔)

سعید: آپ راؤنڈیں کیا بنا رہے ہیں ۔۔۔ ارے ۔۔۔ یہ تو اسی قسم کا تاش ہے۔

حامد: اجی نہیں ۔۔۔ اسی قسم کا تاش نہیں بلکہ وہی تاش ہے۔

سعید: (حیرت سے) آپ کا مطلب؟

حامد: (اٹھ کر تاش پھینٹتے ہوئے) بالکل واضح ہے۔

سعید: (کرسی پر بیٹھ جاتا ہے۔) یعنی؟

حامد: دیکھئے میں آپ کو بتاتا ہوں (تاش کے پتے تپائی پر پھینکتا ہے) یہ دہلا ۔۔۔ یہ بیگم ۔۔۔ اور یہ غلام ۔۔۔ دیکھا آپ نے ۔۔۔ اب آپ خود ہی سوچ لیجئے۔ یہ کیا معاملہ ہے۔

سعید: آپ خود ہی بیان فرمائیے۔

حامد: (گاتا ہے) ہونٹوں پر ان سنے ترانے جھیل میں جیسے تارے ۔۔۔ یہ ان سنے ترانے آپ نہیں سن سکتے۔

سعید: یہ آپ کیا پہیلیاں بجھوا رہے ہیں مجھ سے ۔۔۔ میں پوچھتا ہوں یہ تاش آپ کے پاس کیسے آگیا؟

حامد: آگیا ۔۔۔ حق بحق وار رسید ۔۔۔ میں نے آج نوٹ بک کھول کر دیکھی تو معلوم ہوا کہ آج ہی میری سالگرہ ہے ۔۔۔ سو اپنی سالگرہ کا تحفہ مجھے مل گیا اور وہ دو چوڑیاں ادھر چلی گئیں۔

سعید: کدھر؟

حامد: ادھر ہی۔ میری ہونے والی بیوی کے پاس۔

سعید: (اٹھ کھڑا ہوتا ہے) میرا ذاتی خیال ہے کہ دکاندار کی غلطی سے پیکٹ بدل گئے ۔۔۔ آپ کی چوڑیاں ادھر چلی گئیں اس کا تاش ادھر آگیا۔

حامد: آپ کا ذاتی خیال دوکاندار کے ذاتی خیال سے بہت زیادہ درست ہے۔

سعید: اب آپ کیا کیجئے گا؟

حامد: کچھ بھی نہیں۔۔۔ تاش کھیلا کروں گا۔

سعید: اور وہ چوڑیاں پہنا کرے گی۔

حامد: کیا حرج ہے؟

(دروازے پر دستک ہوتی ہے۔)

حامد: کون ہے؟

تار والا: (باہر سے) تار والا حضور۔

(حامد تاش کو تپائی پر رکھ کر باہر نکلتا ہے۔ چند لمحات تک سعید اکیلا تاش کے پتے ایک ایک کر کے تپائی پر پھینکتا ہے۔)

سعید: راؤنڈ۔۔۔ حد ہو گئی ہے۔

(حامد تار لئے اندر آتا ہے۔)

حامد: کیا ہوا؟

سعید: ایک راؤنڈ بن گئی تھی۔۔۔ آپ سنایئے خیریت تو ہے!

حامد: قبلہ والد صاحب کا تار ہے۔

سعید: کیا فرماتے ہیں۔

حامد: فرماتے ہیں فوراً چلے آؤ۔۔۔ ایک ضروری کام ہے۔

سعید: یہ ضروری کام کیا ہو سکتا ہے؟

حامد: ڈپٹی صاحب ہی جانیں۔۔۔ سوال تو ہے کہ اب جانا پڑے گا۔۔۔ (سعید کے ہاتھ سے تاش لیتا ہے۔) دیکھئے اگر سوئے اتفاق سے میری غیر حاضری میں آپ کی ان سے ملاقات ہو جائے اور وہ اس تاش کے بارے میں استفسار کریں تو۔۔۔

سعید: میں اپنی لاعلمی کا اظہار کروں، لیکن اگر وہ اسی قسم کا دوسرا سودا کرنا چاہیں۔

حامد: تو میری طرف سے آپ کو اس کی کھلی اجازت ہے۔

سعید: تو چلیے، اپنا اسباب بند کیجئے۔

چوتھا منظر

(ڈپٹی صاحب کا گھر۔۔۔ ہال کمرہ۔۔۔ پر تکلف طریقے پر سجا ہوا۔ ڈپٹی صاحب دوہرے بدن کے بزرگ ہیں آرام کرسی پر بیٹھے ایک موٹا سگار پینے میں مصروف ہیں۔ ان کے پاس حامد کھڑا ہے جیسے وہ ابھی اسٹیشن سے آرہا ہے۔)

حامد: میں آپ کا تار ملتے ہی چل پڑا۔

ڈپٹی صاحب: تم نے بہت اچھا کیا۔ کیونکہ وقت تھوڑا رہ گیا ہے۔

حامد: کس میں؟

ڈپٹی صاحب: تمہاری شادی میں۔

حامد: (حیرت سے) میری شادی میں۔۔۔ یعنی میری شادی ہو رہی ہے۔

ڈپٹی صاحب: قطعی طور پر ہو رہی ہے۔

حامد: کس کے ساتھ؟

ڈپٹی صاحب: ایک لڑکی کے ساتھ!

حامد: جس کو میں بالکل نہیں جانتا۔

ڈپٹی صاحب: ہاں! جس کو تم بالکل نہیں جانتے۔

حامد: اور شادی میری ہو رہی ہے؟

ڈپٹی صاحب: تم کہنا کیا چاہتے ہو؟

حامد: میں کہنا چاہتا ہوں کہ مجھے یہ شادی منظور نہیں۔

ڈپٹی صاحب: (غصے میں اٹھ کھڑے ہوتے ہیں) کیا کہا؟

حامد: اباجی یہ سراسر ظلم ہے۔ میں کیسے اپنی شادی پر رضامند ہو سکتا ہوں۔۔۔ میں لڑکی کو جانتا نہیں۔۔۔ اس کی شکل سے ناواقف ہوں۔ جانے کس مزاج کی ہے۔۔۔ کیسے خیالات رکھتی ہے۔۔۔ میری عدم موجودگی میں مجھ سے مشورہ لیے بغیر آپ نے اتنا بڑا فیصلہ صادر کر دیا۔

ڈپٹی صاحب: میں تمہارا باپ ہوں۔

حامد: درست ہے لیکن۔۔۔ لیکن۔۔۔ اباجی۔۔۔ آپ خدا کے لئے اتنا تو سوچیں۔ پڑھا لکھا آدمی ہوں۔ روشن خیال ہوں۔۔۔ دل میں جانے کیا کیا امنگیں ہیں اور پھر۔۔۔ اور پھر۔۔۔ اب میں آپ سے کیا کہوں مجھے معلوم ہوتا کہ آپ مجھے یہاں بلا کر یہ فیصلہ سنانے والے ہیں تو میں کبھی نہ آتا کہیں بھاگ جاتا۔۔۔ خودکشی کر لیتا۔

ڈپٹی صاحب: میں تمہاری یہ بکواس سننے کے لئے تیار نہیں۔

حامد: میں شادی کرنے کے لئے بھی تیار نہیں۔

ڈپٹی صاحب: دیکھوں گا تم کیسے نہیں کرتے؟

(غصے میں بھرے کمرے سے باہر چلے جاتے ہیں۔)

حامد: (اپنے آپ سے) عجیب مصیبت میں پھنس گیا ہوں۔۔۔ کچھ سمجھ میں نہیں آتا کیا کروں۔۔۔ شادی نہ ہوئی کھیل ہو گیا۔ کیا کروں کیا نہ کروں، میری جان عجب مصیبت میں پھنس گئی ہے۔ (باپ کے الفاظ دہراتا ہے۔) دیکھوں گا تم کیسے شادی نہیں کرتے۔۔۔ چلئے فیصلہ ہو گیا۔۔۔ اب چاہے میری ساری زندگی تباہ ہو جائے (جیب میں تاش کا پیکٹ نکالتا ہے۔۔۔ صوفے پر بیٹھ جاتا ہے اور پتے پھینٹتے ہوئے کہتا ہے) یہ تاش

ہی اب میری قسمت کا فیصلہ کرے گی۔۔۔ اگر تین پتوں نے راؤنڈ نہ بنائی تو میں کبھی شادی نہیں کروں گا اور اگر راؤنڈ بن گئی تو۔۔۔ قہر درویش بر جان درویش کر لوں گا۔۔۔ جب شادی کو کھیل ہی سمجھا گیا ہے، تو یوں ہی سہی۔ میں بھی اس کا فیصلہ پتوں ہی سے کروں گا۔ (ایک ایک کر کے تین پتے پھینکتا ہے) دکی۔۔۔ تکی۔۔۔ اور۔۔۔۔ یہ چوکا۔۔۔ لعنت (تاش کی گڈی زمین پر پٹک دیتا ہے) آخری سہارا بھی دھوکا دے گیا۔

(حامد کی ماں جلدی جلدی کمرے میں داخل ہوتی ہے۔)

ماں: یہاں بیٹھے تاش کھیل رہے ہو۔۔۔ ماں سے نہیں ملنا تھا؟

حامد: (ماں کی طرف بڑھتے ہوئے)۔۔۔ امی جان۔۔۔ امی جان۔۔۔ میں شادی نہیں کروں گا۔

ماں: یہ کیا بے ہودہ بک رہے ہو؟

حامد: نہیں امی جان۔۔۔ مجھے ایسی شادی منظور نہیں۔ یعنی مجھ سے پوچھے بغیر میری شادی کا فیصلہ کر دیا گیا ہے۔

ماں: اس میں پوچھنے کی بات ہی کیا تھی۔ ماں باپ اندھے تو نہیں ہوتے۔

حامد: مجھے تو آپ لوگوں نے اندھا ہی سمجھا۔

ماں: ہم نے جو کچھ کیا ہے، ٹھیک کیا ہے۔

حامد: میں مر جاؤں گا۔ لیکن اس طرح شادی کبھی نہیں کروں گا۔

ماں: کچھ ہوش کی دوا کرو۔ جو منہ میں آتا ہے بک دیتے ہو۔

حامد: آپ تو چاہتی ہیں بس گلا ہی گھونٹ دیں۔ آدمی اف تک نہ کرے۔

ماں: بڑا ظلم ہوا ہے تم پر۔

حامد: اس سے بڑھ کر اور ظلم کیا ہو گا یعنی میری ساری زندگی پر کاجل کا لیپ کیا جا رہا

ہے۔۔۔ مجھے ہمیشہ ہمیشہ کے لئے ایک اندھیرے غار میں دھکیلا جارہا ہے۔۔۔ اور ابھی کچھ ظلم نہیں ہوا۔۔۔ امی جاسچ کہتا ہوں اسے دھمکی نہ سمجھئے زہر کھالوں گا۔ گاڑی کے نیچے جامروں گا اور ایسی شادی کبھی نہ کروں گا۔

ماں: تم پیدا ہی نہ ہوتے تو کتنا اچھا ہوتا۔ آج مجھے یہ دن دیکھنا تو نصیب نہ ہوتا (گلے سے آواز رندھ جاتی ہے۔) میں نے کس چاؤ سے تمہاری نسبت ٹھہرائی تھی۔

(رونا شروع کر دیتی ہے۔)

(دور سے ثریا کی آواز آتی ہے، امی جان۔۔۔ امی جان۔۔۔ اس کے بعد وہ خود تیز قدمی سے اندر آتی ہے۔)

ثریا: امی جان آپ ادھر ہیں۔۔۔ اخاہ بھائی جان۔۔۔ آپ تشریف لے آئے۔۔۔ امی جان میں آپ کو ادھر دیکھ رہی تھی۔۔۔

ماں: کیا ہے؟

ثریا: ناپ لے آئی ہوں امی جان۔۔۔ لیکن کن مشکلوں سے ملا ہے۔۔۔ پر آپ خاموش کیوں ہیں؟۔۔۔ رو کیوں رہی ہیں۔ بھائی جان کیا بات ہے؟

ماں: سنار باہر بیٹھا ہے؟

ثریا: ہاں بیٹھا ہے۔

ماں: اس سے کہہ دے کہ چلا جائے۔۔۔ ہمیں کنگنیاں نہیں بنوانا ہیں۔

ثریا: یہ آپ کیا کہہ رہی ہیں امی جان۔۔۔ ناپ لے آئی ہوں۔

ماں: ثریا تو اس وقت جا۔۔۔ میری طبیعت ٹھیک نہیں۔۔۔ سنار سے کہہ دے کل آئے۔

ثریا: اس کا مطلب ہے ناپ موجود ہے تو پھر وہ کل کیوں آئے آج ہی کیوں نہ کام شروع کر دے تاکہ وقت پر مل جائے۔

ماں: جو دل میں آئے۔ کر۔ مجھ نصیبوں جلی کو نہ ستا۔

ثریا: جانے آپ کس بات پر بھری بیٹھی ہیں۔ ستائیں آپ کو حامد بھائی جان اور کوسا مجھے جائے۔۔۔ وہ تو خیر اب نخرے کریں ہی گے، بات بات پر بگڑیں گے۔۔۔ شادی جو ہو رہی ہے۔۔۔ اچھا خیر، اس قصے کو چھوڑیئے مجھے اس کے لئے تحفہ خریدنا ہے۔ ابھی وہاں گئی تو معلوم ہوا کل اس کی سالگرہ ہے۔۔۔ کچھ روپے دیجئے مجھے!

ماں: میں کہتی ہوں دفان ہو یہاں سے۔ مغز نہ چاٹ میرا۔

(چلی جاتی ہے۔)

ثریا: (غصے میں حامد کی طرف بڑھتی ہے) حامد بھائی جان۔۔۔ آپ کیوں منہ میں گھنگھنیاں ڈالے کھڑے ہیں۔ جیسے آپ کے منہ میں زبان ہی نہیں ایک تو میں آپ کے کام کرتی پھروں اور پھر الٹا جھڑکیاں کھاؤں۔

حامد: میں اس وقت کوئی بات نہیں کرنا چاہتا۔

ثریا: تو لیجئے۔ یہ ناپ کی چوڑی آپ سنبھالئے۔ باہر سنار بیٹھا ہے اس سے جو کہنا ہو کہہ دیجئے۔

(حامد کے ہاتھ میں غصے سے چوڑی رکھ دیتی ہے۔)

حامد: (چوڑی دیکھ کر) ثریا۔ بات سنو۔۔۔ یہ چوڑی تم نے کہاں سے لی؟

ثریا: کہیں سے بھی لی ہو۔ آپ کو اس سے کیا؟

حامد: میں سمجھ گیا۔ میں سمجھ گیا۔ لیکن یہ واقعی اسی کی ہے نا۔۔۔ اسی کی؟

ثریا: نہیں بتاتی۔

حامد: میری اچھی بہن جو ہوئیں۔۔۔ بتاؤ کس کی ہے؟

ثریا: سمجھ گئے لیکن بار بار پوچھیں گے۔۔۔ مزہ آتا ہے۔۔۔ آپ کی ہونے والی بیوی کی

ہے جس کی کلائی سے زبردستی اتار کے لائی ہوں۔

حامد: زبردستی۔ کیوں وہ اتارنے نہیں دیتی تھی؟

ثریا: ہاں، کہتی تھی، نہیں میں یہ چوڑی کبھی نہیں دوں گی۔ کسی کا تحفہ ہے۔۔۔ تم کوئی اور لے جاؤ۔

حامد: اچھا۔

ثریا: پر میں ایک اور بہانے سے لے آئی کہ مجھے بھی ایسا ہی جوڑا منگوانا ہے۔

حامد: (خوش ہو کر) وہ مارا!

(بہن کو گلے لگالیتا ہے۔)

ثریا: یہ کیا ہو گیا ہے آپ کو؟

حامد: چپ۔۔۔ اب میں ضرور شادی کروں گا۔۔۔ اب میں ضرور شادی کرونگا۔ امی جان کہاں ہیں؟

ثریا: یہ دیوانہ پن ہے؟

حامد: اب میں ضرور شادی کروں گا۔ اب میں ضرور شادی کروں گا۔

ثریا: یا وحشت!

حامد: آج اس کی سالگرہ ہے نا؟

(تاش کے پتے اٹھانا شروع کرتا ہے۔)

ثریا: ہے تو سہی۔ پر یہ آپ تاش کے پتے کیا اکٹھے کر رہے ہیں۔

حامد: ٹھہرو ابھی بتاتا ہوں۔ (تاش کے پتے اکٹھے کر کے بکس میں ڈالتا ہے) ثریا تم اسے کوئی تحفہ دینا چاہتی ہو نا؟

ثریا: جی ہاں!

حامد: تو ایسا کرو یہ تاش لے جاؤ۔

ثریا: تاش؟

حامد: ہاں۔ تم یہ پیکٹ اسے تحفے کے طور پر دے دو اور پھر دیکھو کیا ہوتا ہے میرے منہ کی طرف کیا دیکھتی ہو؟ کہہ جو دیا، اس سے بہتر اور تحفہ نہیں ہو سکتا۔۔۔

(گاتا ہے۔)

ہونٹوں پر ان سنے ترانے جھیل میں جیسے تارے
بانکی چتون میں وہ جھل مل جو کھیلے سو ہارے
چہرے پر لالی سی جیسے کلیاں ندی کنارے
حسن کے اس امڈے دھارے میں ڈھونڈے کون سہارے

(پردہ)

***

عورت

رشید جہاں

ایک ایکٹ ڈرامہ

کیریکٹرز:

مولوی عتیق اللہ

فاطمہ: مولوی عتیق اللہ کی بیوی

عزیز: جوان مرد۔ فاطمہ کا ایک ماموں زاد بھائی۔

قدیر: جوان مرد۔ عزیز کا چھوٹا بھائی۔

ممانی: عزیز و قدیر کی ماں۔

کرایہ دارنی: ایک عورت مع بچہ

ایک ملازم عورت

بڑی بی: عتیق اللہ کی ملازم ماما۔

ایک اور عورت

لڑکا سات آٹھ سال کا

وقت: ظہر اور عصر کے درمیان۔

جگہ: فاطمہ کا گھر۔

(ایک بڑا سا دالان ہے۔ اس کے دونوں طرف تخت بچھے ہوئے ہیں۔ ان پر سفید چاندنی بچھی ہے۔ گاؤ تکیے لگے ہوئے ہیں۔ بیچ میں ایک پلنگ ہے۔ اس پر ایک بچھونا لپٹا ہوا سرہانے کی طرف رکھا ہے جس کو عتیق اللہ گاؤ تکیہ کی طرح استعمال کرتا ہے۔ پلنگ کے ایک طرف حقہ ہے اور دوسری طرف اگالدان۔ سامنے کے تخت پر فاطمہ بیٹھی سی رہی ہے۔ پاندان تھالی کسنہ اور بغچی اس کے چاروں طرف ہیں۔ زمین پر فرش نہیں ہے۔ دو تین پیڑھیاں پڑی ہوئی ہیں۔ دالان کی دیواروں میں جگہ جگہ طاق بنے ہوئے ہیں اور ان پر تانبے اور چینی کے برتن سجے ہوئے ہیں۔ الٹے ہاتھ کی طرف باہر سے اندر آنے کا دروازہ ہے اس پر ٹاٹ کا پردہ پڑا ہے اور سیدھے ہاتھ کو پیچھے کی طرف زینہ کا دروازہ ہے۔ اسٹیج کے پیچھے دو دروازے ہیں جو کمرے میں کھلتے ہیں۔ ایک دروازہ بند ہے اور ایک کھلا۔)

عتیق اللہ: (حقہ گڑگڑاتے ہوئے) میری سمجھ میں نہیں آتا کہ میری دوسری شادی کا تم پر کیا اثر پڑے گا۔ گھر بار، روزمرہ کا خرچ سب کچھ تمہارے ہی ہاتھ میں رہے گا۔ میں کتنی بار کہہ بھی چکا ہوں کہ تم دونوں کا برابر خیال رکھوں گا۔۔۔ جب تمہارے بچے ہی نہ جئیں تو مجبوراً مجھ کو دوسرا نکاح کرنا پڑ رہا ہے۔

فاطمہ: (منہ اونچا کر کے) بچے نہیں جیتے تو کیا میں ان کا گلا گھونٹ کر مار ڈالتی ہوں اور جب اللہ میاں کی مرضی ہی نہیں ہے کہ ہمارے جیتے جاگتے بچے ہوں تو اس میں میرا کیا بس ہے؟ اور خدا کی مرضی کے آگے چل کس کی سکتی ہے؟ جو دوسری عورت کے بچے بھی مر گئے تو تم کیا کر لو گے؟

عتیق: انسان کم از کم اپنی طرف سے سب کوشش کر دیکھے۔ میری عمر اب چالیس برس کی ہوگئی اور اب تک کوئی جیتا بچہ نہیں ہے۔ اولاد بڑھاپے کی لاٹھی ہے اور اسی وجہ سے شریعت نے بھی یہ حکم دیا ہے کہ اگر عورت بانجھ ہو یا اس کی اولاد نہ جیتی ہو تو مرد دوسری شادی کر سکتا ہے۔

فاطمہ: یہ بچے نہ جینے کی شریعت میں نے آج ہی سنی ہے! تم جو شریعت نہ بناؤ وہ کم ہے۔ میں خدانخواستہ کوئی بانجھ نہیں ہوں دس بارہ بچے پورے اور کچے ملا کر ہوئے اب کوئی نہیں رہا تو اس میں کون سا میرا قصور ہے کہ مجھ کو سزا دی جائے! دنیا بھر کو تم تعویذ دیتے ہو، آخر تمہارا علم کس دن کام آئے گا۔

عتیق: یہی تو میں تم کو برابر بتا رہا ہوں کہ پچھلی جمعرات کو خواب میں مجھ سے ایک بزرگ نے کہا کہ اس عورت سے تیرے جیتے بچے نہیں ہو سکتے۔ دوسری شادی کرتا کہ تیری دلی مراد بر آئے۔ جب خدا ہی کا حکم نہ ہو تو۔۔۔

فاطمہ: بنتے تو تم بڑے مولوی ہو۔ ساری دنیا تمہارا ادب کرتی ہے۔ فتویٰ لکھواتی ہے لیکن خدا کی قسم تمہارے یہ من گھڑت خواب میرا دل جلا کر خاک کر دیتے ہیں۔ اب تمہارے جھوٹ مجھ پر اثر نہیں کرتے۔ ابھی یہ کہہ رہے تھے کہ مہینوں سے ایک مرید میرے پیچھے پڑ رہا ہے کہ میری لڑکی سے شادی کر لو۔ اب جمعرات کو بزرگ بھی خواب میں کہہ گئے۔ سچ کیوں نہیں کہتے کہ وہ لڑکی بیمار تھی۔ آپ جن اتارنے گئے تھے جن تو اتر گیا۔ اب اس کی جگہ خود لینا چاہتے ہو۔ (بگڑ کر) شادی کرنی ہے تو کر لو مجھ سے پوچھ کر اور کون سا کام کرتے ہو۔ لیکن جھوٹ بولنے کی کیا ضرورت؟

عتیق: (حقہ جھٹک کر) عجیب عورت ہے خاوند کو جھوٹا کہتی ہے جب ہی تو تمہارے بچے مر جاتے ہیں۔

فاطمہ: خیر اب دوسری جو۔۔۔

(ایک عورت تنگ پائجامہ میں داخل ہوتی ہے۔ میلا برقع اوڑھے ہے اس کی گود میں ایک چھوٹا بچہ ہے۔ وہ بھی ماں کی طرح میلا ہے اور گلے میں تعویذوں کا ہار پہنے ہوئے ہے۔ عورت کو دیکھ کر فاطمہ اور عتیق اللہ چپ ہو جاتے ہیں۔ فاطمہ سینے لگتی ہے اور عتیق اللہ حقہ گڑگڑاتے ہیں۔ عورت آگے بڑھ کر پہلے عتیق کو اور پھر فاطمہ کو سلام کرتی ہے اور پلنگ اور تخت کے درمیان پیڑھی پر بیٹھ جاتی ہے۔)

عتیق: کہو بچہ تو اچھا ہے۔

عورت: حضور کی مہربانی ہے۔ ابھی چھوٹے میاں کہاں اچھے ہیں۔ خوب بخار چڑھ رہا ہے چونک چونک پڑتے ہیں۔ کوئی دوسرا تعویذ تجویز کر دیجئے اور مولوی صاحب، بیوی نے کہا ہے کہ بڑی مہربانی ہوگی جو بچہ کو ایک دفعہ شام کو پھر دیکھ لیں۔

عتیق: (بھویں سکیڑ کر) بھئی! میں کسی کے یہاں گھڑی گھڑی جانا تو پسند کرتا نہیں ہوں۔ خاص کر ضعیف الاعتقاد لوگوں کے یہاں۔ (حقہ کا کش لے کر) ان کے میاں بڑے انگریز بنتے ہیں۔ بھئی! اپنی بیگم صاحب سے کہہ دینا کہ اگر انھوں نے انگریزی دوا دی تو پھر ہم کچھ نہیں کر سکتے۔

عورت: اے حضور کر کیوں نہیں سکتے خدا کے حکم سے آپ سب کچھ کر سکتے ہیں۔ ہزار بیوی چلائیں۔ لیکن میاں کسی موئے ڈاکٹر کو لے ہی آئے۔ اس نے رینڈی کا تیل بتایا، نسخہ لکھا اور بد ہضمی بتا گیا۔

عتیق: (طنزیہ ہنسی سے) بد ہضمی! بد ہضمی کی خوب کہی۔ اس پر تو سایہ ہے۔ (تھوڑی خفگی سے) بھئی ہمارا علاج کرنا تھا تو انگریزی دوا کیوں دی گئی۔ میں اب ہرگز نہیں جانے کا۔ اگر ان کا دل چاہے تو بچے کو یہیں لے آئیں۔

عورت: (پیڑھی کو آگے کھسکا کر) مولوی صاحب، دوا تو ابھی نہیں دی۔ لیکن تیل تو میاں نے اپنے سامنے ہی پلا دیا تھا۔ بیوی نے یہی کہا ہے کہ آپ خفا مت ہو جایئے کیا کرتی مجبور تھی۔ میاں کے آگے کچھ نہ چلی اور حضور بیگم صاحبہ نے کہا ہے کہ "بچہ اٹھنے کے قابل نہیں ہے ورنہ میں خود آپ کو تکلیف دینے کی جرأت نہ کرتی اور اس کو یہیں آپ کے قدموں میں لا ڈالتی۔" تکلیف تو حضور کو بہت ہو گی جب کہیں سواری لے کر حاضر ہو جاؤں۔

عتیق: اونہوں! اس معصوم بچے کی جان کی مجھ کو خود فکر ہے ورنہ میں نہ کسی کے گھر جاؤں اور نہ ان لوگوں کا علاج کروں؟ جو میرا حکم نہیں مانتے۔ اگر ان کافروں کی دوا پلانا تھی تو مجھے ناحق دق کیا۔

عورت: حضور اب کیا کریں؟ مردوں سے بس نہیں چلتا۔ ورنہ بیوی کو تو آپ پر وہ اعتقاد ہے اور ہونا بھی چاہیئے اب دیکھئے۔ (بچہ کی طرف اشارہ کرتی ہے) میرے بچے کے دانت یوں ہی آپ کے تعویذوں کی بدولت نکل رہے ہیں نہ بخار ہوا نہ آنکھیں دکھیں۔ آپ کی کرامت کی تعریف تو ہر کسی سے سن لو۔

عتیق: میری اس میں کوئی تعریف نہیں ہے۔ اللہ کا کلام ہے۔ اسی کا سب ظہور ہے۔

عورت: لیکن مولوی صاحب! ہر ایک کوئی اللہ کے کلام کو سمجھتا کب ہے؟ (پیڑھی اور آگے کھسکا کر) اب دیکھئے نیم کی گلی میں بھی ایک مولوی ہیں۔ بس منہ نہ کھلوایئے۔۔۔

(باہر سے کوئی زور سے کنڈی کھٹکھٹاتا ہے۔)

عتیق: کون ہے؟

(کنڈی کا شور جاری رہتا ہے۔)

عتیق: (عورت سے) ذرا جا کر دیکھنا کہ کون ہے؟

(عورت بچے کو چھوڑ کر باہر جاتی ہے۔)

فاطمہ:(جلے ہوئے لہجے میں)علاج ہو ڈاکٹر کا بد ہضمی ہے۔ جلاب دیا گیا ہے۔ بخار اسی سے اتر جائے گا نام مولوی صاحب کا ہو جائے گا۔ انھیں ڈھکوسلوں سے تو لوگ تمہارے معتقد ہوتے ہیں۔۔۔

(عورت ایک خط لے کر داخل ہوتی ہے۔ فاطمہ چپ ہو جاتی ہے۔ عتیق خط لے کر پڑھتا ہے۔)

عتیق:(فاطمہ سے)لو تمہارے نام تمہاری ممانی کا خط ہے وہ آج شام کو پھر آئیں گی(عورت سے)اچھا بیٹی!اب تم جاؤ۔ مغرب سے پہلے سواری لے آنا۔

(عورت سلام کر کے بچے کو اٹھا کر رخصت ہوتی ہے۔)

عتیق: یہ تمہاری ممانی ابھی چار روز ہوئے تو آئی تھیں۔ کیا ان کو اپنے گھر کچھ کام نہیں ہے؟اب یہ ہوا نئی چلی ہے کہ عورتیں دو دن جم کر گھر نہیں بیٹھتیں۔

فاطمہ: اگر گھڑی دو گھڑی کو وہ آجاتی ہیں۔ تو تمہارا کیا بگاڑ جاتی ہیں؟

عتیق:ان کے لڑکے بھی ضرور آئیں گے تم کو ان سے در حقیقت پردہ کرنا چاہئے۔

فاطمہ: کیوں؟ وہ دونوں مجھ سے چھوٹے ہیں دوسرے برسوں کے بعد تو اب پھر دہلی آکر رہنا شروع کیا ہے۔ میں تو صورتیں دیکھنے کو ترس گئی تھی۔ اب میں ان سے پردہ کروں گی؟

عتیق: تمہارے ان ماموں کے گھر کا ڈھنگ مجھ کو بالکل پسند نہیں ہے۔ انسان گھر سے باہر رہے تو اس کا یہ مطلب تو نہیں کہ اپنے پرانے طریقے چھوڑ دے اور کرسٹان بن جائے۔ لڑکوں کو جب دیکھو کرسٹان بنے پھرتے ہیں لڑکے تو لڑکے بڑھاپے میں تمہاری ممانی نے بھی ساڑھی باندھنی سیکھی ہے؟

فاطمہ: بڑھاپے میں تو نہیں ، ممانی جان ہمیشہ سے ساڑھی باندھتی ہیں۔ شادی ہو کر وہ ماموں جان کے ساتھ پردیس چلی گئی تھیں اور وہیں رہیں خدا جنت نصیب کرے۔ جب تک چھوٹے ماموں زندہ رہے یہ ساتھ ہی رہیں۔ ان کی ملنے والیاں بہت سی ہندو ہی تھیں۔ (بگڑ کر) تو آخر ساڑھی میں کیا برائی ہے؟

عتیق: برائی کیوں نہیں ہے! ایک تو اپنا اسلامی لباس چھوڑنا اور پھر کافروں سے دوستی کرنا یہ کہاں کی شرافت ہے؟ خیر ماں کو چھوڑو لیکن یہ ان کے دونوں صاحبزادے جو انگریزی لباس میں اینٹھتے پھرتے ہیں اس کے آخر کیا معنی ہیں؟ (ذرا دیر ٹھہر کر) اول تو وہ لوگ نامحرم ہیں۔ دوسرے میری مرضی نہیں ہے کہ تم قدیر اور عزیز کے سامنے آؤ۔

فاطمہ: تمہیں تو بس ایک بات کی ضد ہو جاتی ہے میرے بڑے ماموں ہیں ان کے بڑے لڑکے کے میں سامنے آتی ہوں وہ تمہارے دوست اور معتقد ہیں تو وہ بڑے محرم ہو گئے۔ تم خود ان کو بلاتے ہو اور وہ یوں بھی آتے ہیں۔ وہ نامحرم نہ ہوئے؟ قدیر اور عزیز جن سے وہی رشتہ ہے وہ نامحرم ہو گئے۔ آخر مجھے بھی بتاؤ۔

عتیق: مجھے ہر بات بتانے کی ضرورت نہیں ہے شوہر کا حکم بیوی کو بغیر حیل وحجت کے ماننا فرض ہے۔ لیکن تم ہو کہ ہر بات میں سوال وجواب کرتی ہو۔ اگر جواب چاہتی ہو تو سنو۔ ان دونوں لڑکوں کے چال چلن بالکل ٹھیک نہیں ہیں ان کا ایمان نہیں رہا مذہب نہیں رہا خدا اور رسول کا کچھ بھی خوف ان کے دل میں نہیں ہے۔ شراب یہ پئیں ، بد گوشت کھائیں (جوش میں اٹھ کر بیٹھ جاتے ہیں) ان سے زیادہ اور کون بدمعاش ہو گا! دوسروں کی شریف عورتوں پر نگاہ ڈالتے ہیں کافر کہیں کے!

فاطمہ: (غصہ سے) خدا نہ کرے وہ کافر کیوں ہونے لگے۔ کسی کو کافر کہنا بڑے ثواب کا کام ہے؟ تم بھی پرانے مردے اکھاڑنے لگے۔ نگاہ ڈالی؟ تمہاری بہن کہاں کی ایسی نیک ہیں

!قدیر نگوڑے نے کیا نگاہ ڈالی اس کی عمری تھی یہی تو خیال کیا تھا کہ تمہاری بہن سے شادی کرے۔ شادی کرنے کی خواہش تو کوئی بری نگاہ نہیں ہے۔

عتیق: نہیں بہت اچھی نگاہ ہے گھر میں آ کر پرائی لڑکی سے جھانکا تاکی کریں یہ کہاں کی شرافت ہے؟

فاطمہ: جھانکا تاکی کس نے کی؟ تمہاری بہن مانگ پٹی کر کے خود اپنا جلوہ دکھانے کھڑی ہو جاتی تھیں۔ کون سی ایسی ننھی تھیں قدیر تو سے عمر میں کچھ بڑی ہی ہیں۔ وہ تو پھر لڑکا تھا انھیں اپنی ناک کا کچھ خیال نہ ہوا۔ بچارے قدیر ہی پر کیا ہے۔ اپنے گریبان میں منہ ڈالو۔ اب خود جو کنیز فاطمہ پر لٹو ہو اور مجھ پر بچوں کے نہ جینے کا الزام رکھتے ہو۔ (بگڑ کر) اپنی برائی کسی کو نظر نہیں آتی۔

عتیق: استغفر اللہ! کنیز کے والدین خود مجھ کو نجیب الطرفین سمجھ کر بہت خوشامد کے ساتھ شادی کر رہے ہیں۔

فاطمہ: ہاں تمہاری یہ نجیب الطرفینی نہ معلوم کس کس کی قسمت پھڑوائے گی۔ اسی پر تو اللہ بخشے ابا نے مجھے بھی قربان کر دیا۔۔۔ (گھر کی ماما داخل ہوتی ہے فاطمہ بغیر رکے ہوئے مڑ کر اس سے بات کرنا شروع کرتی ہے۔) دیکھنا بڑی بی؟ تم نے چلتے وقت نہ باورچی خانہ میں جھاڑو دی مکھیاں بھنک رہی ہیں اور اب اتنی دیر کر کے تم آئی ہو۔

ماما: (قریب آ کر پیڑھی پر بیٹھ جاتی ہے) ہاں بیوی! تھوڑی دیر ہو گئی۔ ذرا کی ذرا ہمسائی کے ہاں چلی گئی تھی اس کی لڑکی سسرال سے آئی ہوئی ہے۔ کم بخت باتوں میں ایسی بیٹھی کہ وقت کا دھیان نہ رہا! (تھوڑی دیر ٹھہر کر) بیوی ذرا ایک ٹکڑا پان کا دینا۔۔۔ پیسہ دو گی کچھ سودا منگانا ہے یا کھانا کہیں باہر سے آ جائے گا؟

فاطمہ: (پان دیتے ہوئے طنزاً) اسے کھانے کی تم پرواہ نہ کرو خدا تمہارے مولوی صاحب

کو زندہ رکھے۔ مفت کا پلاؤ قورمہ روز حاضر ہے۔ آج ایک مرید کے ہاں شادی ہے وہاں سے آ جائے گا۔ تم اس وقت سونف جو دھوپ میں سوکھ رہی ہے اس کو چن کر کوٹ دو کل چٹکی بناؤں گی۔

(ماما اٹھ کر جانے لگتی ہے۔)

فاطمہ: اور سنو بڑی بی! برتن اچھی طرح دھونا۔ باورچی خانہ میں جھاڑو بھی دینی ہے ذرا جلدی کرو۔ پھر ممانی آ جائیں گی۔

عتیق: (ڈکار لے کر) بڑی بی ذرا پانی پلاتی جانا۔۔۔

فاطمہ: (بات کاٹ کر) اے تم جاؤ اپنا کام کرو پانی مل جائے گا۔

(فاطمہ اٹھ کر جاتی ہے اور کٹورے میں پانی لا کر عتیق اللہ پاس زور سے رکھ دیتی ہے اور واپس جانے لگتی ہے۔)

عتیق: (پانی کا کٹورا ہاتھ میں لے کر) یہ قدیر دو برس سے وکالت کر رہے ہیں کچھ کما بھی لیتے ہیں؟

فاطمہ: (واپس تخت پر بیٹھ کر) کماتے نہیں تو یوں ہی۔ ہر کسی کے سامنے تمہاری طرح ہاتھ تو نہیں پھیلاتے۔

عتیق: اگر کما رہے ہیں تو شادی کیوں نہیں کرتے؟

فاطمہ: شادی بھی ہو جائے گی کیا جلدی ہے۔ ابھی جوان ہے کوئی بڈھا تو نہیں ہے۔ کہتا ہے اپنی پسند کی کروں گا۔ میں تو خدا کا شکر کرتی ہوں کہ تمہاری بہن سے نہیں ہوئی۔ لڑکے کی قسمت پھوٹ جاتی۔ اب تو تمہیں بھی لالچ آتا ہو گا!

عتیق: (سیدھے بیٹھ کر) اس کافر کا کیا منہ تھا کہ میری بہن لے جاتا۔ میری زندگی میں تو ایسا ہو نہیں سکتا تھا۔

فاطمہ: خیر وہ کافر سہی پنچ ذات سہی اس میں تو سب ہی برائیاں ہیں۔ وہ تمہاری بہن جو سیدوں میں گئی ہیں وہ کون سی سکھ میں ہیں؟

عتیق: کچھ نہیں تو ہڈی تو ہے پھر وہ لوگ۔۔۔

فاطمہ: اے ہے قدیر کی ہڈی اتنی بری تھی تو تم نے قدیر کے خاندان میں بیاہ کیوں رچایا تھا؟

عتیق: میں نے کیوں رچایا تھا تمہارے والد میرے ابا کے اتنے معتقد تھے کہ انھوں نے خود خوشامد کر کے تمہاری شادی کی۔

فاطمہ: خیر میرے ابا جان نے تو تمہارے، تمہارے ابا، سب کے ہاتھ پیر جوڑ کر میری قسمت پھوڑ دی۔ اب یہ جو بیاہ رچا رہے ہو تو یہ کون سی سیدانی ہیں؟ اب تو تم ماشاء اللہ چالیس برس کے ہو۔ کوئی بچہ نہیں۔ اب تو اپنی نسل کا خیال کرو۔

عتیق: آخر اس بک بک سے فائدہ؟

(فاطمہ بقچی میں سے کپڑا اٹھا کر سینے لگتی ہے۔)

عتیق: (تھوڑی، خاموشی کے بعد) یہ اوپر کے کرایہ دار کو میرا ارادہ ہے اٹھا دوں۔

فاطمہ: (تڑخ کر) کیوں؟ میرا مکان ہے۔ اول تو کرایہ آتا ہے۔ دوسرے کرایہ دارنی بڑی نیک ہے۔ اچھے برے وقت کی ساتھی ہے۔ میں تو اس کرایہ دار کو کبھی نہ اٹھنے دوں گی۔

عتیق: آخر آج کل تمہیں کیا ہو گیا ہے، ہر بات پر بحث اور انکار ہے۔

(ایک سات آٹھ سال کا لڑکا ایک سینی خوان پوش سے ڈھکی ہوئی سر پر لے کر داخل ہوتا ہے اور جب بولتا ہے تو جلدی جلدی)

لڑکا: سلام ملانی جی یہ بیوی نے حصہ بھیجا ہے طشتری خالی کر دو۔

فاطمہ: کہاں سے لایا ہے اور کس بات کا ہے؟

لڑکا: پنڈت کے کوچہ سے آئی ہے۔ یہ طشتری خالی کر دو۔

فاطمہ: کرتے ہیں۔ ذرا دم لے لو آج کیا ہوا تھا جو مٹھائی آئی ہے۔

لڑکا: بہت سی بیویاں آئی تھیں۔

فاطمہ: ارے بچے! پنڈت کے کوچہ میں تو بہت سے لوگ رہتے ہیں۔ کچھ پتہ تو بتا۔

لڑکا: جی املی والے گھر سے آئی ہے۔

عتیق: آخر اس سے کیا بحث ہے! کہیں سے آئی ہو، مٹھائی سے غرض ہے کسی مرید کے ہاں سے آئی ہو گی۔۔۔ یہ طشتری تو بہت خوبصورت ہے۔ (لڑکے سے) جا اپنی بیوی سے کہنا کہ مٹھائی تو ملانی جی کے واسطے ہے اور طشتری مولوی صاحب نے رکھ لی۔

فاطمہ: تو سینی بھی رکھ لو وہ کیوں چھوڑتے ہو وہ تو زیادہ قیمتی ہے!

لڑکا: (ڈر کر) طشتری تو بیوی نے منگائی ہے نہیں تو ماریں گی۔

عتیق: جا، جو ہم نے کہا ہے کہہ دیجو، پھر نہیں ماریں گی۔

(لڑکا چپ کھڑا رہتا ہے، جاتا نہیں۔)

عتیق: (زور سے) ارے جاتا کیوں نہیں؟

(لڑکا آہستہ آہستہ چلتا ہے اور مڑ مڑ کر طشتری کو دیکھتا جاتا ہے۔)

عتیق: ذرا دکھانا کیا مٹھائی ہے۔

(فاطمہ جھک کر طشتری آگے بڑھا دیتی ہے۔ عتیق ایک ڈلی اٹھا کر کھانے لگتا ہے۔)

فاطمہ: دیکھو! ابھی تمہاری طبیعت خراب تھی، اب یہ ثقیل مٹھائی کھانے لگے۔ اب شام کو شادی کا کھانا کھاؤ گے۔ بیمار ہو گے یا نہیں؟ خیر مجھے کیا!

فاطمہ: (طشتری اٹھا کر) اور لو گے یا بس۔

عتیق: (ایک اور ڈلی لے کر) بس اور نہیں چاہئے۔

(فاطمہ مٹھائی لے کر اندر چلی جاتی ہے۔ عتیق مٹھائی ختم کر کے اس کے ٹکڑے پلنگ پر سے چن چن کر کھاتا جاتا ہے اور ڈکاریں لیتا جاتا ہے۔ ایک عورت برقعہ میں لپٹی ہوئی ادھر ادھر دیکھتی داخل ہوتی ہے۔ سلام کر کے کھڑی رہتی ہے۔)

عورت: ملانی جی کہاں ہیں؟

عتیق: (چاروں طرف دیکھ کر) اندر ہیں کیوں؟

عورت: مولوی صاحب میں مرزا حیدر بیگ کے یہاں سے آئی ہوں۔ باہر بیٹھک میں چلئے تو کہوں۔

عتیق: (انگڑائی لے کر) نہیں یہیں کہو وہ تو اندر ہیں۔

(عورت پیڑھی پر بیٹھ جاتی ہے۔)

عورت: مولوی صاحب! لڑکی والے کہتے ہیں کہ آپ پیغام دے کر چپ ہو گئے آج کل ان کے ہاں ایک اور نسبت آئی ہوئی ہے۔ لیکن پہلے آپ کے یہاں سے ہاں یا نا ہو جائے تو پھر دوسرے کو جواب دیا جائے۔

عتیق: (جلدی سے بیٹھ جاتا ہے) نہیں نہیں ان سے کہنا کہ دوسری جگہ فوراً انکار کر دیں اب تک تو میں خود سوچ میں تھا کہ آیا میں دوسری شادی کروں یا نہیں۔ لیکن اب تو اس کا کچھ سوال ہی نہیں رہا۔ مجھے خواب میں بشارت ہوئی ہے کہ دوسری شادی کر تو میں کیسے پیچھے ہٹ سکتا ہوں۔ حیدر بیگ سے کہنا کہ انشاء اللہ بہت جلد سب ٹھیک ہو جائے گا۔

(فاطمہ پیچھے سے آجاتی ہے اور خاموش کھڑے ہو کر سنتی ہے۔)

عورت: اللہ خوش رکھے ہمارے میاں تو خود کہتے ہیں کہ وہ عورتیں خوش قسمت ہیں جن کو آپ جیسا میاں ملے وہ یہ سن کر بہت خوش ہوں گے۔ وہ آپ کے بڑے پابند ہیں۔ کہتے ہیں کہ آپ جیسا نیک اور خدا پرست آدمی انھوں نے آج تک نہیں دیکھا۔ بیوی کہتی ہیں

ہزار کچھ ہو تو پھر سوکن ہی ہے۔

عتیق: ارے ان سے کہنا اس بات کا بالکل خیال نہ کریں میری بیوی خود میرے پیچھے پڑ رہی ہے۔ کہتی ہے کہ اور شادی کر لو تا کہ بچے جیتے پیدا ہوں۔ ان کی بغیر مرضی کے میں خود ایسا کام نہ کرتا۔ دوسرے وہ لڑنے جھگڑنے والی بھی نہیں۔ جب اس کے بچے ہی نہ جئیں تو وہ اور میں دونوں مجبور ہیں۔ پھر اللہ تعالیٰ نے مردوں کو چار شادیوں کا حکم دیا ہے اس میں کسی کے ساتھ بے انصافی بھی نہیں ہے۔

عورت: یہی تو میاں بھی کہتے ہیں کہ جب مرد دونوں کو برابر سمجھے تو دو شادیاں کرنا تو ثواب ہے۔ مولوی صاحب اللہ رکھے وہ رہیں گی کہاں؟

عتیق: اوپر کوٹھے پر کرایہ دار کو ہٹا کر اس کو درست کروادوں گا۔

فاطمہ: (غصہ میں آگے بڑھ کر) کرایہ دار ہٹ جائے گا۔ مجال ہے کرایہ دار کی کہ ہٹ جائے میرے باپ کا دیا ہوا مکان ہے اس میں سے تم تو تم تمہارے جنات بھی کرایہ دار کو نہیں ہٹا سکتے اور تم۔۔۔

عتیق: (غصہ کو دباتے ہوئے آہستگی سے) اس بک بک کی کیا ضرورت ہے؟ جو کچھ کہنا ہے مجھ سے بعد میں کہنا۔

فاطمہ: کیوں؟ کیا مجھے کسی کا ڈر ہے۔۔۔

(عتیق عورت کی طرف اشارہ کرتا ہے۔ وہ جلدی سے چلی جاتی ہے۔)

عتیق: (تن کر) کیوں جی؟ یہ تمہاری کیا حرکت ہے؟ (نہایت غضبناک آواز میں) اس طرح بات کے بیچ میں کود پڑنا اس کے کیا معنی؟ کیا تمہارے ہوش و حواس بالکل خبط ہو گئے؟

فاطمہ: (بلند آواز سے) میری کیا حرکت ہے؟ تمہیں جھوٹ بولتے شرم نہ آئی۔ لگے اُلٹے

چیخنے! تم اپنے کو سمجھتے کیا ہو؟ میرے گھر میں بیٹھ کر ایسی باتیں کرو اور پھر یہ امید رکھو کہ میں چپ بیٹھی سنا کروں؟

عتیق: (غصہ اور بڑھ گیا ہے) اور تم کیا چیز ہو؟ بڑی بڑی نیک عورتوں پر سوکنیں آئی ہیں اور انھوں نے اف تک نہ کی۔ اپنے خاوند کی خدمت میں عمر کاٹ دی۔ (چیخ کر) تو نہایت گنہگار اور بدترین عورت ہے۔ مجھ کو خفا کر کے اپنے لئے جہنم تیار کر رہی ہے۔

فاطمہ: (غصہ سے کانپتی ہوئی آواز میں) اور تم خود کون سے نیک ہو تم کون سے جنت میں چلے جاؤ گے۔ ایک دوزخ نہیں مجھ کو ہزار دوزخیں منظور ہیں۔ لیکن کان کھول کر سن لو۔ اس گھر میں وہ تمہاری بیوی ہرگز نہیں گھس سکتی۔

عتیق: (طیش میں آکر کھڑا ہو جاتا ہے) تیری بکواس بند نہیں ہو گی؟ اگر تجھ کو خدا اور رسول اور اپنے خاوند کا جو تیرا مجازی خدا ہے ڈر نہیں ہے۔ تو تو نہایت ذلیل بدترین اور نجس ہستی ہے۔ تیری اس بک بک سے میں شادی روک نہ دوں گا۔ دوسرا نکاح کروں گا پر کروں گا اور وہ اسی گھر میں رہے گی اور تیرا درجہ کتے سے بدتر جس قابل کہ تو ہے ہو گا۔

(یہ حکم لگا کر عتیق باہر کی طرف چلتا ہے۔)

فاطمہ: (چیخ کر اور آگے بڑھ کر) تو یہ بھی سنتے جاؤ، تمہاری مولویت تمہاری عزت سب خاک میں ملا دوں گی اور تمہاری اس معشوقہ کو یہاں نہ گھسنے دوں گی۔ میں کسی بھیک منگے سید کی بیٹی نہیں ہوں کہ تم سے ڈر جاؤں۔

عتیق: (مڑ کر) اے ناہنجار دوزخی عورت اگر تو بات نہیں سمجھتی تو یہ تو سمجھتی ہے۔

(فاطمہ کے منہ پر زور سے طمانچہ مارتا ہے اور پھر باہر کی طرف چلا جاتا ہے۔)

فاطمہ: (غصہ سے دیوانی ہو جاتی ہے اور دانت پیس کر مولوی کا کرتا پکڑ لیتی ہے۔) مارتے ہو تو ٹھیک سے مارو خدا اور اس کے رسول کی قسم کھا کر کہتی ہوں کہ تمہاری عزت تمہاری

حقیقت خاک میں ملا کر نہ چھوڑی ہو تو میں حمید بیگ کی بیٹی نہیں کسی بھنگی کی ہوں گی۔

(عتیق کرتا چھڑا کر غصہ سے کانپتا ہوا باہر چلا جاتا ہے۔)

فاطمہ:(بے بس ہو کر) جاتے کہاں ہو۔ بڑے مولوی بنے ہیں۔ جھوٹے بے ایمان کہیں کے!

(فاطمہ ڈوپٹے میں منہ چھپا کر سسکیوں سے روتی ہے زینے پر سے کسی کے اترنے کی آواز آتی ہے! ایک عورت پہلے سر نکال کر جھانکتی ہے پھر سامنے آتی ہے۔)

کرایہ دارنی: اے ہے ملانی جی کیا ہوا؟ یہ رونے کیوں لگیں؟ خیر تو ہے؟

(کرایہ دارنی پاس آکر کھڑی ہو جاتی ہے اور بازو پکڑ کر فاطمہ کو تخت پر بٹھا دیتی ہے۔)

کرایہ دارنی: کچھ کہو تو آخر کیا بات ہے۔ آج مولوی صاحب بہت زور زور سے خفا ہو رہے تھے! اوپر تک آواز آ رہی تھی بتاؤ تو کیا ہوا؟

فاطمہ:(سسکیاں لے کر) دوسرا بیاہ، بیاہ کر رہے ہیں۔۔۔ اور مجھے مارا (جوش سے) اے خدا تو ایسے بے ایمانوں کو غارت کر۔۔۔

کرایہ دارنی: مارا مولوی صاحب نے! نہیں تمہیں میری قسم سچ بتانا؟

فاطمہ:(آنچل سے منہ پونچھ کر) خیر ان کو بھی پتہ چل جائے گا۔ یہ نہ سمجھ لیں کہ بن باپ بھائی کی ہے۔ جو دل چاہے گا۔۔۔

کرایہ دارنی: اے جبھی کوٹھا خالی کرنے کو کہہ رہے تھے۔ میں بھی تو کہوں آخر بات کیا ہے؟

فاطمہ:(سسکی لے کر اور آنسو پونچھ کر) کوٹھا خالی کرنے کو؟ یہ کب کہا؟

کرایہ دارنی: کل رات کو ان سے کہا تھا۔

فاطمہ: ابھی تو وہ آئی بھی نہیں کہ ہاتھ اٹھنے لگا اور جب آ جائے گی تو نہ معلوم کیا حشر ہو گا۔

خیر انھیں بھی معلوم ہو جائے گا۔ کرایہ دار سے کہہ دینا کہ گھر خالی نہ کریں۔

کرایہ دارنی: ارے توبہ کرو ملانی جی وہ بھلا مولوی صاحب کا کہنا مانیں گے کہ تمہارا؟

(گھر کی ماما بھی آکر کھڑی ہو جاتی ہے اور رحم کی نگاہ سے فاطمہ کو دیکھتی ہے۔)

ماما: آج تو مولوی صاحب پر بڑا اجلال تھا۔

کرایہ دارنی: دیکھو پانچوں انگلیاں منہ پر بن رہی ہیں۔

ماما: ہاہ اتنے بڑے مولوی ہیں اور عورت پر ہاتھ اٹھاتے ہیں۔

(فاطمہ آنسو پونچھتی ہے۔)

کرایہ دارنی: پہلے تو کبھی نہیں مارا۔ اب یہ نئی شادی جو کر رہے ہیں خدا کی قسم مولوی ہو یا کوئی۔ مرد کے تیور بدلتے کچھ دیر نہیں لگتی۔ اب کسی کو اچھا لگے یا برا ان مولوی کی باتیں تو مجھے ایک آنکھ نہیں بھاتیں!

فاطمہ: (ہاتھ پھیلا کر) اے خدا یہ کہاں کا انصاف ہے؟ ایک آنکھ میں تو لہر بہر اور دوسری میں میں تیرا یہ قہر! تو نے ہم عورتوں کو اتنا بے بس کیوں بنایا ہے۔ (تھوڑی دیر ٹھہر کر) چاہے کچھ ہو جائے اس تھپڑ اور اس شادی کا بدلہ تو میں ضرور لوں گی، لو یہ بھی میرا قصور ہے کہ بچے مر گئے!

کرایہ دارنی: اے ہاں کوئی بھی عورت ایسی ہو گی جس کو اپنے بچوں کے مرنے کا غم نہ ہو۔ ایک تو ان کا غم اٹھاؤ، دوسرے میاں کی مار کھاؤ، یہ کہاں کا انصاف ہے؟ یہ تو آج صبح سے مکان ڈھونڈ رہے ہیں۔

ماما: تین بچے تو کھیلتے مالتے چلے گئے۔ پھر تو سب ایسے ہی ہوئے۔

کرایہ دارنی: سب کو تو مولوی صاحب تعویذ دیتے ہیں۔ علاج کرتے ہیں۔ جن پکڑتے ہیں۔ بیوی کا علاج کیوں نہیں کرتے۔

فاطمہ: علاج کرتے ہیں خاک! سب ڈھکوسلے بازی ہے۔ روپیہ ٹھگنے کے ڈھنگ ہیں بدنیت مٹھائی تو مٹھائی طشتری تک کھا جاتے ہیں۔

کرایہ دارنی: تو آج میں بتاتی ہوں کہ جب میں ان سے یہی کہتی ہوں تو ہمیشہ لڑنے لگتے ہیں کہ اس میں مولوی صاحب کا کیا بس ہے۔ انھوں نے تو سب جتن کر لیے۔ جب اللہ میاں ہی کی مرضی نہیں ہے تو وہ کیا کریں۔

ماما: اے بیوی بس کرو کب تک روئے جاؤ گی۔ (خود بھی آنسو پونچھتی ہے) تمہاری قسمت ہی ایسی پھوٹی ہوئی ہے۔ سوکن آئے تو آئے مار بھی کھانے لگیں۔ مولوی صاحب ایسے تو نہ تھے چیختے چلاتے تو ہمیشہ سے ہیں ہاتھ اٹھاتے پہلے کبھی نہیں دیکھا۔

(باہر سے کہار پکارتے ہیں۔)

کہار: سواری اتروالو۔۔۔ سواری اتروالو۔

(ماما آنسو پونچھ کر کھڑی ہو جاتی ہے اور آہستہ آہستہ باہر کی طرف جاتی ہے۔)

ماما: چیخے کاہے کو جاتا ہے آتو رہے ہیں۔

کرایہ دارنی: جنے کون آیا ہے؟

فاطمہ: ممانی ہوں گی۔

(ممانی کلف دار خوب پھولی ہوئی ساڑھی پہنے ہوئے داخل ہوتی ہے۔ کرایہ دارنی سلام کرتی ہے وہ سر سے جواب دے کر فاطمہ کی طرف بڑھتی ہے فاطمہ اسی طرح خاموش بیٹھی رہتی ہے۔)

ممانی: کیوں بیٹی فاطمہ کیا طبیعت اچھی نہیں ہے (اور قریب آکر) یہ روکیوں رہی ہو کیا بات ہے؟

(فاطمہ کھڑے ہو کر ممانی سے لپٹ جاتی ہے اور پھر سسکیوں سے رونے لگتی ہے۔)

ممانی: (کرایہ دارنی سے) خیر تو ہے کیا ہوا؟

کرایہ دارنی: مولوی صاحب نے مارا۔

ممانی: ہیں! کیا! مارا! آخر کس بات پر؟

ممانی: فاطمہ، اے بیٹی بس کرو۔ کچھ کہو تو۔

(سہارا دے کر بٹھا دیتی ہے اور خود بھی تخت پر بیٹھ جاتی ہے۔)

(ایک مرد کی آواز باہر سے آتی ہے۔)

آواز: بڑی بی۔ بڑی بی۔ میں آسکتا ہوں۔

ممانی: کون؟ عزیز؟ آجاؤ۔

کرایہ دارنی: ذرا ٹھہریئے۔ میں تو چلی جاؤں۔

(عزیز اندر آتا ہے لیکن غیر عورت کو دیکھ کر واپس جانے لگتا ہے۔)

ممانی: ذرا ٹھہرو ابھی پردہ ہوا جاتا ہے۔

(کرایہ دارنی جلدی سے چلی جاتی ہے۔)

ممانی: اب آجاؤ۔

(ایک جوان لڑکا شیروانی اور پائجامہ پہنے داخل ہوتا ہے، آکر کھڑا کا کھڑا رہ جاتا ہے۔)

فاطمہ: (آنسو پونچھ کر) بیٹھ جاؤ میاں یہ سامنے پلنگ تو پڑا ہے۔

عزیز: آپا جان کیا ہوا؟

فاطمہ: بھائی کیا بتاؤں جس کے باپ بھائی نہ ہوں۔ اس کی یہی بے قدری اور یہی حشر ہوگا۔

عزیز: اب آپ شکایتیں تو رہنے دیجئے۔ پہلے اپنی تکلیف تو بتایئے۔

(ممانی گال کی طرف اشارہ کرتی ہے۔)

عزیز: (جھک کر منہ دیکھتا ہے) ہیں یہ آپ کا منہ لال کیوں ہو رہا ہے؟

فاطمہ: لال کیسے ہو رہا ہے۔ خدا کی، قسمت کی، شوہر کی سب کی مار مجھ پر ہے اور کیا ہے۔

عزیز: آپا جان کچھ تو بتایئے؟

فاطمہ: ہوا کیا دوسری شادی کر رہے ہیں۔ کہتے ہیں تیرے بچے نہیں جیتے دوسرا بیاہ کروں گا۔

ممانی: دوسرا بیاہ؟

فاطمہ: جی ہاں دوسرا بیاہ۔ اور میرے یہ کہنے پر کہ میں اپنے گھر میں ان کی نئی بیوی کو گھسنے نہیں دوں گی۔ بہت چیخے چلائے اور میرے منہ پر زور سے تھپڑ مارا۔

ممانی: لو اور سنو گھر تمہارا ہے تمہارے باپ کا دیا ہوا ہے ان کو اس میں لانے کا حق ہی کیا ہے۔ ایسا ہی شوق ہے تو اور گھر لے کر اس میں رکھیں۔

عزیز: ان کو دوسری شادی اس حالت میں جبکہ بیوی موجود ہے کرنے کا حق کیا ہے؟

ممانی: حق کی بات تو یہ ہے، میاں کہ وہ مرد ہیں ان کو کون روک سکتا ہے؟ خداوند کریم، رسول پاک، شریعت، قوم، سب کی طرف سے اجازت ہے۔ ایک چھوڑ وہ ابھی تین شادیاں اور کر سکتے ہیں۔ مصیبت تو عورتوں کی ہے۔

فاطمہ: اور پھر کہتے ہیں کہ دونوں کے ساتھ ایک سا سلوک کروں گا۔ ایک سا خیال رکھوں گا۔ ابھی تو وہ آئی بھی نہیں ہے۔

عزیز: کیا یہ بھی کہتے تھے کہ ایک سی محبت بھی کروں گا۔ خیال اور محبت میں تو بڑا فرق ہے۔

ممانی: محبت کون برابر کر سکتا ہے؟ پہلی تو ہمیشہ دل سے اتری ہوئی ہوتی ہے۔ محبت برابر کرنے کا دعویٰ تو بڑے بڑے نہیں کر سکے۔ یہ بچارے تو صرف مولوی ہیں۔

فاطمہ: یہ تو دنیا میں اپنے برابر کسی کو نہیں سمجھتے۔ کہتے ہیں کہ بڑی بڑی نیک عورتوں پر

سوکنیں آئی ہیں اور انھوں نے اف تک نہ کی۔

عزیز:(ہنس کر) غلط تھوڑے ہی کہتے ہیں عورتوں پر ہی سوکنیں آتی ہیں کوئی گائے بھینس پر تو نہیں۔

فاطمہ: میاں جب عورت ہوتے تب۔۔۔

ممانی: اے اور کیا انھیں کیا قدر ہے عورت کی جان کو بس اتنا سمجھتے ہیں کہ کھانا کپڑا دے دیا تو بہت کیا۔ میاں بہت اللہ والے ہوئے تو ایک رات ایک بیوی کے ہاں جا رہے دوسری رات دوسری بیوی کے پاس۔ بس عورتیں نہ ہوئیں میاں کے کھلونے ہو گئیں۔ جس سے جی چاہا کھیل لیا۔ قصور کس کا ہے جو دونوں عورتیں ایکا کر لیں تو مرد کیا کر سکتا ہے؟

عزیز: مرد ان دونوں کو چھوڑ کر تیسری شادی کر سکتا ہے۔

ممانی: دو سے میرا مطلب کوئی دو سے تھوڑا ہی ہے۔ میرا مطلب عورتوں سے ہے۔ اصل بات یہ ہے کہ ہم ہیں ہی بدقسمت جب اللہ ہی نے مرد کو بڑا رتبہ دیا ہے تو۔۔۔

فاطمہ: رہنے بھی دو ممانی جان! اپنے مطلب کی یہ سب کتابیں مردوں نے لکھی ہیں، مذہبوں کے بنانے والے شریعتیں اور قانون بنانے والے سب مرد ہی تو تھے۔ مردوں کی آسانی کی سب باتیں لکھ گئے۔ عورتوں کے دلوں کی انھیں کیا خبر عورت ہوتے تو سمجھتے۔

ممانی: توبہ کرو بیٹی توبہ! اپنے غصہ میں کفر تو نہ بکو! وہ لوگ اللہ کے پیارے تھے ہماری کیا مجال ہے کہ ہم ان کے فعلوں یا حرکتوں کو جانچیں اور پرکھیں وہ بے گناہ اور پاک ہستیاں تھیں اب انھوں نے جو کیا تو خیر۔ یہ دوسرے مردوں کی۔۔۔

عزیز: یہ تو نہایت بے انصافی کی بات ہے اماں جان کہ آپ مولوی صاحب کو حقوق کی ادائیگی کے لیے برا کہتی ہیں۔ میں تو ان کی بہت تعریف کرتا ہوں۔۔۔

ممانی: تمہارا کیا ہے تم جو نہ کہو۔۔۔

(باہر سے کنڈی کھٹکتی ہے اور ساتھ ہی ایک مرد کی آواز آتی ہے۔)

آواز: کیا میں آسکتا ہوں؟

عزیز: لیجئے آپا جان قدیر بھائی بھی آ گئے۔

(اٹھ کر پردہ کھولتا ہے۔)

عزیز: آجاؤ قدیر بھائی میدان بالکل صاف ہے۔

(قدیر سوٹ میں داخل ہوتا ہے۔)

قدیر: آداب عرض آپا جان کیوں کیا بات ہے سب چپ کیوں ہو گئے۔ کیا میری برائی ہو رہی تھی۔ جبھی تو میرے کان بھی جل رہے ہیں۔

عزیز: نہیں تمہارا ذکر نہیں تھا۔ یہاں تو مولوی صاحب کی تعریف ہو رہی تھی کم از کم میں تو کر رہی رہا تھا۔

قدیر: یہ تو نہایت دلچسپ بات ہے۔ کیوں کیا آج کل مولوی صاحب پھر کوئی پیش گوئیاں فرما رہے ہیں۔

فاطمہ: پیش گوئیاں تو نہیں ہاں خواب ضرور دیکھا ہے۔

قدیر: شکر ہے کہ معراج کی ہمت نہ ہوئی۔

ممانی: تم دونوں بھائیوں کو ہر وقت ہنسی مذاق سوجھتا ہے کبھی تو کسی دوسرے کی مصیبت کا خیال کیا کرو۔

قدیر: مصیبت۔ مصیبت کس پر پڑی؟

ممانی: بہن پر سوکن آرہی ہے اور تمہیں ہنسی کی سوجھ رہی ہے۔

قدیر: واللہ مجھ کو بالکل خبر نہیں تھی بہت افسوس کی بات ہے۔ لیکن یہ خبر تو بالکل نئی ہے۔ ابھی تو پچھلے ہفتے جب میں آیا تھا تو اس کا کوئی ذکر نہ تھا۔

فاطمہ: مجھے خود تین دن ہوئے انھوں نے بتایا۔

قدیر: تو مولوی صاحب کی برات کب ہے؟ کیا گھوڑے پر سوار ہو کر دلہن لینے جائیں گے۔ معاف کیجئے آپا جان میں بغیر ہنسے نہیں رہ سکتا۔ (خوب ہنستا ہے) اب کس خوش قسمت کو یہ عہدہ مل رہا ہے۔

فاطمہ: ان کے ایک مرید کی لڑکی ہے۔

قدیر: اچھا تو پھر سب کچھ بتائیے۔

ممانی: بتائیے کیا۔ پہلے تم ہنس تو لو۔ شادی کریں گے بیوی کو اسی گھر میں رکھیں گے۔ اس نے منع کیا کہ میرا گھر ہے میں یہاں آنے نہ دوں گی تو اسے مارا۔

قدیر: مارا! سچ بتائیے آپا جان۔ اب ان کی یہ ہمت بھی ہوگئی کہ آپ پر ہاتھ اٹھانے لگے اور تعجب ہے کہ آپ جیسی غیرت مند عورت نے ان کی مار کس طرح کھالی۔

فاطمہ: کیا کرتی میاں! زبردست کا ٹھینگا سر پر۔ کیا میں بھی مارتی؟

عزیز: کیوں نہیں! اس میں شبہ نہیں کہ مولوی صاحب کشتی میں جیت جاتے لیکن پھر بھی دو ایک ہاتھ آپ کو بھی آزما لینے چاہئے تھے۔

ممانی: پھر تمہارا وہی مذاق۔

قدیر: اماں جان آپ بھی کمال کرتی ہیں۔ یہ مذاق کی بات ہے؟ میں تو نہایت سنجیدگی سے بات کر رہا ہوں اور آپ اس کو مذاق میں لئے جاتی ہیں۔ آپا جان مولوی صاحب کی اس قسم کی مردانہ حرکات پر کون بغیر ہنسے رہ سکتا ہے۔ لیکن یہ سوچ کر بہت غصہ آرہا ہے کہ آپ کیوں ایسی بے بس صورت بنا کر رونے بیٹھ گئیں۔

فاطمہ: بھائی میں بے والی وارث عورت ان کا کیا کر سکتی ہوں۔

قدیر: بے والی وارث! آپ کوئی بچہ تو ہے نہیں کہ آپ کو سہارے کی ضرورت ہو جب

تک انسان اپنے اوپر بھروسہ نہیں کرتا اور اپنا وارث آپ نہیں بن جاتا دنیا میں کوئی اس کی مدد نہیں کر سکتا۔

ممانی: خیر میاں! یہ سب کہنے کی باتیں ہیں۔ ایک پردہ نشین، شریف عورت بغیر وارث مرد کے کیا کر سکتی ہے؟

فاطمہ: ہاں ممانی جان ذرا آپ ہی انصاف سے کہئے۔

قدیر: اس میں برا ماننے کی بات نہیں ہے۔ آپ سے جو ہمدردی مجھ کو ہے اس کو بیان کر کے اس ہمدردی کے جوش کو کھونا ہے، لیکن آپ ہی بتایئے کہ آپ کیا کریں گی؟ کیا آپ یہ چاہتی ہیں کہ میں بھی اماں جان اور عزیز کی طرح آپ کے ساتھ مل کر رونے لگوں؟

عزیز: تم میرا نام نہ لو۔ میں تو بچارے مولوی صاحب کے لئے لڑ رہا تھا کہ آخر وہ کیوں نہ دوسری شادی کریں میرا خود چار بیویاں رکھنے کا ارادہ ہے۔

ممانی: اے ہے تمہارے ایسے فقرے مجھے ایک آنکھ نہیں بھاتے۔ پہلے تمہیں ایک جڑ جائے تو جاننا!

قدیر: آپا جان، آپ سب سے پہلے یہ بتایئے کہ آپ کرنا کیا چاہتی ہیں اور ہم کس طرح آپ کی مدد کر سکتے ہیں؟

فاطمہ: میں یہ نہیں چاہتی کہ وہ میرے گھر میں قدم رکھے۔ ان کا جہاں جی چاہے رکھیں۔ (گود پھیلا کر) یا اللہ اس کے بھی بچے اس طرح ہو ہو کر مریں۔ جیسا کہ میرے اوپر بچوں کی موت کا الزام تھوپا ہے انھیں بھی تو کچھ خبر ہو۔

قدیر: یہ کوسنے کاٹنے سے تو کچھ ہوتا نہیں ہے کام کی بات کیجئے۔ بس آپ اتنا ہی چاہتی ہیں کہ وہ یہاں نہ آئے؟ فرض کیجئے کہ انھوں نے آپ کو کہنا نہ مانا تو آپ کیا کریں گی۔

ممانی: بچاری کیا کرے گی، یہی نہ کہ رو دھو کر بیٹھ رہے گی۔

فاطمہ : میں رو دھو کر نہ بیٹھوں گی۔ میں ساری دنیا سارے محلہ کو شور مچا کر بتا دوں گی کہ یہ مظلوم پر کیسا ظلم کر رہے ہیں۔

قدیر : اس سے کیا ہو گا۔ وہ گھر پر رہنے ہی لگے گی۔ آپ کا شور چالیس گز تک بھی نہ پہنچے گا۔

فاطمہ : (جوش سے) کیا عدالت، کچہری سب ختم ہو گئے۔ کیا کوئی ایسا قانون نہیں ہے کہ میں اسے اپنے مکان میں گھسنے نہ دوں!

قدیر : جی ہاں قانون تو ہے۔ کیونکہ یہ آپ کا ذاتی مکان ہے۔ آپ اس کو یہاں آنے سے روک سکتی ہیں۔ کیوں آپ کی ہمت بھی کچہری جانے کی ہو گی؟

فاطمہ : اگر یہ اس کو یہاں لے آئے، تو خدا کی قسم سب کچھ کر کے دکھا دوں گی۔

ممانی : (ڈر کر) بیٹی خدا کا نام بے کار نہ لو ابھی غصہ ہے۔ جب ہوش میں آؤ گی تو رنج ہو گا۔ دوسرے شریفوں کے ہاں کچہری عدالت نہیں ہوتے۔

قدیر : نہیں ہوتے تو اب ہونے چاہئیں۔ اماں جان آپ کیوں ان کی ہمت کو پست کئے دیتی ہیں؟

ممانی : ہمت پست کئے دیتی ہوں؟ تم کہاں کے ایسے بزرگ نکلے ہو۔ ابھی تو فاطمہ کی ماں جیتی بیٹھی ہیں وہ اتنی ناراض ہوں گی کہ خدا کی پناہ اور سچی بات تو یہ ہے کہ کچہری عدالت کے تو میں بھی خلاف ہوں۔

عزیز : اماں جان۔ کون کچہری عدالت بلا ضرورت کے کرتا ہے؟ ابھی آپ کی دوکان کا کرایہ نہ ملے تو آپ نالش کریں گی یا نہیں؟

ممانی : اے لڑکو! کیا تمہارا دماغ پھر گیا ہے؟ کیا سچ مچ بہن کو عدالت چڑھاؤ گے؟

قدیر : ہم نہیں چڑھائیں گے، ہاں، اگر آپا جان ہماری مدد مانگیں گی تو ہم ان کی ہر ہر طرح

مدد کریں گے ! اور آپ کی طرح کہ بیٹی رو کر صبر کر لو نہیں کہیں گے۔ اچھا یہ بحث تو رہی۔ اب یہ بتایئے کہ ان کے دل میں ایک دم شادی کرنے کی کیونکر سمائی ؟

فاطمہ: کہتے ہیں کہ اللہ کی مرضی نہیں ہے کہ میرے بچے جئیں خواب میں کوئی بزرگ کہہ گئے ہیں کہ دوسری کر جب تیرے بچے جئیں گے۔

قدیر: یہ مولویت بھی کیا آسان پیشہ ہے بچے نہ جئیں اپنے قصور سے اور اللہ کا حکم ہو گیا!

فاطمہ: اب تین تو پل پلا کر ایک دم چیچک کی نذر ہو گئے۔ دو دن میں گود جھاڑ کر کھڑی ہو گئی۔

قدیر: وہ بھی انھیں کی مہربانی ٹیکے نہ لگوانے دیئے ہوں گے۔

فاطمہ: ٹیکے ان غریبوں کے کہاں لگے تھے انگریزی دوا تو اس گھر میں آ نہیں سکتی۔ لیکن یہ بعد کے یا تو مرے ہوئے پیدا ہوئے۔ یا تو پیدا ہوتے ہی مر جاتے ہیں۔ یہ تو میری قسمت کا قصور ہے اور میرے ہی گناہ سامنے آتے ہیں۔

قدیر: قسمت بے چاری کو آپ اتنا نہ روییئے۔ اور نہ کوئی گناہ آپ نے کئے اور نہ گناہ کرنے کا موقع آپ کو ملا۔ آپ کو اتنے بچوں کی موت کا باعث بھی یہی مولوی صاحب ہیں۔ آج میں یہی بتانے کو حاضر ہوا تھا۔ اس دن جو آپ کا خون ڈاکٹر اقبال نے لیا تھا اس کا جواب آ گیا ہے۔ اس کے متعلق تنہائی میں کہوں گا۔

فاطمہ: تنہائی کی کیا ضرورت ہے ؟ ممانی جان سے یا عزیز سے کیا کوئی پردہ ہے۔

قدیر: خیر آپ کی مرضی، صرف یہ کہنا چاہتا تھا کہ میرے دوست ڈاکٹر اقبال کہہ رہے تھے کہ اگر آپ کا علاج ہو تو جیتا بچہ ہو سکتا ہے بشرطیکہ مولوی صاحب کا علاج بھی ساتھ ہو۔

فاطمہ: وہ تو انگریزی علاج ہرگز نہیں کریں گے۔ ہاں چھپ چھپا کر میں کروا لیتی۔ لیکن

اب وہ دوسرا بیاہ کر رہے ہیں میری وہ سنیں گے لیکن میاں کو آخر بیماری کیا ہے؟

قدیر: جی اس کو گرمی کی بیماری کہتے ہیں۔

فاطمہ: کیا کہا قدیر میاں! یہ نجس بیماری مجھ کو! نہیں میاں کچھ غلطی ہو گئی ہو گی۔ میرے تو پشتوں میں بھی یہ بیماری نہیں ہے۔

قدیر: آپ کو نہ سہی مولوی صاحب کو ہو گی۔

ممانی: توبہ کرو توبہ! مولوی ہیں ہزار ظلم کریں، مولوی لوگ ایسا کام نہیں کرتے۔

عزیز: کیا آپ سب مولویوں کے پیچھے پیچھے پھرتی ہیں؟

فاطمہ: یقین تو مجھے بھی نہیں آتا۔

قدیر: اب یقین آپ نہ کریں تو دوسری بات ہے۔ مولوی صاحب کا مجھے علم نہیں ان کے خون کا معائنہ ہوا نہیں ہے۔ لیکن آپ کو یہ بیماری ضرور ہے۔

فاطمہ: میاں مجھے کہاں سے لگ گئی۔

قدیر: میرے خیال میں تو مولوی صاحب سے ہی لگی ہو گی۔

فاطمہ: (ایک دم جوش سے) قدیر میاں اگر تمہاری بات ٹھیک ہو گی اور میرے بچوں کے خون کے ذمہ دار ہوں گے۔ تو میں چاہے عمر بھر سڑک پر بھیک ہی کیوں نہ مانگوں ان کو ان کی نئی نویلی دلہن کو مزہ چکھا دوں گی۔ ممانی جان آپ میرے زیوروں کا صندوقچہ لیتی جایئے۔ نہ معلوم مجھے کب ضرورت پڑ جائے اور یہ مکانوں اور دوکانوں کے کاغذات بھی۔

ممانی: اے بیٹی یہ بہت ذمہ داری کی بات ہے تم اپنی ماں کے پاس لے جا کر رکھو اور۔۔۔

فاطمہ: ممانی جان آپ اماں کو جانتی ہیں۔ وہ ان کے آگے میری کب سنتی ہیں جو یہ کہتے ہیں وہ کرتی ہیں۔ کوئی بیٹیوں سے کیا محبت کرے گا۔ جو وہ داماد سے کرتی ہیں اگر یہ کہیں گے

کہ تو جائداد دوسری عورت کے نام لکھ دے تو اماں کہیں گی لکھ دے۔ ان کا تو یہ کہنا ہے کہ مر و اور بھر و۔

قدیر : آپا جان، اگر آپ کو میر ا بھروسہ ہو تو میں رکھنے کو تیار ہوں اماں بھی پھوپھی جان سے کم تھوڑی ہیں یہ بھی یہی کہیں گی کہ مر و اور بھر و۔

فاطمہ : میاں خدا تمہیں خوش رکھے ابھی اندر سے جا کر لاتی ہوں۔
(چلی جاتی ہے۔)

ممانی : قدیر تمہیں کیا ہو گیا ہے پرائے معاملہ میں تم کیوں پڑتے ہو مولوی صاحب ویسے ہی تمہارے دشمن ہیں اب تم کوئی بچہ تو ہو نہیں۔۔۔

عزیز : اماں جان جب وہ مدد مانگ رہی ہیں تو یہ انسانیت کے خلاف ہے کہ ان کی مدد نہ کی جائے۔

ممانی : اور باتیں بڑی انسانیت کی کرتے ہو۔ اس کی ماں زندہ ہیں بڑے ماموں زندہ ہیں۔ چچا اور ان کی اولاد موجود ہے تمہیں بیچ میں دخل دینے کی کیا ضرورت ہے۔

قدیر : ان کی اماں، ماموں، چچا، آپ سب آخر میں یہی کریں گے کہ اسی دوزخ میں دھکا دے دیں گے۔ جب وہ اپنے گھر میں مولوی صاحب کی نئی بیوی کا آنا نہیں چاہتیں اور یقیناً مولوی صاحب اس کو یہاں لا کر رکھیں گے تو پھر کیوں نہ ان کی مدد کی جائے۔

ممانی : اور جو کل عتیق اللہ نے دعویٰ کر دیا کہ میری بیوی کو بھگا کر لے گئے؟

قدیر : بیوی کوئی ایسی بچہ نہیں ہے۔ چوری سے جانے کی کوئی ضرورت نہیں ہم کیوں لے جائیں گے ہاں اگر وہ خود آئیں گی تو ہم اپنا دروازہ بند نہیں کریں گے۔

ممانی : تم دونوں بھائی جو کبھی میرا کہنا مان لو یہی نئی روشنی ہے۔ اچھا چپ رہو وہ آرہی ہے۔

(فاطمہ صندوقچہ لے کر واپس آتی ہے۔)

فاطمہ: لو میاں زیور روپیہ جو کچھ بھی ہے یہ ہے اور کچھ اماں کے پاس ہے۔

قدیر: (صندوقچہ اٹھاکر) یہ تو پتھر ہے کیا اس میں سونے کی اینٹیں بھری ہیں۔

فاطمہ: نہیں میاں، سونے کی اینٹیں کہاں سے آئیں اب آپ لوگ لے ہی جایئے۔ آتے ہی ہوں گے۔ عزیز کل صبح پھر ہوتے جانا کچھ کاغذات اور دینے ہیں۔

ممانی۔: بیٹی میری ہمت تو لے جانے کی ہے نہیں۔

قدیر: اماں جان میں آپ کی ڈولی میں رکھے دیتا ہوں آپ لے کر چلی ہی جایئے۔

(صندوقچہ لے کر چلا جاتا ہے۔)

ممانی: یہ بھی تم لوگوں کی کوئی بات ہے۔

عزیز: اماں جان اب دیکھئے وہ آگئے تو یہ صندوقچہ بھی جائے گا اور ان کا زیور دوسری کو مل جائے گا۔ ابھی تو آپ کہہ رہی تھیں کہ مصیبت میں کام نہیں آتے۔

(قدیر واپس آجاتا ہے ممانی کھڑی ہو جاتی ہیں۔)

ممانی: اچھا بیٹی اب آج کل بڑے بوڑھوں کی سنتا کون ہے۔ خدا کرے خوش رہو۔ اللہ عتیق کا دل پھیر دے اور میں ساتھ خیر کے تمہاری امانت تمہیں سونپ جاؤں۔ یہ بڑے ذمہ داری کا کام ہے۔

(مولوی عتیق اللہ کھنکھارتا ہوا داخل ہوتا ہے سب خاموش ہو جاتے ہیں۔)

عتیق: السلام علیکم۔

قدیر و عزیز: آداب عرض!

عتیق: تو کیا مجھ کو دیکھ کر آپ سب واپس جانے لگے۔

ممانی: نہیں اب جا ہی رہے تھے۔ جب آپ آئے تو میں خدا حافظ ہی کہہ رہی تھی۔

(لڑکوں کی طرف دیکھ کر منہ بناتی ہے جس کا مطلب ہے کہ تمہیں خدا سمجھے۔)

قدیر: میں تو صرف آپا جان کے معالج کی طرف سے آیا تھا۔ اب معافی چاہتا ہوں۔ آداب عرض ہے آپا جان، (عتیق سے) آداب عرض۔

عزیز: آداب عرض۔

ممانی: (فاطمہ کو گلے لگا کر چپکے سے) بیٹی جو کچھ بھی کرنا سوچ سمجھ کر کرنا۔

(علاوہ عتیق کے سب لوگ باہر جاتے ہیں۔ فاطمہ دروازے تک جاتی ہے وہاں سب پھر ایک دوسرے سے رخصت ہوتے ہیں۔ فاطمہ واپسی پر بلا عتیق اللہ کی طرف دیکھے ہوئے دوسری طرف چلتی ہے۔)

عتیق: آج ہی میں نے تم سے کہا تھا کہ ان دونوں بھائیوں کے سامنے نہ ہونا تم نے میری حکم عدولی کیوں کی؟

(فاطمہ کھڑی ہو کر غصہ سے مولوی صاحب کو گھور کر دیکھتی ہے اور بلا جواب دیئے پھر سے چلنا شروع کر دیتی ہے۔)

عتیق: یہ قدیر کس معالج کا ذکر کر رہا تھا؟ مجھے نہیں معلوم تھا کہ تمہیں کوئی بیماری ہے اور بلا میری اجازت لئے تمہاری کس طرح مجال ہوئی۔

فاطمہ: (کھڑی ہو کر) مجھے کون سی بیماری ہے وہی جو تم نے لگائی ہے اور تمہیں ہو جو میرے معصوم بچوں کے قاتل ہو۔ خونی کہیں کے! جس سے میرا دل چاہے گا علاج کرواؤں گی۔ اب مجھے کوئی نہیں روک سکتا۔ بہت تمہارے حکم مان لئے۔

عتیق: یہ کیا بدزبانی ہے! یہ ذرا اپنے دو ماموں زاد بھائیوں کے زور پر نہ رہنا اور آج سے یہ لوگ میرے گھر پر گھس تو لیں۔

فاطمہ: تمہارا گھر! کبھی پشتوں میں بھی گھر دیکھے تھے۔ بھک منگے کہیں کے! جب تک میں

زندہ ہوں۔ یہ لوگ مجھ سے نہیں چھوٹ سکتے۔ تم چھٹ جاؤ یہ نہیں چھٹیں گے۔ بڑے آئے۔۔۔

عتیق: (طیش میں) قسم ہے مجھے اپنے پروردگار کی تجھے اس بدزبانی کا مزہ نہ چکھایا ہو تو بات کیا ہے۔ تم سخت سے سخت سزا کے قابل ہو، منحوس عورت، تجھے ابھی تک عبرت نہیں ہوئی، تجھے وہ سزا دی ہو کہ تو بھی یاد کرے۔۔۔

(عتیق غصہ میں بھرا ہوا تخت سے اتر کر چلنا شروع کر دیتا ہے۔ سیدھا ہاتھ مارنے کے لئے اونچا اٹھائے ہوئے فاطمہ کی طرف بڑھتا ہے۔)

فاطمہ: (غصہ ضبط کرتے ہوئے دانت پیس کر) ذرا سنبھل کے میں کہتی ہوں کہ بیٹھ جاؤ اگر اپنی عزت کی خیر چاہتے ہو! اگر اس دفعہ تم نے ہاتھ اٹھایا۔۔ تو میں ذمہ دار نہیں ہوں۔

(فاطمہ بھی ایک دو قدم آگے بڑھتی ہے۔ عتیق ایک سیکنڈ تو کھڑا رہتا ہے۔ اس کا سیدھا ہاتھ آہستہ آہستہ نیچے گرتا ہے پھر دو قدم پیچھے لے کر واپس تخت یا پلنگ پر بیٹھ جاتا ہے۔)

فاطمہ: (عتیق کے تخت پر بیٹھنے کے بعد) بڑے مرد بنتے ہیں۔۔۔ چلے ہیں دوسرا بیاہ کرنے!

(دوسری طرف چلتی ہے۔)

(پردہ گرتا ہے)

***

سرائے کے باہر
کرشن چندر

ڈرامے کے افراد

اندھا بھکاری

منی: اندھے بھکاری کی ایک نوجوان لڑکی۔

بھکارن: اندھے بھکاری کی بیوی۔

جانی لنگڑا: ایک چالاک پر فن بھک منگا۔

ایک آوارہ شاعر

سرائے کا مالک

بی بی: سرائے کی نوکرانی

چند شکاری اور ان کی بیویاں

منظر: (ایک پہاڑی قصبے کی سرائے کے دروازے پر، دروازے سے چند گز کے فاصلہ پر اندھا بھکاری اور اس کی بیوی الاؤ پر بیٹھے آگ تاپ رہے ہیں۔ منی سرائے کے بڑے دروازے پر کھڑی سرائے کی نوکرانی سے باتیں کر رہی ہے۔)

منی: بی بی کچھ کھانے کو دو گی، صبح سے بھوکی ہوں۔

بی بی: پرے ہٹ مر دار، کیوں اندر گھسی چلی آتی ہے۔ جا کسی مشٹنڈے کی بغل میں بیٹھ اور چین سے رہ، تیری جوانی کو آگ لگے۔

منی: بی بی کیوں ناحق گالی دیتی ہو؟

بی بی: گالی، اری دو ٹکے کی بھکارن، تجھے بھی گالی لگتی ہے۔ اے ہے میری شرم کی ماری لاجونتی دن بھر دیدے مٹکاتی پھرتی ہے اور سرائے کے مسافروں کو تاکتی پھرتی ہے اور اب رات کے وقت معصوم، بڑی شریف، بڑی وہ، اونہہ چڑیل۔

منی: بی بی۔

بی بی: بی بی کی بچی۔ اری اگر میں تجھے گالی دیتی ہوں تو اس کے بدلے تجھے کھانا بھی تو دیتی ہوں، تجھے اور تیرے بوڑھے بھکاری باپ کو اور تیری چڑیل کٹنی کو۔ دو گالیوں میں کیا یہ سودا مہنگا ہے۔ مجھے دیکھ اس سرائے میں صبح سے لے کر شام تک جھوٹے برتن مانجھتی ہوں، کنویں سے پانی نکالتی ہوں مالک اور مالکن کی سو سو خوشامدیں کرتی ہوں اور۔۔۔ دیکھ اس وقت مجھے نہ ستا، مسافر خانے کے اندر اس وقت بہت لوگ جمع ہیں۔ مجھے کئی کی دیکھ بھال کرنی ہے جب یہ لوگ کھانا کھا چکیں گے، اس کھڑکی کی طرف آ جائیو اور جو کچھ تیری قسمت میں ہو گا لے جائیو۔ اری دیکھ اب موٹے موٹے دیدوں میں آنسو نہ چھلکا۔ ہائے رام، ان فقیروں نے تو ناک میں دم کر رکھا ہے۔ میں مالکن سے کہتی ہوں کہ ان بھک منگوں کو کم از کم سرائے کے باہر عین دروازے پر تو جمع نہ ہونے دیا کرے۔

(سرائے کا دروازہ بند کر دیتی ہے۔)

بھکارن: منی؟

منی: آئی ماں۔

(وقفہ)

بھکارن: کیا ہوا منی۔

اندھا بھکاری: منی، بیٹا بڑی بھوک لگی ہے۔

منی: تو مجھے کھالو۔ بھوک لگی ہے۔ بھوک لگی ہے۔ جب سنو بھوک لگی ہے۔ جانے یہ پیٹ ہے کیا بلا۔ کبھی بھرتا ہی نہیں۔ ادھر بی بی الگ گالیاں دیتی ہیں اور ادھر یہ میری جان کو کھائے جاتے ہیں بھوک لگی ہے تو میں روٹی کہاں سے لاؤں، بی بی کہہ گئی ہے کہ جب کھڑکی کھلے گی جب روٹی ملے گی۔

اندھا بھکاری: کھڑکی کب کھلے گی؟

منی: جب مسافر کھانا کھا چکیں گے۔

اندھا بھکاری: مسافر کب کھانا ختم کریں گے؟

منی: جب کھڑکی کھلے گی۔

اندھا بھکاری: جب کھڑکی کھلے گی۔۔۔ کب کھڑکی کھلے گی؟ میں کچھ نہیں جانتا۔ منی تو کیا کہہ رہی ہے۔۔۔ جب سے میری آنکھوں میں روشنی نہیں رہی، مجھے وقت پر بھیک کی روٹی بھی کوئی نہیں لا دیتا۔ منی کی اماں کیا تمہارے پاس تھوڑی سی روٹی بھی نہیں ہے۔ ہاں نہیں ہوگی۔۔۔ میں اندھا ہوں۔۔۔ بوڑھا ہوں۔۔۔ اپنی گستاخ بیٹی کا محتاج ہوں۔

بھکارن: صبر کرو، اب تھوڑی دیر میں بی بی کھڑکی کھولے گی۔ پھر تمہیں پیٹ بھر کھانا ملے گا۔ آج سرائے میں بہت سے مسافر آئے ہیں میں تو ہر روز دعا مانگتی رہتی ہوں کہ سرائے مسافروں سے بھری رہے تاکہ ان کی پلیٹوں سے بہت سا جھوٹا کھانا ہمارے لئے بچ جایا کرے۔

منی: لیکن اماں بعض مسافر تو اتنے پیٹو ہوتے ہیں کہ پلیٹیں بالکل صاف کر دیتے ہیں اور کھانا تو ذرا بھی نہیں بچتا۔ ایسے موقع پر اگر بی بی سچ مچ مہربان نہ ہو تو۔۔۔

بھکارن: بری باتیں منھ سے نہ نکال، وہ سب کا والی ہے۔۔۔ توبہ توبہ۔۔۔ آج کتنی تیز سردی ہے۔ منی آگ ذرا تیز کر دے۔

(الاؤ کی لکڑیاں ادھر ادھر کرتی ہے۔)

منی: یہ چیڑ کی لکڑیاں دھواں زیادہ دیتی ہیں آگ کم۔

بھکارن: تو جنگل سے کاؤ کی لکڑیاں چن کر لایا کر، میں نے تجھ کئی بار سمجھایا ہے۔

منی: ماں، کاؤ کا جنگل بہت گھنا ہے۔ مجھے ڈر معلوم ہوتا ہے۔

بھکارن: باؤلی ہوئی ہے۔ ڈر کا ہے کا؟

اندھا بھکاری: منی دیکھ، ابھی کھڑکی کھلی کہ نہیں۔ یہ کون آرہے ہیں؟

منی: مسافر ہیں، سرائے کے اندر جا رہے ہیں۔ اچھا میں جا کر کھڑکی کے پاس کھڑی ہوتی ہوں۔ ابا، امید ہے کہ اب کے کچھ نہ کچھ ضرور ہی ہو گا۔

(چلی جاتی ہے۔)

بھکارن: تم نے سنا۔ منی کو کاؤ کے جنگل میں لکڑیاں چننے سے ڈر لگتا ہے۔

اندھا بھکاری: ہاں منی جوان ہو گئی ہے۔

بھکارن: تم اس کا بیاہ کیوں نہیں کر دیتے۔

اندھا بھکاری: اس قصبے میں تو کوئی ایسا بھک منگا ہے نہیں یہ سنا ہے کہ شہروں کے بھک منگے بڑے امیر ہوتے ہیں مجھے ایک دفعہ سرائے کا ایک مسافر بتا رہا تھا کہ اس نے ایک دفعہ اخبار میں پڑھا تھا کہ ایک شہر میں، مجھے اس شہر کا نام یاد نہیں رہا۔ بھلا سا نام تھا۔ ایک بھک منگا رہتا تھا جب وہ مرا تو منی کی اماں، ساٹھ ہزار روپیہ چھوڑ کر مرا۔ ساٹھ ہزار روپیہ کتنا ہوتا ہے۔ تمہیں معلوم ہے؟

بھکارن: نہیں۔ پر میں سوچتی ہوں کہ میری منی کو بھی کوئی ایسا ہی بھک منگا مل جائے۔

اندھا بھکاری: تم نے تو میری بات نہیں مانی۔ وہ بنیا پانسو روپئے دیتا تھا، اسی کے پلے باندھ دیتے۔ منی کی زندگی بھی سدھر جاتی اور ہم بھی۔

بھکارن: تم کیا کرتے ان پانسو روپئے سے۔

اندھا بھکاری: ان پانسو روپئے سے میں پھر ایک قطعہ زمین خرید لیتا۔ گائیں رکھتا، بھیڑ بکریاں۔ میرا ایک چھوٹا سا خوبصورت گھر ہوتا۔ کچی مٹی کا بنا ہوا۔ کھڑیا مٹی سے تپا ہوا۔ منی کی اماں، تجھے کیا معلوم ہے کہ بھکاریوں کی ٹولی میں داخل ہونے سے پہلے میں ایک کسان تھا۔ بھکارن: مجھے معلوم ہے تم ایسی باتیں مجھے کئی بار سنا چکے ہو۔

اندھا بھکاری: تم ایک بوڑھے اندھے کی باتوں پر کب اعتبار کرو گی! لیکن منی کی اماں میں نے بھی اچھے دن دیکھے ہیں۔ جہاں میں رہتا تھا وہاں چاروں طرف خوبصورت کھیت تھے، کھیتوں سے پرے پہاڑ۔ ایک اجلی اجلی ندی دھان کے کھیتوں میں میٹھے میٹھے گیت گاتی ہوئی بہتی تھی، اس ندی کے ساتھ چلتے چلتے میں اپنی بھیڑ بکریوں کے ریوڑ کو رکھ میں جایا کرتا تھا جہاں لمبی لمبی دوب تھی اور بنفشے کے پھول اور کھٹے اناروں کے جنگل اور۔۔۔

بھکارن: اور پھر تمہارا باپ مر گیا اور تمہارے باپ کو گاؤں کے بنیے کا بہت سارو پیہ قرضہ دینا تھا اور بنیے نے تمہاری زمین قرق کرا لی اور تم ہوتے ہوتے بھک منگے بن گئے اور پھر تم ہماری ٹولی میں آملے۔ میں یہ سب باتیں اچھی طرح جانتی ہوں کہ تم ہمیشہ سے ایک بھک منگے تھے ہمیشہ رہو گے اور ایک بھک منگے کی موت ہی مرو گے۔ صرف یہ بات سچ ہے باقی سب جھوٹ ہے۔ نہ تمہارا باپ کسان تھا نہ میری ماں امیر زادی تھی۔ مجھے تو یہ بھی معلوم نہیں میری ماں کون تھی ایک کھتری سی چڑیل کی یاد ہے جو میرے سارے پیسے جو میں بازار میں لوگوں کے پیچھے بھاگ بھاگ اکٹھے کیا کرتی تھی چھین لیا کرتی تھی اور اکثر راتوں کو بھی بھوکا رکھا کرتی تھی تاکہ میں کہیں موٹی نہ ہو جاؤں۔

(دو مسافر داخل ہوتے ہیں۔)

بھکارن: کون ہے؟

اندھا بھکاری: کون ہے؟

شاعر اور جانی لنگڑا: مسافر ہیں، بابا، ذرا آگ تاپ لیں۔

اندھا بھکاری: مسافر ہو تو سرائے میں جاؤ۔ ہم فقیروں کے پاس کیا کام ہے۔

جانی لنگڑا: سرائے میں جانے کی توفیق ہوتی تو ہم تم سے بات ہی کیوں کرتے۔

اندھا بھکاری: تم کون ہو؟

جانی لنگڑا: میرا نام جانی لنگڑا۔ پہلے میں تور پور میں بھیک مانگتا تھا، پر وہاں پولیس والوں نے تنگ کر رکھا ہے۔ بے چارے بھکاریوں کی ہر روز پیشی، ہر روز بلاوا، میری ٹانگ لنگڑی تھی۔ کچھ اس پر پرانے دو چار گلے سڑے ناسور بھی ہیں۔ مزے سے بیٹھے بٹھائے روٹی مل جاتی تھی۔ لیکن برا ہو ان پولیس والوں کا۔

اندھا بھکاری: اور تمہارے ساتھ یہ دوسرا ساتھی کون ہے؟

جانی لنگڑا: یہ اسی سے پوچھو۔

شاعر: میں۔ میں شاعر ہوں۔

اندھا بھکاری: شاعر کیا ہوتا ہے۔ بھئی بڑے بڑے بھک منگے دیکھے، قسم قسم کے بھکاری لیکن یہ قسم آج ہی سننے میں آئی۔

جانی لنگڑا: ارے بابا یہ شاعر کبت بناتا ہے کبت، اور گاؤں گاؤں سنا کر اپنا پیٹ پالتا ہے۔

اندھا بھکاری: آں ہاں، تو بھاٹ کہونا۔۔۔ کہ میں بھاٹ ہوں۔ شاعر! عجب نام ڈھونڈا ہے اس نے بھی۔

جانی لنگڑا: یہ راستے میں مجھے مل گیا تھا میں نے کہا سفر میں دو ہوں تو راستہ آسانی سے کٹ

جاتا ہے۔اسی لئے اسے ساتھ لیتا آیا۔ بابا تم تو یہاں بڑے مزے میں ہو۔ یہ بڑھیا کون ہے؟

اندھا بھکاری: یہ میری بیوی ہے۔(قدموں کی آواز) اور یہ میری منی آرہی ہے۔ میری لڑکی۔ منی۔ یہ جانی لنگڑا ہے۔ یہ شاعر کبت بناتا ہے۔ بی بی نے کھڑ کی کھولی؟

منی: ہاں۔

اندھا بھکاری: تو جلدی سے کھانا دے مجھے۔

منی: لیکن بی بی کہتی ہے کہ ابھی کھانے کے بعد ملے گا۔ آج سرائے میں مسافروں کی بہت بھیڑ ہے۔

اندھا بھکاری: تو کچھ تھوڑا ساہی اس نے دے دیا ہوتا۔ میں بھوک سے مرا جارہا ہوں۔

شاعر: یہ ایک مکی کا بھٹا ہے۔ بھائی اسے بھون کر کھا لو۔

اندھا بھکاری: کدھر ہے، کدھر ہے۔ کہاں ہے۔ منی بیٹا۔ ذرا اسے آگ پر بھون ڈال۔ اف کتنی سردی ہو رہی ہے، آج اس گرم گدڑی میں بھی جان نکلی جارہی ہے...۔ کون ہے؟ کسی امیر آدمی کی گاڑی آ کر رکی ہے۔ منی جا ذرا بھاگ کر۔

جانی لنگڑا: میں بھی چلتا ہوں تمہارے ساتھ۔ شاید ایک دو چھدام مجھے بھی مل جائیں۔ منی ذرا مجھے سہارا دینا۔ آہ!

(سرائے کے دروازے پر ایک گھوڑا گاڑی آ کر رکتی ہے۔)

پہلا شکاری: اف، آج تو تھک کر چور ہو گئے۔

پہلے شکاری کی بیوی: یہ تو کوئی بڑی ذلیل سی سرائے معلوم ہوتی ہے۔ ذرا مجھے سہارا دینا۔ تھینک یو۔

دوسرے شکاری کی بیوی: اور بھئی ہمیں تو بہت بھوک لگی ہے۔ جان نکلی جا رہی ہے اور پھر

یہ بلا کی سردی، شکر کریں گے جب کل گھر پہنچیں گے۔

دوسرا شکاری: شکار پر مردوں کے ساتھ آنا بھی کوئی ہنسی کھیل نہیں۔

دوسرے شکاری کی بیوی: شکار پر مردوں کے ساتھ آنا بھی کوئی ہنسی کھیل نہیں۔ دیکھ لی آج ہم نے تمہاری دلیری۔

منی: صاحب ایک پیسہ میم صاحب کی جوڑی بنی رہے۔ ایک پیسہ مل جائے۔

جانی لنگڑا: غریب محتاج لنگڑے پر ترس کر جاؤ رے بابا۔

تیسرا شکاری: اوڈیم۔ یہ کم بخت ہر جگہ موجود ہیں۔ اب کسے خیال تھا کہ اس سرائے میں بھی یہ مخلوق مغز چاٹنے کے لیے موجود ہو گی۔

منی: میم صاحبوں کی جوڑی سلامت، صاحب کا اقبال بلند ہو، میم صاحب جی آپ کے گھر ایک خوبصورت پیارا بچہ۔۔۔

پہلے اور دوسرے شکاریوں کی بیویاں: ہش ہش چلو جلدی اندر چلیں ورنہ یہ بھک منگے تو ہماری جان کھا جائیں گے۔

(سرائے کے اندر داخل ہوتی ہیں۔)

پہلا شکاری: ہاں آپ چلیئے، ہم ذرا سامان اتروالیں۔۔۔ بھئی وھسکی کدھر ہے؟

تیسرا شکاری: کیریر میں۔ فکر نہ کرو، اسے میں کیسے بھول سکتا ہوں!

منی: کچھ مل جائے حضور۔

دوسرا شکاری: بیرہ۔ انھیں کچھ دینا۔

(بیرہ منی کو ایک دونی دیتا ہے۔)

سرائے کا مالک: آیئے۔ آیئے۔ حضور۔ اندر تشریف لایئے۔

پہلا شکاری: اوہ۔ تم اس سرائے کا مالک ہے۔

جانی لنگڑا: حضور کا اقبال بلند ہو، اس غریب محتاج لنگڑے کو بھی کچھ مل جائے۔

پہلا شکاری: اوہ بیرہ۔ جلدی سے بلڈی بیگر کو کچھ دے کر ٹالو۔۔۔ اور تم اس سرائے کا مالک ہے اور دروازے پر بھک منگوں کو بٹھائے رکھتا ہے۔

دوسرا شکاری: مسافروں کو دونوں طرح سے لوٹتا ہے اندر بھی باہر بھی۔

سرائے کا مالک: حضور اندر تشریف لایئے۔ سرائے کے باہر کی زمین کا میں مالک نہیں ہوں۔ اندر تشریف لایئے حضور۔

منی: صاحب جی، آپ بھی۔

تیسرا شکاری: یہ بھکارن لڑکی تو مجھے خاصی اچھی معلوم ہوتی ہے تمہارا کیا خیال ہے اس بارے میں۔۔۔

دوسرا شکاری: ہش۔ بڑے بے ہودہ ہو تم۔ بیرا سب سامان ٹھیک ہے؟

بیرا: جی حضور۔

پہلا شکاری: چلو بھئی اندر چلیں۔ یہاں کھڑے کھڑے تو لہو بھی جم جائے گا۔

سرائے کا مالک: اندر تشریف لے چلئے حضور۔

منی: صاحب جی آپ بھی ایک دونی۔

(صاحب لوگ دروازے کے اندر چلے جاتے ہیں۔)

بیرا: بھاگو بھاگو یہاں سے کس وقت سے کھڑی چلا رہی ہے مشٹنڈی کہیں کی۔

دوسرا سین

اندھا بھکاری: کچھ ملا؟

جانی لنگڑا: ایک اکنی۔

منی: اور ایک دونی مجھے بھی۔

جانی لنگڑا: جوان عورتوں کو لوگ یوں بھی زیادہ خیرات دے دیتے ہیں اور تمہاری لڑکی تو۔۔۔

اندھا بھکاری: ہاں، ایک بنیا اس کے پانسو روپئے دیتا تھا لیکن منی کی ماں نے۔

جانی لنگڑا: منی کی اماں نے عقل مندی سے کام لیا۔ اگر تم بھی عقل مندی سے کام لو تو یہ لڑکی تمہاری عمر کے لیے روٹیاں مہیا کر سکتی ہے۔ شاعر میاں، تمہارا کیا خیال ہے۔

(وقفہ)

جانی لنگڑا: شاعر بھائی۔

شاعر: ایں، کیا کہا۔ معاف کرنا میں نے سنا نہیں۔

جانی لنگڑا: ہی ہی اچھا ہوا تم نے نہیں سنا۔ اب یہ بتاؤ تم کیا کوئی نیا کبت بنا رہے تھے۔

شاعر: ہاں ایک نیا کبت ہی تھا۔

جانی لنگڑا: ذرا سناؤ اور اس سارنگی کو کاندھے پر سے اتارو۔

گانا

میں ہوں ایک بھکاری میرا جیون ہے کشکول
پھیلی پھیلی دھرتی پر پھرتا ہوں میں آوارہ
نہ میں کسی کا پریمی ہوں نہ کوئی میرا پیار
دیکھتا ہوں جب زخمی آہیں یا نینوں کی دھارا
سونے گانے گاتا ہے من ہو کر ڈانوا ڈول
میں ہوں ایک بھکاری میرا جیون ہے کشکول
میری طرح یہ گیت ہیں میرے ننگے بھوک کے مارے

میری طرح یہ گیت ہیں میرے آوارہ بے چارے
دن کو پھرتے ہیں یہ در در، رات کو گنتے تارے
دنیا والے ان کی خاطر پیٹ کا مندر کھول
میں ہوں ایک بھکاری میرا جیون ہے کشکول
(وشوامتر عادل)

شاعر: تم کیوں رو رہے ہو بابا۔

اندھا بھکاری: مجھے اپنے سکھ کے دن یاد آ گئے۔ وہ دھان کے پیارے کھیت، وہ بہتی ہوئی ندی کا نرمل شفاف پانی، وہ رکھ جہاں اپنا ریوڑ چرایا کرتا تھا، میری ماں جو مجھے لوریاں دیا کرتی تھی، میرا باپ جو مجھے کاندھے پر بٹھا کر قصبہ کے بازار میں سیر کرانے کے لیے لایا کرتا تھا۔

بھکارن: جھوٹ ہے۔ یہ بالکل جھوٹ ہے۔ میں اس قصبے کے بازار میں اسے بھیک مانگتے ہوئے دیکھا ہے۔ کسان کا بیٹا۔ اونھ، رہنا سرائے کے باہر اور خواب دیکھے محلوں کے۔

شاعر: ہاں ہاں تم سچ کہتی ہو۔ ہم سرائے کے باہر رہنے والی مخلوق ہیں۔ کتے اور بھکاری جو مسافروں کا بچا کھچا کھانا کھا کر اپنا پیٹ بھرتے ہیں اور اکثر اوقات تو پیٹ بھی نہیں بھر سکتے ہمیں ایسے سنہرے خواب نہیں دیکھنے چاہئیں۔ کبھی نہیں دیکھنے چاہئیں۔

جانی لنگڑا: میاں ان باتوں کے سوچنے سے کیا ہوتا ہے۔ اپنے نے تو بس یہ سمجھ رکھا ہے کہ جیو بھکاری اور مرو بھکاری۔ ایمان کی بات ہے کہ یہ پیشہ کوئی برا نہیں۔ بیٹھے بٹھائے روٹی مل جاتی ہے لوگ دو چار گالیاں ہی دے دیتے ہیں نا۔ لیکن سچ پوچھو تو گالیاں کس پیشے میں نہیں۔ ہم نے بڑے بڑے لوگوں کو دیکھا ہے کہ گالیاں کھاتے ہیں اور چوں نہیں کرتے۔۔۔ یار، اپنے نے تو بس یہی پیشہ پسند کیا ہے۔

(وقفہ)

منی: شاعر، کیا تمہارے گیت سبھی ایسے ہوتے ہیں۔

شاعر: کیا مطلب ہے تمہارا منی۔

منی: تمہارا گیت بڑا برا تھا اس نے بابا کو رلا دیا اور مجھے بھی۔

شاعر: تم بھی۔

منی: ہاں، میری آنکھوں میں بھی آنسو آ گئے۔

شاعر: منی میرے پاس آنسوؤں کا ایک خزانہ ہے۔ اسے میں نے دھرتی کے مختلف کونوں سے چن چن کر اکٹھا کیا ہے۔ ان آنسوؤں کے اندر جھانک کر دیکھا ہے۔ ان میں میلوں تک سرخ سرخ انگاروں کے میدان ہیں اور لاکھوں شعلے اپنی خوفناک زبانیں پھیلائے ہوئے آسمان کی طرف بڑھ رہے ہیں۔ ان میں زخمیوں کی چیخ پکار ہے اور کم سن بچوں اور بیوہ عورتوں کے شیون، ان آنسوؤں کے افق پر ہمیشہ کالی گھٹا چھائی رہتی ہے جس میں کبھی کبھی ایک ایسی خوفناک بجلی کا کوندہ لہراتا ہے کہ بڑے بڑے جیالوں کے دل دہل جاتے ہیں۔

منی: ہائے۔ تم نے تو مجھے ڈرا دیا ہے۔

شاعر: لیکن ان آنسوؤں کے پیچھے کبھی کبھی سات رنگوں والی دھنک کا نرم و نازک جھولا بھی نظر آ جایا کرتا ہے۔ بس ایک لمحے کے لیے، پھر وہ اسی کالی گھٹا میں غائب ہو جاتا ہے اور لاکھوں کی سرخ پتلی زبانیں آسمان سے باتیں کرنے لگتی ہیں۔

منی: میں آج تک کبھی کسی جھولے پر نہیں بیٹھی۔ شاعر۔ کیا میں اس سات رنگوں والی دھنک پر بیٹھ سکتی ہوں۔ بس صرف ایک لمحے کے لیے۔

شاعر: تم بڑی بھولی ہو منی۔ ابھی تک کسی انسان نے اس دھنک کو نہیں چھوا ہے۔ چھونا تو

کیا بہت سوں نے تو اسے دیکھا بھی نہیں ہے۔ میں نے بھی تو کبھی کبھی اسے دیکھا ہے۔ یہ دھنک ہر ایک آدمی کے آنسوؤں میں نہیں جھلملاتی۔ ہاں جب میں گیت گاتا ہوں اور جب میرے گیت سن کر کسی معصوم بچے کی آنکھوں میں آنسو مچلنے لگتے ہیں اس وقت میں اس دھنک کو ایک لمحہ کے لیے دیکھ لیتا ہوں۔ اگر وہ دھنک ہر ایک آنسو میں دکھائی دے تو یہ آگ کے جہنمی شعلے ہمیشہ کے لیے بجھ جائیں۔

منی: تو پھر کیا ہو شاعر، تم بڑے ہی عجیب آدمی ہو۔

شاعر: پھر کیا ہو گا منی۔ پھر وہ ہو گا جو تمہاری آنکھوں نے کبھی نہیں دیکھا۔ جس کھڑکی کے کھلنے کی تمنا تم ہر دم کرتی رہتی ہو، وہ کھڑکی ہمیشہ کے لیے کھل جائے گی۔

منی: تو کیا تم اس واسطے دھرتی کے مختلف کونوں سے آنسو جمع کرتے رہتے ہو۔

شاعر: ہاں۔

منی: ابا ابا۔ یہ مسافر کہتا ہے کہ دھرتی کے مختلف کونوں سے آنسو جمع کرتا رہتا ہوں تاکہ ہماری یہ سرائے والی کھڑکی ہمیشہ کے لیے کھلی رہے۔

(شاعر کے علاوہ باقی سب خوب ہنستے ہیں۔)

جانی لنگڑا: یہ گیت بنانے والے سبھی پاگل ہوتے ہیں۔

(ہوا کا تیز جھونکا اور جنگل میں گیدڑوں کے بولنے کی آواز)

اف، یہ ہوا کتنی سرد اور برفیلی ہے بے چارے انسانوں پر تو آفت ہے ہی یہ جنگل میں گیدڑوں تک سردی میں ٹھٹھرتے ہوئے چلا رہے ہیں۔

اندھا بھکاری: کیا تم نے وہ کہانی نہیں سنی؟ ایک تھا راجہ، اس نے جب سردی کے دنوں میں گیدڑوں کو یوں چلاتے ہوئے سنا تو اپنے وزیر سے پوچھا کہ کیا ماجرا ہے۔ وزیر نے بتایا کہ مہاراج ان گیدڑوں کو سردی لگتی ہے۔ مہاراج نے حکم دیا کہ اسی وقت ان گیدڑوں

میں کمبل اور لحاف مفت تقسیم کئے جائیں۔

(شاعر ہنستا ہے۔)

اندھا بھکاری: (خفا ہو کر) کیوں ہنستے ہو شاعر؟

شاعر: میں پوچھتا ہوں کیا اس راجہ کے شہر میں کوئی بھکاری نہ تھا؟

(ہنستا ہے۔)

اندھا بھکاری: بھکاری کیوں نہ ہوں گے۔ یہ شاعر کیسی باتیں کرتا ہے۔ بھلا جہاں راجہ ہو گا وہاں بھکاری بھی ہوں گے۔ لیکن اس بات کا میری کہانی سے کیا تعلق؟ میں کہانی سنا رہا ہوں اور بیچ میں ٹوک دیتا ہے۔ خواہ مخواہ یہ کیسا آدمی ہے، تمہارا دوست جانی؟

جانی لنگڑا: معاف کرو بھئی، اسے تم جانتے ہی ہو یہ کبت بنانے والے اسی طرح بے سر و پا باتیں کیا کرتے ہیں۔

بھکارن: گیدڑوں والی کہانی سے مجھے بھی ایک بات یاد آ گئی۔ ایک دفعہ میں سڑک پر بیٹھی بھیک مانگ رہی تھی، اور کہہ رہی تھی "کوئی روٹی، کوئی پیسہ بھکارن بھوکی ہے۔" اتنے میں میرے قریب سے ایک خوبصورت عورت گزری۔ اس کے ساتھ ایک نہایت پیاری ننھی لڑکی تھی۔ میں نے انھیں دیکھ کر اور بھی مسکین آواز میں کہا: "کوئی روٹی، کوئی پیسہ، بھکارن بھوکی ہے۔" اس پر وہ ٹھٹھک کر کھڑی ہو گئی اور اس نے اپنے بٹوے سے ایک پیسہ نکال کر میری ہتھیلی پر رکھا ننھی بول اٹھی۔ کہنے لگی: "ماں، یہ بھوکی ہے۔" ماں نے کہا: "ہاں بیٹا یہ بھکارن ہے، غریب ہے۔ بھوکی ہے۔" ننھی لڑکی بولی: "ماں یہ بھوکی ہے تو بسکٹ کیوں نہیں کھاتی" بسکٹ؟! سنا تم نے منی کے ابا۔ بسکٹ (کھوکھلے انداز میں ہنستی ہے) اس کی ماں نے اسے ایک زور کا طمانچہ لگایا اور پھر اپنی روتی ہوئی لڑکی کو لے کر آگے نکل گئی۔

(کھو کھلے انداز میں ہنستی ہے۔)

اندھا بھکاری: ابھی میری کہانی تو پوری ہوئی نہیں کہ تم لوگوں نے بیچ میں سے۔۔۔

بی بی: (دور سے آواز دیتی ہے) منی منی منی بٹیا۔

اندھا بھکاری: کھڑکی کھل گئی ہے۔ منی کھڑکی کھل گئی ہے۔ بی بی تجھے بلا رہی ہے، بھاگ کر جا۔

بی بی: منی منی۔

جانی لنگڑا: بی بی کھڑکی پر نہیں ہے، وہ تو سرائے کے دروازے پر کھڑی ہوئی آوازیں لگا رہی ہے۔

بھکارن: منی، جا بھاگ کر!

منی: آئی بی بی جی۔ (دوڑتی ہوئی جاتی ہے) بی بی، اب کھانا دو گی؟

بی بی: ہاں ہاں چڑیل تجھے کھانا بھی دوں گی اور بہت سی اچھی چیزیں بھی دوں گی، چل، سرائے کے اندر چل، سرائے کے مالک تجھے بلا رہے ہیں۔

منی: اہاہا (تالی بجا کر) کہاں ہیں سرائے کے مالک!

(سرائے کا دروازہ بند ہو جاتا ہے۔)

بھکارن: منی سرائے کے اندر چلی گئی۔

جانی لنگڑا: بی بی منی کو لے کر سرائے کے اندر چلی گئی۔ سرائے کا دروازہ بند ہو گیا۔

اندھا بھکاری: سرائے کے اندر چلی گئی؟ کیا کہہ رہے ہو جانی؟ میری منی تو آج تک سرائے کے اندر نہ گئی تھی۔۔۔ منی کیسے سرائے کے اندر چلی گئی سرائے کے اندر۔۔۔ منی منی منی۔

شاعر: آخر ایک نہ ایک دن اسے سرائے کا اندر جانا ہی تھا۔

اندھا بھکاری: نہیں میری بیٹی۔۔۔

شاعر: اور آج سرائے کی دہلیز نے اس کی زندگی کے دو ٹکڑے کر دیئے، سرائے کے اندر اور سرائے کے باہر اور اب منی کی لاج اسی سرائے کی دہلیز پر آوارہ ہو کر بھٹکا کرے گی۔ ذرا آگ تیز کر دو جانی، میرے گیت اس برفیلی رات میں سردی سے ٹھٹھرے جا رہے ہیں۔ وہ ان آوارہ گیدڑوں کی طرح ہیں جنھیں سردیوں میں کوئی کمبل نہیں دیتا۔ وہ ان اندھے بھکاریوں کی طرح ہیں جن کی بوسیدہ اور پرانی گدڑی میں ہوا برف کے گالے بن کر چبھتی ہے۔ میرے گیت بھوکے ننگے اور پیاسے ہیں انھیں کوئی بسکٹ نہیں دیتا۔ میرے گیت کائنات کے گلے سڑے ناسور ہیں، ان رستے زخموں پر آج تک کسی نے پھاہا نہیں رکھا۔

(سارنگی بجانے لگتا ہے۔)

جانی لنگڑا: ہی ہی ہی۔ دماغ چل گیا ہے سردی سے بے چارے کا۔

شاعر: (گاتا ہے۔)

میری طرح یہ گیت ہیں میرے ننگے بھوک کے مارے
میری طرح یہ گیت ہیں میرے آوارہ بے چارے
دن کو پھرتے ہیں یہ در در، رات کو گنتے تارے
دنیا والے ان کی خاطر پیٹ کا مندر کھول
میں ہوں ایک بھکاری میرا جیون ہے کشکول
ان کی خاطر پیٹ کا مندر کھول اور دنیا والے
اس میں پھر اک سندر سی آشا کی جوت جگا لے
تن کی دولت کو ٹھکرا دے، من کی دولت پا لے

من کی دولت ڈھونڈنے والے سن لے میرے بول
میں ہوں ایک بھکاری میرا جیون ہے کشکول
(اندھا بھکاری اپنی گدڑی سمیٹنے لگتا ہے۔)

بھکارن: کہاں جارہے ہو منی کے ابا۔

اندھا بھکاری: میں اپنی منی کو واپس بلانے جارہا ہوں۔ میں سرائے کا دروازہ کھٹکھٹاؤں گا، شور وغل مچاؤں گا، چیخوں گا، چلاؤں گا۔ گالیاں دوں گا، سمجھا کیا ہے انھوں نے میں بھی کبھی کسان تھا، میرا بھی گھر تھا، بیلوں کی جوڑی تھی، خوبصورت کھیت تھا۔۔۔ میری منی۔

جانی لنگڑا: چلو چلو۔ میں تمہارے ساتھ چلتا ہوں۔ آؤ شاعر میاں۔

(آہستہ آہستہ جاتے جاتے ہیں۔)

جانی لنگڑا: دروازہ کھٹکھٹاؤ۔ (کھٹ کھٹ)

کوئی نہیں بولتا۔ (کھٹ کھٹ)

سرائے میں خاموشی۔ (کھٹ کھٹ)

شاعر: (طنز سے) منی بھی سورہی ہوگی؟

اندھا بھکاری: (چیخ کر) دروازہ کھول دو۔ دروازہ کھول دو۔ سرائے کے بدمعاش کتو، دروازہ کھول دو۔ میری بچی کو میرے حوالے کردو، میری بیٹی کو میرے حوالے کردو۔ میں منی کا باپ ہوں، دروازہ کھول دو۔ دروازہ کھول دو (کھٹ کھٹ) آہ، ظالمو، شیطان کے جہنمی بیٹو، میری معصوم بچی کو مجھے واپس دے دو، اس نے تمہارا کیا بگاڑا ہے۔ تم نے مجھ سے میرا گھر چھینا، میرے سنہرے کھیت چھینے، میرے خوبصورت بیلوں کی جوڑی۔ میری آنکھیں بھی تم نے مجھ سے چھین لیں۔ اب میں اندھا ہوں۔۔۔ تمہارے دروازے کا بھکاری، آہ یہ دروازہ کھول دو (کھٹ کھٹ) کھول دو ظالمو، ایک اندھے بھکاری پر رحم کرو، اس کے

بڑھاپے کا سہارا، اس کی اندھی زندگی کی جوت اسے واپس دے دو۔ ہاں مجھے میری منی واپس کر دو۔ میں اب تم سے کبھی کچھ نہیں مانگوں گا، چپ چاپ یہاں سے چلا جاؤں گا اور جنگل کے گیدڑوں میں جاکر بسیرا کرلوں گا، چپ چاپ چلا جاؤں گا۔ چپ چاپ۔

(ہلکے ہلکے کھٹ کھٹ کرتا ہے۔)

(سسکیاں لیتا ہے۔)

شاعر: (دکھ بھرے لہجے میں) میں جانتا ہوں، یہ سرائے کبھی نہ بولے گی، سرائے کا ہر سانس جامد ہوتا ہے، اس کا سینہ پتھر کا ہوتا ہے، پتھر جو ہر روز تمہارے ننگے پاؤں سے ٹکراتے ہیں اور ان میں زخم پیدا کر دیتے ہیں، یہ پتھر جن سے سرائے کی دیواریں بنی ہیں، صرف دیواریں ہی نہیں، ان کا سینہ بھی پتھر ہی کا ہے، اس سینے میں دھڑکن پیدا نہیں ہوتی اور جہاں دھڑکن پیدا نہ ہو وہاں آواز بھی نہیں ہوتی، اسی لیے تو سرائے خاموش ہے لیکن گھبراؤ نہیں، اس بے آواز سرائے میں جس طاقت نے منی کو نگل لیا ہے وہ وقت آنے پر خود بخود اسے اگل کر باہر پھینک دے گی، آؤ الاؤ پر چلیں۔ بڑھیا بے چاری اکیلی رو رہی ہو گی۔

(آہستہ آہستہ الاؤ کی طرف مڑ جاتے ہیں۔)

تیسرا سین

(قصبہ کا کلاک ایک بجاتا ہے۔ اندھیرا چاروں طرف گھرا ہے۔)

شاعر: ایک!

(وقفہ)

(قصبے کا کلاک دو بجاتا ہے۔)

شاعر: دو!!

(وقفہ)

(کلاک تین بجاتا ہے۔)

شاعر: تین!!!

(خراٹوں کی مدھم آوازیں)

شاعر: سو گئے، سب سو گئے، اندھا، لنگڑا، بھکارن سب سو گئے۔ الاؤ کے تپتے ہوئے سرخ شعلے بھی جاگ جاگ کر سو گئے۔ اب کالی برفیلی رات ہے اور ہواؤں کے تیز فراٹے۔ لیکن یہ تیز فراٹے سرائے کے منجمد سینے کو نہیں چیر سکتے۔ جس طوفان کا تو منتظر ہے وہ یہاں کبھی نہیں آئے گا۔ اس لنگڑے کو اپنے ناسوروں سے محبت ہے، اس بھکاری کو اپنی بھوک سے اور تو۔۔۔ تو اس بے مصرف سارنگی کے بوجھ کو کاندھے پر اٹھائے اس بجھتے الاؤ کے کنارے کیوں بیٹھا ہے۔ اٹھ چل۔ پگڈنڈی کی پرانی راہ تجھے بلا رہی ہے۔ تو راہی ہے، عاشق نہیں۔ تو مسافر ہے، محبت کرنے والا نہیں۔

(قدموں کی آہٹ)

شاعر: کون ہے؟

منی: میں ہوں من۔۔۔نی۔۔۔ من نی۔۔۔ منی سرائے کی ملکہ ہے۔ اس نے کہا۔

شاعر: کس نے کہا تھا۔ یہ تیرے قدم کیوں لڑکھڑا رہے ہیں۔ یہ تیرے۔۔۔ منھ سے کیسی بو آ رہی ہے۔

منی: بو آ رہی ہے۔۔۔ ہی ہی۔۔۔ بو کہ خوشبو، تم شاعر ہو کر بھی بو اور خوشبو میں تمیز نہیں کر سکتے۔ اہاہاہا!

جانی لنگڑا: (جاگ کر) کون؟

اندھا بھکاری: یہ منی کی آواز تھی۔

بھکارن: منی، میری بٹیا، تو اتنے عرصے کہاں رہی؟

منی: س۔۔۔ س۔۔۔ سرائے کے اندر اور اب سرائے کے باہر ہوں۔ آج میں بہت خوش ہوں۔ آج میں نے انگوروں کا رس پیا ہے۔ ریشم کے کپڑے پہنے ہیں، لذیذ اور میٹھے کھانے کھائے ہیں، تمہارے لیے بھی لائی ہوں لو۔۔۔ لو اس رومال میں سب کچھ بندھا ہے اور یہ۔۔۔ یہ۔۔۔ یہ بھی لے لو۔

بھکارن: یہ کیا؟

جانی لنگڑا: نوٹ۔ دس۔ بیس۔ تیس۔ چالیس۔ واہ میرے یار، یہ لونڈیا تو بڑی ہوشیار ہے۔

بھکارن: چالیس؟ وہ بنیا تو پانسو دیتا تھا۔

اندھا بھکاری: (چلاکر) منی منی۔۔۔ ذرا میرے قریب آ میری بیٹی۔

منی: کیا بات ہے ابا۔

اندھا بھکاری: اور قریب آ۔ میرے قریب آجا میری بیٹی!

(اندھا منی کا گلا دبانے کی کوشش کرتا ہے۔ منی چیختی ہے۔ شاعر اور جانی ان دونوں کو الگ الگ کر دیتے ہیں۔)

منی: کیا بات ہے ابا؟!۔۔۔ کیا بات ہے؟!!۔۔۔ تم تو مجھے (لمبی لمبی سانسیں لے کر) جان ہی سے مارے ڈالتے تھے۔ میں نے کیا کوئی بری بات کی ہے۔ میں تمہارے لیے کھانا لائی ہوں، اپنے لیے یہ خوبصورت کپڑے، دیکھو شاعر یہ میرے بدن پر کیسے سجتے ہیں، اچھے ہیں نا؟! وہ بہت ہی اچھا آدمی ہے، وہ مجھ سے بہت محبت کرتا ہے، کہتا تھا جب میں نے سرائے کے باہر دوانی دی تھی اسی لمحے سے میں تم سے محبت کرنے لگا تھا، اس کی باتیں بہت ہی رسیلی تھیں۔ اس نے مجھے پیار کیا شاعر۔ وہ کہتا ہے۔۔۔ میں تم سے شادی کر لوں

گا۔ وہ کل اپنے گھر جائے گا پھر وہاں سے سرائے کے مالک کو خط لکھے گا اور پھر میرے لیے ایک خوبصورت چار گھوڑوں والی گاڑی آئے گی اور میں اس میں بیٹھ کر اپنے خاوند کے گھر جاؤں گی۔ اماں تمھیں یاد ہے نا ایک بار ایک بھکاری نے میرا ہاتھ دیکھ کر کہا تھا کہ یہ لڑکی بڑی ہو کر شہزادی بنے گی۔ بھکارن سے شہزادی۔ اماں وہ بہت ہی امیر ہے میلوں تک اس کے کھیت پھیلے پڑے ہیں۔ اس کے پاس بیلوں کی جوڑیاں ان گنت ہیں، اس کا گھر سرخ اینٹوں کا بنا ہوا ہے اور اس کے چاروں طرف ایک وسیع باغ ہے۔ ماں وہ بڑا ہی اچھا آدمی ہے۔ میں نے اس سے کہا کہ میں اپنے ابا اور اماں کو بھی ساتھ لے چلوں گی۔ وہ کہنے لگا یہ تو بہت ہی اچھی بات ہے میں ان دونوں کے لیے ایک الگ مکان بنوا دوں گا اور تمہارے ابا کے لیے کھیت اور بیلوں کی جوڑی بھی خرید دوں گا۔ تم میرے ساتھ چلو گے نا ابا؟ اماں تم بھی؟ اب ہم بھکاری نہیں رہیں گے، دربدر بھیک نہیں مانگیں گے۔ بی بی کی گالیاں نہیں سنیں گے۔ سرائے کے باہر سردی میں ٹھٹھرتے ہوئے الاؤ کی مدھم آگ نہیں تاپیں گے۔ ہاں جانی کو بھی ساتھ لیتے چلیں گے۔ میں اس سے کہہ دوں گی وہ بڑا اچھا آدمی ہے۔ شاعر تم بھی ہمارے ساتھ چلنا۔ تمہارے میٹھے گیت سن کر اس کی آنکھوں میں آنسو آجائیں گے۔ کیوں ٹھیک ہے نا ابا، (وقفہ) اماں (وقفہ) جانی (وقفہ) تم سب چپ کیوں ہو۔ شاعر کیا بات ہے۔ تم بھی نہیں بولتے۔۔۔ (مدھم آواز میں سسکیاں لیتے ہوئے) تم بھی نہیں بولتے!

(سسکیاں لیتی ہے۔)

شاعر: رومت منی۔ آج تم واقعی اس کالی رات اندھیاری رات کی شہزادی ہو۔ اس سرائے کی ملکہ ہو۔ تمہارا لباس ریشم کا ہے، تمہارے بالوں میں گلاب کے پھول ٹکے ہوئے ہیں، تمہارے لبوں پر تمہارے محبوب کے بوسے چمک رہے ہیں۔ آج کی رات تم

نے سات رنگوں والی قوس قزح دیکھی ہے۔ آج کی رات وہ تمہارا خاوند ہے، آج کی رات وہ تمہیں اپنی چار گھوڑوں والی گاڑی میں بٹھا کر اپنی بیاہتا بنا کر اپنے گھر لے گیا ہے، آج کی رات اس نے تمہیں اپنے سونے اور جواہرات کے بنے ہوئے محلوں کی سیر کرائی ہے، تمہاری کمر میں ہاتھ ڈالے اپنے وسیع باغات میں پھرایا ہے، رومت منی ان خوشی کے آنسوؤں کو سنبھال کر رکھ۔ ان آنسوؤں کو تو دوبارہ حاصل نہ کر سکے گی۔ آج کی رات تو نے کیا کھویا اور کیا پایا۔ یہ شاید تو اس وقت نہیں جان سکتی۔ کل صبح جب وہ مسافر اپنی چار گھوڑوں والی گاڑی میں سوار ہو کر اپنے سونے کے محل میں واپس چلا جائے گا۔ اس وقت تجھے معلوم ہو گا کہ تو ظالم سرائے کی پتھریلی دہلیز سے بیاہی گئی ہے جس کے آستانے کی جبہ سائی کرتے کرتے تیرا باپ اندھا ہو چکا ہے، رومت منی۔ رومت منی، رونے کے لیے ساری عمر پڑی ہے۔ کل تجھے معلوم ہو گا کہ وہ قوس قزح غائب ہو چکی ہے۔ وہ سونے کا محل راکھ کا ڈھیر ہو گیا ہے۔ وہ وسیع باغات اور کھیت بنجر اور ویران ہو گئے ہیں۔ ان میں تپتی ہوئی ریت کے بگولے اٹھتے ہیں اور غول بیابانی چیخیں مارتے ہیں اور تو اپنے چیتھڑوں میں لپٹی ہوئی ہاتھ پھیلائے بھیک مانگتی پھرتی ہے: ”کوئی روٹی، کوئی پیسہ، بھکارن ہوں۔۔۔ “

منی: نہیں نہیں شاعر، یہ کیسے خوفناک الفاظ ہیں۔ ایسا کبھی نہیں ہو سکتا۔ میں نے کسی کا کیا بگاڑا ہے۔

شاعر: تیری بدنصیبی یہی ہے کہ تو نے ابدی مسرت کے چند لازوال لمحے اپنی پاک اور صاف روح کی پہنائیوں سے نکال کر ایک ایسے آدمی کو بخش دیے جو ان کی قدر و قیمت نہیں جانتا، وہ لمحات جن کا جواب چاند اور سورج کی دنیاؤں کے پاس بھی نہیں۔ لیکن انسان ابھی بھی انسان نہیں ہے۔ وہ ہر اس چیز کو گزند پہنچاتا ہے جو خوبصورت ہو، مقدس

ہو اور معصوم ہو اور ہر اس چیز کا پجاری ہے جو اس پر ظلم کرتی ہے اس کی روح کو کچل کر اس کے نازک احساسات کے ٹکڑے ٹکڑے کر ڈالتی ہے۔

جانی لنگڑا: چچ چچ۔ بہک گیا ہے بے چارہ۔ دماغ چل نکلا ہے اس کا۔ چاند اور سورج شعلے اور قوس قزح بھلا ان باتوں کا چالیس روپوں سے کیا تعلق جا بھائی جا۔ بہت مغز چاٹ لیا تو نے۔ اب اگر یوں سیدھی طرح نہ جائے گا تو جانی لنگڑا تجھے اپنی لنگڑی ٹانگ کے کرتب دکھائے گا۔ یہ میری لنگڑی ٹانگ ایسے موقعوں پر خوب چلتی ہے۔ بڑا آیا منی کو سمجھانے والا۔ چلا جا یہاں سے !!

(شاعر آہستہ آہستہ پگڈنڈی کی طرف قدم بڑھاتا ہے۔)

منی: شاعر ٹھہرو (وقفہ) مجھے بھی اپنے ساتھ لے چلو۔

شاعر: نہیں میں اب نہیں ٹھہر سکتا۔ میں تمہارے آنسو اپنے ساتھ لیے جا رہا ہوں منی۔ محبت کرنا یا زخمی زندگیوں پر پھاہا رکھنا میرا کام نہیں۔ میں تو صرف دھرتی کے آنسو جمع کرتا ہوں۔

(چلا جاتا ہے۔)

(خاموشی۔ پھر جنگل میں گیدڑوں کے بولنے کی آواز۔) (پردہ)

***

عشق کے بعد
کرشن چندر

کردار

لیلیٰ۔۔۔مجنوں۔۔۔مجنوں کی ماں۔۔۔رومیو

جولیٹ۔۔۔ہیر۔۔۔رانجھا۔۔۔راوی

چپڑاسی۔۔۔فلم ڈائریکٹر۔۔۔کلرک وغیرہ

وقت۔۔۔۔۔۔زمانہ حال

پہلا منظر

(جب پردہ اٹھتا ہے تو اسٹیج پر اندھیرا ہے۔ صرف دائیں وینگ میں ایک چھوٹا سا لیمپ شیڈ روشنی کا ایک کمزور ساہالہ بنائے ایک چھوٹی تپائی پر جھکا ہوا ہے اس تپائی کے سامنے ایک آرام کرسی پر ایک ادھیڑ عمر کا خوش پوش آدمی بیٹھا ہے اور ایک کتاب پڑھ رہا ہے۔ جب پردہ اٹھتا ہے تو اس کے چند لمحوں کے بعد وہ آدمی اپنی عینک رومال سے صاف کرتے ہوئے لوگوں کی طرف دیکھ کے کہتا ہے۔)

راوی: آپ نے سنا ہو گا کہ محبت لازوال ہے۔ ابدی ہے کبھی نہیں مٹتی کبھی نہیں مرتی۔ سچی محبت کرنے والے ہمیشہ زندہ رہتے ہیں۔ اگر یہ سچ ہے تو لیلیٰ مجنوں، ہیر رانجھا، سستی

پنوں، رومیو جولیٹ آج بھی زندہ ہیں اور محبت کر رہے ہیں۔ یہ بات بالکل سچ ہے لیکن پہلے میں اسے سچ نہیں سمجھتا تھا لیکن ایک دن کیا ہوا میں شام کے وقت شہر کے باہر چہل قدمی کو نکلا اور ذرا دور نکل گیا۔ کیا دیکھتا ہوں کہ سڑک سے ذرا ہٹ کے خانہ بدوشوں کی دو چار جھونپڑیاں ہیں اور ان میں سے آخری اور گندی جھونپڑی کے دروازے پر ایک آدمی دستک دے رہا ہے اور زور زور سے چلا رہا ہے۔

(دستک کی آواز آتے ہی اسٹیج پر دھیرے دھیرے روشنی پھیلنے لگتی ہے اور وینگ کے قریب کا لیمپ شیڈ بجھ جاتا ہے اور کتاب پڑھنے والا آدمی کتاب لئے ہوئے ونگ کے اندر چلا جاتا ہے۔ اب اسٹیج کے اجالے میں ایک ٹوٹے ہوئے جھونپڑے کا اندرونی حصہ نظر آتا ہے۔ انتہائی مفلسی کا عالم ہے۔ دیواروں پر دھوئیں کی کلونچ ہے۔ ایک کونے میں لیلیٰ چولھے میں گیلی لکڑیاں سلگانے کی ناکام کوشش کر رہی ہے۔ بار بار پھونک مارنے سے اس کا زرد مرجھایا ہوا چہرہ تمتما اٹھتا ہے۔ اس کی آنکھوں میں آنسو آ جاتے ہیں۔ جھونپڑا دھوئیں سے بھر رہا ہے۔ تیسری چوتھی دستک پر لیلیٰ چولھے سے اٹھ کر بائیں وینگ پر جا کر دروازہ کھولتی ہے۔)

مجنوں : لیلیٰ !اے لیلیٰ !اری کمبخت لیلیٰ !! کدھر مر گئی ؟دروازہ کھول۔ کب سے کھڑا دروازے پر چلا رہا ہوں۔

لیلیٰ آئی مجنوں۔ آئی !

(دروازہ کھلتا ہے۔)

لیلیٰ: کیا بات ہے ؟اتنے زور سے دروازہ پیٹ رہے ہو۔ اگر کہیں دروازہ ٹوٹ جاتا تو؟۔۔۔

مجنوں: تو نیا آ جاتا۔

لیلیٰ: (نقل کر کے) نیا آ جاتا۔۔۔ کہاں سے آ جاتا؟ شادی ہوئے اتنے سال ہونے کو آئے

ایک چاندی کا چھلا تولا کے دیا نہیں۔

مجنوں: محبت کو سونے اور چاندی میں نہیں تولا کرتے میری جان! (کھانستا ہے) توبہ توبہ کتنا دھواں ہو رہا ہے۔

لیلیٰ: جنگل میں گیلی لکڑیاں ہیں۔ دھواں نہ دیں گی تو کیا آگ برسائیں گی۔ تم سے تو اتنا نہ ہوا کہ مہینے میں ایک بوری کوئیلے ہی کی لا دیتے۔

مجنوں: لیلیٰ! لیلیٰ! میں آج بھی تمہارے لئے اپنی جان دے سکتا ہوں!

لیلیٰ: جان دے سکتے ہو لیکن کوئیلے کی ایک بوری نہیں دے سکتے۔

مجنوں: کہو تو میں تمہارے لئے آسمان سے تارے توڑ لاؤں؟

لیلیٰ: لیکن چار گز لٹھا نہیں لا سکتے۔ دیکھتے نہیں ہو میری قمیص کا کیا حال ہو رہا ہے!

مجنوں: اماں کہاں ہیں؟

لیلیٰ: اونٹ کو چرانے لے گئی ہیں۔ بس تمہیں تو ہر وقت اپنی اماں کی فکر پڑی رہتی ہے۔ جب باہر سے آؤ گے پوچھو گے۔ اماں کہاں ہیں؟ باہر جاؤ گے میری امی! اچھی امی! تمہاری امی نہ ہوئیں میری جان کا روگ ہو گئیں۔ امی بڑھیا ہو گئیں لیکن کھانے میں دس جوانوں کو بھی مات کرتی ہیں۔ پرات کو ہاتھ لگائے تو روٹیاں غائب کر دے۔ ہانڈی کو ہاتھ لگائے تو سالن کی صفائی۔ جانے اس کا پیٹ ہے کہ شمعون کا اصطبل۔ جتنا گھاس دانہ، چارہ ڈالو سب ختم ہو جاتا ہے۔

مجنوں: میری اماں کو گالی نہ دو جی۔ میں تم سے ہزار بار کہہ چکا ہوں کہ میں تمہاری سب باتیں گوارا کر سکتا ہوں۔ لیکن اپنی اماں کے لئے گالی نہیں سن سکتا۔ نہیں سن سکتا (اور اونچی آواز سے) نہیں سن سکتا۔ سنتی ہو؟

لیلیٰ: سنتی ہوں۔ کوئی بہری نہیں ہوں۔ ہاں اگر اس جھونپڑی میں چند سال تمہارے

ساتھ رہ گئی تو شاید بہری بھی ہو جاؤں۔ ہائے کیسی بری گھڑی تھی جب۔۔۔ جب۔۔۔ میں تمہاری میٹھی میٹھی محبت کی باتوں میں آگئی اور تمہارے ساتھ جنگل میں چلی آئی۔

(سسکی لے کر روتی ہے۔)

مجنوں: لیلیٰ! لیلیٰ! میری جان، مجھے معاف کر دو۔ میں ذرا غصے میں تھا۔ دن بھر کا تھکا ہارا چلا آ رہا تھا۔ یہاں آ کر تم سے کچھ کڑوی باتیں سننے کو ملیں۔ منہ کا مزہ اور بگڑ گیا۔ جان من! کیا کروں میرا دل خود نہیں چاہتا کہ اپنی نازوں سے پالی، شاہی محلوں میں رہنے والی لیلیٰ کو اس خانہ بدوشوں کی سی زندگی بسر کرنے پر مجبور کروں لیکن کیا کروں کہیں نوکری نہیں ملتی۔

لیلیٰ: آج Employment Exchange کے دفتر میں نہیں گئے تھے؟

مجنوں: گیا تھا۔

لیلیٰ: پھر کیا ہوا؟

مجنوں: وہاں بے کار لوگوں کا بہت بڑا کیو لگا تھا۔ کہیں دو گھنٹے کے بعد میری باری آئی۔

(مجنوں اپنے مکالمے کے دوران میں اسٹیج کے مرکزی پردے کی طرف ہٹتا ہے۔ مرکزی پردے کو ہاتھ لگاتے ہی وہ پردہ اوپر اٹھ جاتا ہے۔ جھونپڑے والے سیٹ کی روشنی گل ہو جاتی ہے اور اندر والا سیٹ روشن ہو جاتا ہے۔ لیکن اس کی روشنی چھن چھن کر سامنے والے جھونپڑے کے سیٹ پر پڑتی رہتی ہے۔ ایسا معلوم ہوتا ہے کہ اسٹیج کا اگلا حصہ اندھیرے میں ہے اور اس اندھیرے میں لیلیٰ کھڑی گزشتہ منظر دیکھ رہی ہے۔ پیچھے حصے کے اسٹیج میں ایک Employment Exchange کا دفتر دکھائی دیتا ہے۔ یہاں بے کار نوجوانوں کا کیو کے کچھ نوجوان آگے کی میزوں پر اپنے کاغذات مکمل کرا رہے ہیں۔ مجنوں بیچ والی میز کے سامنے کھڑا ہو جاتا ہے اس میز کا کلرک اس سے سوال کرتا ہے۔)

کلرک: تمہارا نام؟

مجنوں: مجنوں!

کلرک: باپ کا نام؟

مجنوں: خلدون۔

کلرک: کہاں تک تعلیم پائی ہے؟

مجنوں: جی؟

کلرک: میرا مطلب ہے کہ میٹرک پاس ہو کر بی اے، ایم اے، کون سی ڈگری لے چکے؟

مجنوں: فی الحال تو ایک پٹھان نے میرے خلاف ایک ڈگری لے لی ہے عدالت سے۔ ایک سال سے جھونپڑے کا کرایہ نہیں دیا تھا۔

کلرک: تو گویا تم پڑھے لکھے بالکل نہیں ہو؟

مجنوں: جی نہیں۔ البتہ مادر زاد شاعر ضرور ہوں۔

کلرک: شاعری کا نوکری سے کیا تعلق؟ اچھا اور کیا کام کرتے ہو؟

مجنوں: جی عشق کرتا ہوں اور صحر اصحر اریت چھانتا ہوں اور جب اس سے جی اکتا جائے تو گریبان پھاڑ کر لیلیٰ لیلیٰ چلانے لگتا ہوں:

(گاتے ہوئے)

لیلیٰ لیلیٰ پکاروں میں بن میں

میری لیلیٰ بسی میرے من میں

(مجنوں گاتے گاتے چپ ہو جاتا ہے۔)

کلرک: میرے خیال سے مجنوں صاحب اگر آپ نوکری ڈھونڈنے سے پہلے کسی ڈاکٹر سے رجوع کریں تو اچھا رہے گا۔ آپ کی دماغی حالت مجھے بہت مخدوش دکھائی دیتی

ہے۔Next۔

(جب کلرکNext کہتا ہے تو مجنوں مایوسی سے ہٹتا ہے اور اسٹیج کے پہلے حصے یعنی اپنے جھونپڑے کے سیٹ کی طرف چلتا ہے۔ پچھلے سیٹ کی روشنی گل ہو جاتی ہے اور جب مجنوں اپنے جھونپڑے کے سیٹ میں داخل ہوتا ہے تو مرکزی پردہ پھر گر کر اسٹیج کے پچھلے حصے کو غائب کر دیتا ہے۔ مجنوں پریشان حال لیلیٰ کی طرف دیکھتا ہے جو آہستہ آہستہ سسکیاں لے رہی ہے۔)

مجنوں: تو یہ ہے آج کل کا زمانہ۔ یہ لوگ سچی محبت کرنے والے کو بے کار سمجھتے ہیں۔ حالانکہ یہ بہت بڑا کام ہے۔ آپ ذرا چوکے اور محبوب غائب۔

لیلیٰ: لیکن اب تو تم پہلی سی محبت بھی مجھ سے نہیں کرتے۔

مجنوں: مجھ سے پہلی سی محبت مری محبوب نہ مانگ!

لیلیٰ: کیوں؟

مجنوں: دیکھو اب تم خود وہ پہلی سی نہیں رہیں بہت دبلی ہو گئی ہو۔

لیلیٰ: میں دبلی ہو گئی ہوں اور تم موٹے ہو گئے ہو۔ ذرا آئینے میں اپنی صورت تو دیکھو کلے پر کلا چڑھتا آ رہا ہے۔ تمہاری صورت دیکھ کر کوئی نہیں کہہ سکتا کہ یہ وہی آوارہ مزاج، آشفتہ سر مجنوں ہے۔ جو صحرا صحرا جنگل جنگل اپنی محبوبہ کی محبت میں بے چین پھرتا تھا۔ ارے کچھ تو شرم کرو۔ میں تمہارے لئے گھر سے بھاگی۔ جنگل میں آ کے رہی۔ آج بھی تمہارے لئے فاقے کرتی ہوں۔ کھانا پکاتی ہوں۔ چولھے میں سر جھونکتی ہوں۔ جنگل سے لکڑیاں کاٹ کر لاتی ہوں۔ تار تار چیتھڑوں میں رہتی ہوں۔ اپنا پیٹ کاٹ کر تمہیں کھلاتی ہوں۔ لیکن ایک تم ہو کہ میرے لئے نخلستان کی کھجوریں بھی نہیں لاتے۔

مجنوں: کیا کروں لیلیٰ کھجوریں مہنگی ہو گئی ہیں۔

مجنوں کی ماں: اری او مردار چڑیل کیا ٹھسکے سے کھڑی میرے بچے سے باتیں کر رہی ہے۔ اری دیکھتی نہیں چولھے پر ہانڈی ابلی جارہی ہے۔

لیلیٰ: (آہستہ سے) تمہاری امی آگئیں (زور سے) معاف کرو اماں، باتوں، باتوں میں دھیان نہ رہا۔

مجنوں کی ماں: باتوں باتوں میں دھیان نہ رہا۔ مردار چین سے پڑی کھاتی ہے۔

لیلیٰ: بہت لاڈ لڈاتی ہونا اماں مجھے۔ بہت سازیور دیا تھا تم نے شادی میں مجھے۔۔۔!

ماں: اری گھر سے بھاگنے والیوں کو بھی کوئی زیور دیتا ہے۔ وہ تو خود جہیز گھر سے لاتی ہیں۔ اتنے امیر باپ کی بیٹی اور دو کپڑوں میں اونٹ پر سوار ہو کر آگئی۔ میں تو کہہ رہی تھی مجنوں سے، برا پھنس رہا ہے۔ محبت میں دولت نہیں ملتی اور جہاں دولت نہ ہو وہاں آخر میں دلندری کے سوا کچھ نہیں ملتا۔

لیلیٰ: اچھا تو میں دلندر ہوں؟

ماں: میرا مطلب۔۔۔

لیلیٰ: پھر کہہ تو سہی۔ نک کٹی۔ ندیدی۔ چڑیل!

مجنوں: میری اماں کو گالی نہ دو۔۔۔

لیلیٰ: کیوں نہ دوں۔ کیا ملا ہے مجھے تمہارے گھر آ کے؟ طعنے، فاقے، روزے، دھکے، مکے، گالی گلوج! یہی تمہاری سچی محبت تھی۔۔۔؟ مجنوں کے بچے؟ کیا کھا کے بھینس کی طرح پھیل گیا ہے اور میں تمہاری خدمت کرتی کرتی سوکھ کر کانٹا ہوتی جارہی ہوں۔ کیا میری خدمت کا یہی صلہ ہے؟ لاؤ میرا اونٹ کس دو۔ اس پر کجاوا اور محمل میں ابھی اپنے میکے جاتی ہوں۔

ماں: جا جا! میکے کی دھمکی نہ دے۔ میرے لڑکے کے لئے ایک نہیں ہزار بیویاں ہیں۔

لیلیٰ: بکواس نہ کر!

ماں: تو بکواس نہ کر!

لیلیٰ: (چانٹا مار کر) مردار!

ماں: (جواب میں چانٹا مار کر) بھٹیل!

لیلیٰ: بللی!

ماں: بد قدمی!

(لیلیٰ اور مجنوں کی ماں میں بڑی زوردار لڑائی ہوتی ہے۔ اس لڑائی کے دوران میں مجنوں کبھی اپنی ماں سے، کبھی اپنی لیلیٰ سے پٹ جاتے ہیں، آہستہ آہستہ پردہ گرتا ہے۔)

دوسرا منظر

(جب دوسرے منظر پر پردہ اٹھتا ہے تو پہلے منظر کا راوی وکیل کے لباس میں اپنے دفتر میں بیٹھا ہوا نظر آتا ہے۔ یہ ایک خوش حال وکیل کا کمرہ نہیں ہے۔ زمانے کی ناقدری کے ستائے ہوئے غریب وکیل کا کمرہ معلوم ہوتا ہے۔ فرنیچر سے، کتابوں کی جلدوں سے، کمرے کی دیواروں سے اور خود اس کے اپنے لباس سے اس ادھیڑ عمر کے وکیل کی غربت نمایاں ہو جاتی ہے۔

وکیل ہاتھ میں ایک کتاب لئے پڑھ رہا ہے۔ پردہ اٹھنے کے چند ثانیوں کے بعد تماشائیوں کو مخاطب کرتے ہوئے کہتا ہے۔)

راوی: آہ! کیا یہی ہے انجام وفا؟ کیا یہی وہ لیلیٰ تھی جس کی شرمیلی نگاہوں اور لجائی ہوئی اداؤں نے مجنوں کو پاگل بنا دیا تھا اور اسے دشت پیمائی کے لئے مجبور کر دیا تھا۔ کیا یہی وہ مجنوں تھا جو لیلیٰ کی قسم نہیں کھاتا تھا۔ جو جنگل کے درختوں سے، صحرا کی چٹانوں اور ریت

کے بگولوں سے لیلیٰ کا پتہ پوچھتا تھا۔ عقل حیران تھی یقین کرنے کو جی نہیں چاہتا تھا۔ لیکن آدمی آنکھوں دیکھی بات پر کیسے یقین نہ کرے۔ پھر بھی میں نے یہ سوچ کر اپنے ذہن کو تسلی دے دی کہ کبھی کبھی ایسا بھی ہوتا ہے۔ برے حالات میں بعض آدمی برے بن جاتے ہیں یعنی جب آٹا مہنگا ہوتا ہے تو عشق سستا ہو جاتا ہے۔ بلکہ بالکل بے قدر ہو جاتا ہے کبھی کبھی ایسا بھی ہوتا ہے۔ چلو کیا ہوا اگر لیلیٰ مجنوں ایک دوسرے سے نباہ نہ سکے۔۔۔ ابھی محبت جوان ہے، عشق زندہ اور پائندہ ہے۔ دنیا میں ایک اکیلا، واحد جذبہ ہے۔ جو دوسرے حالات کے ساتھ نہیں بدلتا۔ بلکہ ایک، چٹان کی طرح، روشنی کے مینار کی طرح مشعل ہدایت بن کر کھڑا رہتا ہے۔ کیا ہوا اگر لیلیٰ مجنوں کمزور اور بودے نکلے۔ ابھی دنیا میں شیریں فرہاد سستی پنوں، ہیر رانجھا اور رومیو جولیٹ کی لازوال محبت موجود ہے۔۔۔ یہی سوچ کر میں نے اپنے دل کو تسلی دے لی۔ لیکن پھر ایک دن کیا ہوا، میں اپنے دفتر میں بیٹھا کام کر رہا تھا کہ چپراسی نے ایک کارڈ لا کے دیا۔ کارڈ پر لکھا تھا۔

"رومیو مانٹگیو(Romeo Mantague)

راوی: (چپراسی سے) رومیو مانٹگیو کون ہے؟

چپراسی: صاحب کوئی یورپین معلوم ہوتا ہے۔ ان کے ساتھ میں ایک میم بھی ہے۔

راوی: اچھا تو انہیں اندر بلاؤ۔

رومیو: Good Morning

جولیٹ: Good Morning

راوی: گڈ مارننگ تشریف رکھئے۔

رومیو: معاف کیجئے گا۔ بغیر اپوائنٹ منٹ کے آپ کے پاس چلے آئے لیکن معاملہ ہی کچھ ایسا ہے۔ آپ وکیل ہیں۔ اس لئے آپ سے مشورہ کرنا بہت ضروری ہے۔

راوی: فرمایئے!

رومیو: جی وہ قصہ یہ ہے۔ مگر ٹھہریئے۔ پہلے میں اپنا تعارف کرادوں۔ میرا نام رومیو مانٹگیو ہے۔ یہ میری بیوی جولیٹ ہے۔

جولیٹ: (امریکن لہجے میں) ہائی یا گاگا!

رومیو: وہ ہمارا قصہ تو آپ نے سنا ہوگا؟

راوی: جی کچھ یاد تو آتا ہے۔

رومیو: ہم دونوں اٹلی کے ایک شہر دی اینا میں رہتے ہیں۔ میرا باپ مانٹگیو قبیلے کا سردار تھا اور میری بیوی جولیٹ کا باپ کیپولٹ قبیلے کا سردار تھا۔

راوی: اچھا اچھا یاد آیا۔ آپ دونوں ایک دوسرے سے محبت کرتے تھے لیکن آپ کے ماں باپ۔۔۔ میرا مطلب ہے آپ دونوں کے قبیلے والے ایک دوسرے کے جانی دشمن تھے۔

رومیو: ابھی تک ہیں صاحب ابھی تک ہیں۔ محبت مر جاتی ہے لیکن ان کمبخت انسانوں کی دشمنی کبھی نہیں مرتی۔

راوی: آپ بہت مایوس معلوم ہوتے ہیں؟

رومیو: جی زندگی نے بہت تلخ تجربے سکھائے ہیں۔

راوی: یہ تو صحیح ہے لیکن جہاں تک مجھے یاد آتا ہے۔ آپ دونوں کی خفیہ شادی ہوئی تھی لیکن اس میں جولیٹ یعنی آپ کی بیوی کے ماں باپ ان کی شادی نہیں کر رہے تھے اور پھر کچھ ایسا کہ ایک قبرستان میں جب آپ جولیٹ سے ملنے گئے وہاں آپ نے جولیٹ کی لاش دیکھی اور زہر کھالیا اور پھر شاید جولیٹ مری نہیں تھی۔ میرا مطلب ہے آپ جب اٹھیں تو آپ نے رومیو کو مردہ پایا اور خنجر سینے میں چبھو کے مر گئیں۔

جولیٹ: (طنزاً) جی۔ جی۔ جی۔ لیکن امر واقعہ یہ ہے کہ اس زہر کھانے کے بعد یہ رومیو صاحب بچ گئے۔ کیوں کہ انھوں نے جس ڈاکٹر سے زہر لیا تھا۔ اس کمبخت نے اس زہر میں اس کا توڑ بھی شامل کر دیا تھا۔

راوی: بہت خوب!

رومیو: (طنزاً) جی ہاں۔ اور ان کے ساتھ یعنی میری بیوی کے ساتھ بھی یہی حادثہ ہوا کہ جب یہ میری محبت میں مرنے جارہی تھیں تو خنجر ان کے سینے میں اترنے کے بجائے ذرا پسلیوں کی طرف چلا گیا اور یہ بچ گئیں۔

جولیٹ: بس اسی غلطی کا خمیازہ اب تک بھگت رہی ہوں۔

راوی: میڈم یہ آپ کیا کہہ رہی ہیں۔ آپ لوگوں کی محبت تو لازوال ہے۔ ولیم شیکسپیئر ایسے عظیم ڈرامہ نگار نے آپ کی محبت کو زندۂ جاوید کر دیا ہے دنیا آپ کی محبت پر سر دھنتی ہے اور روتی ہے۔

جولیٹ: جیسے میں آج تک رو رہی ہوں۔

راوی: کیا بات کیا ہے میڈم؟

جولیٹ: جی بات صرف اتنی ہے کہ میں عاجز آگئی ہوں اور ان سے طلاق لینا چاہتی ہوں۔

راوی: طلاق؟ اور رومیو سے؟ میڈم یہ آپ کیا کہہ رہی ہیں؟ دنیا کیا کہے گی۔ خود ہمارا ولیم شیکسپیئر کیا کہے گا۔ اس بے چارے نے تو ایک پورا ڈرامہ آپ کی مدح سرائی میں۔۔۔

جولیٹ: چولھے میں جائے دنیا اور بھاڑ میں جائے شیکسپیئر! میں تو رومیو سے طلاق لے کر ہی چھوڑ دوں گی۔

راوی: لیکن اس میں رومیو کا قصور کیا ہے، کیوں صاحب؟

(رومیو سے مخاطب ہو کر)

رومیو: اجی صاحب! میرا قصور صرف اتنا ہے کہ میں نے اس پھوہڑ عورت کے لئے اپنا وطن چھوڑ دیا اور ہندوستان میں آکر سر چھپایا تا کہ ہم اپنے قبیلے والوں کی دشمنی سے محفوظ رہیں۔

راوی: یہاں آپ کیا کام کرتے ہیں؟

رومیو: جی میں چمڑے کا سوداگر ہوں۔ خدا کے فضل و کرم سے میرا کاروبار اچھا چل رہا ہے۔ چمڑا کالا ہو، گورا ہو، میں سب بیچتا ہوں اور اپنا نفع نکالتا ہوں۔ میرے پاس ایک کار ہے۔ ایک کوٹھی ہے۔ نوکر چاکر اللہ کا دیا بہت کچھ موجود ہے۔

راوی: پھر میڈم آپ ان سے طلاق کیوں لینا چاہتی ہیں؟

جولیٹ: میں۔۔۔ میں۔۔۔ دیکھئے وکیل صاحب یہ ہر روز گھر پر رات کے ڈیڑھ بجے، دو بجے شراب کے نشے میں دھت آتے ہیں اور آتے ہی بستر پر جوتوں سمیت دراز ہو جاتے ہیں۔ میں کسی ایسے آدمی کی بیوی بن کے نہیں رہ سکتی جو جوتوں سمیت بستر پر سوتا ہو اور رات کے بارہ گھنٹوں میں دس گھنٹے خراٹے لیتا ہو۔

راوی: لیکن آپ تو ان سے شدید محبت کرتی ہیں نا؟ مجھے یاد ہے جب آپ نے رومیو کو اس قبرستان میں مردہ پایا تھا، تو کہا تھا۔۔۔

جولیٹ: میں سناتی ہوں۔۔۔

What's Hear? A cup closed in my True love's Hand? Poison I see Hath been his timeless end o churl, drunk all, and left ?no friendly drop to help me after

.... I will kiss thy lips

جولیٹ: یہی کہا تھا نا؟

راوی: جی کچھ ایسا ہی میں نے شیکسپیئر کے ڈرامے میں پڑھا تھا۔

جولیٹ: شیکسپیئر بے چارہ کیا جانے۔ اسے کبھی رومیو کے خراٹوں سے واسطہ نہیں پڑا تھا۔ اجی صاحب میں کہتی ہوں جب یہ خراٹے لیتے ہیں تو ایسا معلوم ہوتا ہے جیسے دو ہزار گھوڑے ایک ساتھ ہنہنا رہے ہوں۔ میری محبت اگر کوہ ہمالیہ جتنی مضبوط ہوتی تو بھی ان خراٹوں کے سامنے کبھی نہ ٹھہر سکتی تھی۔ لیکن میں تو گوشت پوست کی بنی ہوئی ایک معمولی عورت ہوں۔

راوی: میرے خیال میں اگر آپ کی محبت میں صرف ان کے خراٹے ہی حائل ہیں تو ان کا تو بہت آسانی سے علاج ہو سکتا ہے۔ میرے خیال میں اگر آپ اپنے شوہر کی غذا میں تھوڑی سی اصلاح۔۔۔

رومیو: ہاہاہا۔ کیا کہا آپ نے غذا میں اصلاح؟ میری ڈارلنگ جولیٹ کو وکیل صاحب، فرصت ہی کہاں ہے کہ اس غریب کی غذا پر دھیان دیں یہ تو دن بھر لپ اسٹک اور پوڈر اور پھر پک نک اور پھر شام کو کبھی اس کلب میں کبھی اس کلب میں کبھی اس پارٹی میں کبھی اس پارٹی میں کبھی اس شغل میں کبھی اس شغل میں اور جانے کیا کیا کچھ۔ اب میں کیا بتاؤں بس میں تو ابلے ہوئے آلو اور گوبھی کھا کر سور بن رہا ہوں۔

(ڈکارتا ہے)

جولیٹ: دیکھا آپ نے اس جانور کی ساری خصلتیں ان میں پائی جاتی ہیں۔ ایک ڈکارنے پر ہی کیا موقوف ہے۔ ان کی محبت بھی اسی طرح کی ہو گئی ہے۔ آج کل مجھے چھوڑ کر اس حرافہ روزالین کے چکر میں گرفتار ہیں جسے چھوڑ کر انھوں نے مجھ سے شادی کی تھی اور اب مجھ سے شادی کر کے اب پھر اسی کے پیچھے پیچھے بھاگ رہے ہیں۔

راوی: رومیو اور بے وفا! چچ چچ، مسٹر رومیو! شیکسپیئر کیا کہے گا؟

رومیو: اب کچھ بھی کہے صاحب! لیکن حق بات تو یہ ہے کہ روزالین کو چھوڑ کر میں نے سخت غلطی کی۔ یہ ٹھیک ہے کہ وہ جولیٹ کی طرح حسین نہیں ہے لیکن صاحب! دنیا میں صرف حسن ہی پر گزر نہیں ہو سکتی اور سچ بات تو یہ ہے مسٹر کہ روزالین میرا بہت خیال رکھتی ہے اور کھانے تو اتنے اچھے پکاتی ہے کہ کیا کہوں۔ کسی روز آپ آیئے نا؟

جولیٹ: ہاں ہاں لے جاؤان کو بھی ساری دنیا کو دکھالو کہ تم کتنے شریف ہو۔

رومیو: اور اپنی شرافت کی بھی تو بات کرو۔ میں عورت سمجھ کے چپ ہوں۔ اس کا مطلب یہ نہیں کہ تم سر پر چڑھتی جاؤ۔ میں اندھا نہیں ہوں کہ تمہاری حرکات پر نظر نہیں رکھ سکتا۔ مجھے معلوم ہے کہ تم کہاں کہاں جاتی ہو اور کن کن بہانوں سے ارل پیرس سے ملتی ہو۔

جولیٹ: ہاں ملتی ہوں! ملتی ہوں! اب تم اس طرح کہو گے تو میں بھی ساری دنیا کے سامنے چیخ چیخ کر کہوں گی، میں ارل پیرس سے ملتی ہوں۔ وہ مجھے بہت پسند ہے۔ میں اس سے محبت کرتی ہوں۔

راوی: ارل پیرس سے؟ لیکن میڈم وہ تو عمر میں آپ سے زیادہ۔۔ شیکسپیئر نے تو یہی لکھا ہے۔

جولیٹ: اجی عمر زیادہ ہے تو کیا ہوا۔ عقل بھی زیادہ ہے۔ زندگی کا تجربہ بھی زیادہ ہے اس کے پاس اور بڑی بات یہ ہے وکیل صاحب کہ وہ آدمی میرے جذبات کا انتہا سے زیادہ احترام کرتا ہے۔

رومیو: یوں کیوں نہیں کہتی کہ وہ ایک بالکل چغد ہے۔

جولیٹ: چغد تم ہو۔

رومیو: شٹ اپ۔

جولیٹ: یو شٹ اپ۔

رومیو: عدالت میں چلو۔

جولیٹ: چلو ابھی چلو۔

رومیو: اور طلاق؟

جولیٹ: طلاق وکیل صاحب؟

رومیو: طلاق؟

راوی: لیکن صاحب ولیم شیکسپیئر کیا کہے گا؟

جولیٹ: میں کچھ نہیں سنوں گی۔ مجھے فوراً طلاق چاہیے۔

رومیو: میں کچھ نہیں سنوں گا۔ مجھے فوراً طلاق چاہیے۔

تیسرا منظر

(وہی کمرہ جو دوسرے منظر میں تھا۔ لیکن اس وقت کمرے میں اندھیرا ہے اور ہمارا راوی اسی طرح پہلے منظر کی جگہ پر دائیں ونگ کے قریب ایک تپائی پر ایک لیمپ شیڈ کے سامنے جھکا ہوا ہے اور ایک کتاب پڑھ رہا ہے۔ پردہ اٹھنے کے بعد کتاب سے نظریں اٹھا کر تماشائیوں پر گاڑ دیتا ہے اور کہتا ہے۔)

راوی: میں نے ان کا مقدمہ نہیں لیا۔ اس لئے میں نہیں کہہ سکتا کہ آگے چل کے رومیو جولیٹ کا کیا ہوا۔ کیا انھوں نے طلاق لے لی؟ یا پھر وہ دونوں ایک ہو گئے اور محبت کی وادیوں میں کھو گئے۔ میں کچھ نہیں کہہ سکتا۔ لیکن یہ ضرور کہہ سکتا ہوں کہ ان کی تلخ کلامی نے ایک گہرا اثر میرے ذہن پر چھوڑا اور میں اس واقعے کے کئی دن بعد تک مضطرب اور پریشان سا رہا۔ کیونکہ اس واقعے نے میرے دل کے بہت سے رومانی سپنے اور

سہارے توڑ دیئے تھے۔

ایک روز میں اپنے کمرے میں بیٹھا بالکونی کے قریب کتاب پڑھ رہا تھا ہلکی ہلکی بارش ہو رہی تھی۔ جھکڑ بھی چل رہا تھا کبھی کبھی بجلی بھی کوند جاتی تھی۔ بہت خوشگوار سماں تھا۔ میں اپنے خیالوں میں کھویا ہوا تھا۔ یکایک بجلی کا ایک روز کا کوندا لپکا اور میرے دروازے کے پٹ زور سے کھل گئے اور میں کیا دیکھتا ہوں کہ ایک نوجوان مرد اور ایک نوجوان عورت دونوں پانی میں بھیگے ہوئے میرے کمرے میں داخل ہوئے۔ میں بالکونی میں اندھیرے میں تھا اس لئے ان کی نظر مجھ پر نہ پڑی۔

(راوی کی لیمپ شیڈ کی بتی گل ہو جاتی ہے۔ کمرے میں اندھیرا اور بڑھ جاتا ہے۔)

رانجھا: (ہنس کر) ہیر یئے! شکر کہ اس کمرے کا دروازہ کھلا تھا۔ نہیں تو بارش اور جھکڑ سے بھیگ جاتے۔

ہیر: یہ کمرہ کس کا ہے رانجھا؟

رانجھا: کسی کا بھی ہو ہیر یئے! اپنے کو کیا لینا۔ ذرا پل کی پل رک جائیں گے۔ بارش تھم جائے گی تو چلے جائیں گے۔

ہیر: کہاں؟

رانجھا: وہیں باہر فٹ پاتھ پر۔

ہیر: رانجھے! میں اسی لئے تم سے کہتی تھی۔ اپنا گاؤں چھوڑ کر بمبئی مت چلو۔

رانجھا: میرے گاؤں میں سب میرے دشمن تھے۔ کوئی مجھے نہیں چاہتا تھا تیرے سوا۔ وہاں اگر ہم رہتے تو ہماری محبت کبھی زندہ نہیں رہ سکتی تھی۔

ہیر: لیکن وہاں دو وقت روٹی تو ملتی تھی اور لسی بھرا چھنا اور مکھن سے بھرا ہوا کٹورہ اور سرسوں کا ساگ اور کھلی ہوئی فضا اور تم کبھی جوگی بن کر میرے پاس آ جاتے تھے، تو

میرے دل کے ہر کونے میں رنگین تتلیاں سی اڑنے لگتی تھیں۔

رانجھا: اور آج کل چوہے دوڑ رہے ہیں پیٹ میں (ہنس کر) سچ مچ ہیر یئے لسی پیئے تو ایک عرصہ ہو گیا۔ سرسوں کا ساگ کھائے ہوئے کئی سال ہو گئے اور مکھن یعنی مسکہ تو یہاں کھایا نہیں جاتا۔ صرف خوشامد میں لگایا جاتا ہے۔

ہیر: سچ مچ تم بہت دبلے ہو گئے ہو۔

رانجھا: یاد ہے جب ہم پہلے دن اس شہر میں آئے تھے اور لسی پینے کے لئے ایک حلوائی کی دوکان پر آئے تھے اور اسی سے لسی بنانے کو کہا تھا۔ اس نے پوچھا تھا لسی کتنے دہی کی بناؤں۔ میں نے کہا تھا، اس برتن میں جتنا دہی ہے سب کی بنا دو۔

ہیر: اور وہ حلوائی یہ سنتے ہی غش کھا کے گر گیا تھا۔

(دونوں ہنستے ہیں۔)

ہیر: یہاں اندھیرا بہت ہے رانجھا۔

رانجھا: دیکھتا ہوں۔ بتی بجلی کہیں ہو گی (سوچ کر) لو روشنی بھی ہو گئی۔

ہیر: یہ بجلی بھی خوب چیز ہے رانجھا۔ بٹن دباؤ اور روشنی ہو جاتی ہے۔ ہمارے زمانے میں بجلی نہیں تھی۔

رانجھا: لیکن ہمارے زمانے میں بٹن دبانے کی ضرورت بھی نہیں پڑتی تھی۔ ہم ایک لمحے میں تیرے رخ روشن سے اپنے دل میں اجالا کر لیتے تھے اور پھر اس روشنی پر کوئی ٹیکس بھی تو نہیں دینا پڑتا۔

ہیر: رانجھا مجھے بہت بھوک لگی ہے۔

رانجھا: تین دن سے میں نے بھی کچھ نہیں کھایا ہیر یئے! تین دن سے ایسی لگاتار بارش ہو رہی ہے کہ کسی کام پر بھی نہیں جا سکتا۔ اس بارش کی وجہ سے بلڈنگ باندھنے کا کام بھی بند

ہے۔ پہلے اینٹیں ڈھونے کی مزدوری تو مل جاتی تھی۔ اب وہ بھی بند ہے۔

ہیر: غریب آدمی بارش میں کیا کرتے ہوں گے؟

رانجھا: ہماری طرح بارش میں بھیگتے ہوں گے اور بھوکے رہتے ہوں گے۔

ہیر: بڑی مصیبت ہے۔

رانجھا: مصیبت تو ہے لیکن ہمت کرو تو بڑی سے بڑی مصیبت بھی کٹ جاتی ہے۔ ارے ہاں۔۔۔ میں تو تم سے پوچھنا بھول ہی گیا۔ تم اس فلم کمپنی میں گئی تھیں؟

ہیر: کسی فلم کمپنی میں؟

رانجھا: وہ جہاں ہیر رانجھے کا فلم بن رہا ہے۔ یعنی اپنی محبت کی کہانی کا۔

ہیر: ہاں گئی تھی۔

رانجھا: ڈائرکٹر سے ملی تھیں؟

ہیر: ہاں ملی تھی۔

رانجھا: پھر۔۔۔؟

ہیر: وہ تو بہت ہی عجیب آدمی معلوم ہوتا ہے۔ وہاں تو سب کے سب بہت عجیب سے آدمی بیٹھے تھے میں اندر داخل ہوئی تو مجھے ایسے گھورنے لگے جیسے گوالا بھوری بھینس کو دیکھ کر گھورتا ہے۔ ڈائرکٹر نے مجھ سے پوچھا۔۔۔

(یکایک ہیر گھوم کر اپنے بیچ کے مرکزی پردے کی طرف چلنے لگتی ہے پردے کے قریب پہنچتے ہی پردہ اٹھ جاتا ہے اور وکیل کے سیٹ پر اندھیرا چھا جاتا ہے اور پچھلے سیٹ پر روشنی ہو جاتی ہے۔ یہ ایک فلم کمپنی کا دفتر ہے۔ جہاں چھ سات آدمی ٹوٹے ہوئے پیالوں میں چائے پی رہے ہیں۔ چائے پلانے والا نوکر صورت سے بالکل دلیپ کمار معلوم ہوتا ہے۔ بیچ کی میز پر ایک فلم ڈائریکٹر بیٹھا ہے۔ اس نے آوارہ ٹائپ کی پتلون اور گہرے زرد

رنگ کی ٹی شرٹ پہن رکھی ہے صورت شکل سے وہ فلم ڈائریکٹر کم اور دارا سنگھ پہلوان کا اسسٹنٹ زیادہ معلوم ہوتا ہے۔ پردہ اٹھنے کے بعد وہ چائے پلانے والے نوکر سے کہتا ہے۔)

فلم ڈائریکٹر: (صوفے پر بیٹھتے ہوئے ایک گنجے آدمی سے) صاحب کو ایک سنگل چائے مارو۔ (دوسرے آدمی سے مخاطب ہو کر) ہاں بھئی کٹر رکر آج فنانسر کے پاس بھی جانا ہے۔ سالے نے آج ڈیڑھ لاکھ دینے کا وعدہ تو کیا ہے، ایک چونی ہے تمہاری جیب ہیں؟ اس چائے والے کو دے دو۔

(کٹر رکر ایک سکہ نکال کر چائے والے کو دیتا ہے، جو سکے کی طرف دیکھ کے کہتا ہے۔)

چائے والا دلیپ کمار: مگر یہ چونی تو کھوٹی ہے۔

فلم ڈائریکٹر: کوئی بات نہیں۔ کل لے جانا اور ہاں بھئی شرماجی! وہ نیگٹیو کا بندوبست کیا؟

شرماجی: کل ہو جائے گا۔ بچو بھائی سیٹھ اگر بھوندو بھائی سے کہہ دیں گے تو کام ہو جائے گا۔

فلم ڈائریکٹر: مگر بچو بھائی کیوں کہیں گے؟

شرماجی: ان کا راستہ بھی ڈھونڈ لیا ہے۔ وہ ہے نا اپنی سائیڈ ہیروئن مس مدھر بالا۔

(سب لوگ زور سے قہقہہ لگاتے ہیں۔ اب فلم ڈائریکٹر میز کے سامنے کھڑی ہیر کی طرف مخاطب ہوتا ہے۔)

فلم ڈائریکٹر: کیا کام ہے تم کو؟

ہیر: پٹاخہ فلم کمپنی کا دفتر یہی ہے؟

ڈائریکٹر: ہاں ہاں یہی ہے۔ پھر؟

ہیر: سنا ہے آپ ہیر رانجھا فلم بنا رہے ہیں؟

ڈائریکٹر: ہاں ہاں بنا رہے ہیں۔ پھر؟

ہیر: میں اس فلم میں کام کرنے آئی ہوں۔

ڈائریکٹر: تم کو کیا کام آتا ہے؟ کبھی کسی فلم میں کام کیا ہے پھر؟

ہیر: نہیں۔

ڈائریکٹر: تم کو ناچنا آتا ہے؟

ہیر: نہیں۔ لیکن ناچنے کی کیا ضرورت ہے۔ ہیر تو نہیں ناچتی تھی۔

ڈائریکٹر: تم کو کیسے معلوم ہے کہ نہیں ناچتی تھی۔ ہماری فلم میں تو وہ ناچتی ہے، کتھک، بھارت ناٹیم، منی پوری سب ناچتی ہے۔ رمبھا سمبھا بھی ناچتی ہے۔

ہیر: اس زمانے میں رمبھا سمبھا نہیں تھا۔

ڈائریکٹر: تم کو کیا معلوم ہے۔ ہمارا فلم رائٹر کیا گدھا ہے پھر؟ اس نے دس کتاب دیکھ کے اس کا کہانی لکھا ہے۔ اچھا یہ بات چھوڑو۔ ہم تم سے مغز پچی نہیں کرے گا، تم کو اس فلم میں کام کرنے کا ہے۔ ہم تم کو اس فلم میں ہیر کی ماں کا پارٹ دے گا۔ بولو منظور ہے؟

ہیر: ہیر کی ماں کا؟ مگر میں۔۔۔ میں ہیر کی ماں کا پارٹ کیسے کر سکتی ہوں؟

ڈائریکٹر: کیوں؟

ہیر: کیونکہ میں خود ہیر ہوں۔

ڈائریکٹر: ہیر ہاہاہا!! او مگن بھائی، کٹر کر، سدھا کر، بلی موریا، محمود خان ارے دیکھو خود ہیر ہماری فلم میں کام کرنے کو آئی ہے۔ ارے اس کی صورت دیکھو، شکل دیکھو، رنگ روپ دیکھو، ارے یہ ہیر معلوم ہوتی ہے۔ ہیر۔۔۔!

(قہقہہ)

ہیر: ہاں ڈائریکٹر صاحب! سچ مچ میں ہیر ہوں ہیر۔ وارث شاہ کی ہیر! پانچ دریاؤں کی سرزمین کی ہیر۔ محبت اور حسن کے لازوال گیتوں کی حسین ترین تعبیر!

(فلم ڈائریکٹر اور اس کے ساتھیوں کے طنزیہ قہقہے بڑھتے جاتے ہیں۔ ہیر کی آنکھوں میں آنسو آجاتے ہیں۔ وہ ڈبڈبائی ہوئی آنکھوں سے واپس آجاتی ہے اور پہلے سیٹ کی طرف بڑھتی ہے۔ پیچھے کی روشنیاں گل ہو جاتی ہیں۔ غریب ہیر اپنے پہلے سیٹ میں واپس آتی ہے۔ مرکزی پردہ گر جاتا ہے اور اب وہ اپنی آنسوؤں بھری آنکھوں سے چپ چاپ رانجھے کی طرف دیکھ رہی ہے۔)

رانجھا: (آبدیدہ ہو کر) وہ لوگ تمہارے حسن کو نہیں دیکھ سکتے تھے۔ ہیر کے حسن کو کوئی رانجھا ہی دیکھ سکتا ہے۔

(ہیر سسکیاں لیتی ہے۔ رانجھا اس کے قریب آجاتا ہے۔)

رانجھا: وہ لوگ محبت کرنے والے نہیں ہیں۔ محبت کو ایک فیتے کی طرح لپیٹ کر بازار میں بیچنے والے ہیں۔ بس اپنے آنسو پونچھ ڈال۔

ہیر: سچ کہتی ہوں رانجھیا، مجھے زور کی بھوک لگی ہے۔ اب صبر نہیں ہو سکتا۔

رانجھا: دیکھتا ہوں۔ شاید یہاں کچھ مل جائے۔ لیکن یہاں ملے گا کیا۔ یہاں تو سب کاغذ ہی کاغذ ہیں۔ کوئی بھو کا وکیل معلوم ہوتا ہے۔

(کھڑبڑ کی آواز)

رانجھا: مل گیا، مل گیا! آخر کچھ کھانے کو مل گیا!

ہیر: کیا ہے؟

رانجھا: ڈبل روٹی جسے بمبئی کے لوگ پاؤ کہتے ہیں۔ حالانکہ وزن میں ایک چھٹاک بھی نہیں ہے۔

ہیر: مجھے دو!

رانجھا: ہیر یئے ذرا ٹھہر!

ہیر: جلدی سے دو جلدی۔

(روٹی کی طرف ہاتھ بڑھاتی ہے۔)

رانجھا: ذرا ٹھہر ہیر یئے، ذرا سوچنے دے ہیر یئے، یہ تو جانتی ہے۔ ہم یہاں صرف بارش سے پناہ لینے کے لئے آئے تھے۔

ہیر: ہاں لیکن یہ ڈبل روٹی؟

(پھر روٹی کی طرف بے قرار ہو کے بڑھتی ہے۔ رانجھا پیچھے ہٹ جاتا ہے۔)

رانجھا: ذرا ٹھہر۔ اور یہ ہمارا گھر نہیں ہے۔ تو جانتی ہے۔

ہیر: لیکن یہ روٹی جلدی سے دے دے۔ میں تین دن سے بھوکی ہوں۔

رانجھا: لیکن یہ چوری ہوگی ہیر یئے۔ اگر ہم یہ ڈبل روٹی کھائیں گے تو یہ چوری ہوگی۔

ہیر: لیکن مجھے بھوک لگی ہے رانجھا!

رانجھا: تجھے میری محبت کی قسم ہیر یئے! یہ روٹی نہ کھا۔

ہیر: اب میں کوئی قسم نہیں کھاؤں گی رانجھیا! میں تو صرف روٹی کھاؤں گی جلدی سے یہ روٹی دے دے۔

(ہیر آگے بڑھ کے جھپٹ کر روٹی چھین لیتی ہے۔)

رانجھا: نہیں نہیں ہیر یئے۔ دیکھو وہ سامنے دیوار پر ہم دونوں کی تصویر لگی ہے، کوئی بھلا آدمی معلوم ہوتا ہے۔ آج بھی بھوک، افلاس، بیکاری اور خود غرضی کے زمانے میں اس نے ہماری تصویر لگا رکھی ہے۔ دیکھ یہ آدمی کتنی عزت کرتا ہے ہماری محبت کی۔ ہم اس کے گھر میں چوری نہیں کریں گے۔ لا مجھے روٹی واپس کر دے۔ میں اسے اسی دراز میں رکھے دیتا ہوں جہاں سے اسے اٹھایا ہے۔

(ہیر کبھی روٹی کبھی دیوار سے لگی ہوئی تصویر کی طرف دیکھتی ہے۔ آخر میں روٹی واپس کر

دیتی ہے۔ رانجھا میز کی دراز کھول کر اس میں روٹی رکھ دیتا ہے۔ ہیر سسکیاں لیتی ہے۔)

رانجھا: نہ رو ہیر یئے۔ میری اپنی ہیر یئے! یہ بارش تھم جائے گی۔ پھر مجھے کہیں نہ کہیں کام مل جائے گا۔ پھر ہم دونوں پیٹ بھر کے کھانا کھائیں گے۔

(بارش اور طوفان کی آواز باہر سے آتی ہے۔ کھڑکیاں بجنے لگتی ہیں)

ہیر: یہ بارش کبھی نہیں تھمے گی۔ یہ طوفان کبھی ختم نہ ہو گا۔ ہم سدا بھوکے رہیں گے۔

رانجھا: نہیں! ایک دن یہ بارش تھم جائے گی۔ ایک دن یہ طوفان ختم ہو جائے گا ایک دن یہ بادل چھٹ جائیں گے اور سورج کی روشنی ساری زمین کے سارے آنسو چوس لے گی۔ اس دن کوئی بھوکا نہ ہو گا۔ کوئی کسی کی ڈبل روٹی نہ چرائے گا۔ اس دن سارے جذبے اور ساری آرزوئیں اور ساری محبتیں مکمل ہو جائیں گی۔

(رانجھا بہت پیار سے ہیر کو اپنے بازوؤں کا سہارا دیتا ہے۔ دونوں دروازے کی طرف چلنے لگتے ہیں۔ اندھیرے میں اجالا آنے لگتا ہے۔ روشنی کی ایک کرن بالکنی سے بڑھتے ہوئے دیوار پر لگی ہوئی ہیر رانجھے کی تصویر کے گرد ایک منور ہالہ بنا دیتی ہے!)

(پردہ)

٭ ٭ ٭

سانپ

عصمت چغتائی

(ایک ایکٹ کا ڈرامہ)

افراد

رفیعہ: ہلکی پھلکی تیتری کی مانند، بھوری جاندار آنکھیں اور بات کے ساتھ جنبش کرنے والی بھویں، موٹے، موٹے ابھرے ہوئے ہونٹ اور چپٹی سی ناک مگر رنگ نہایت شفاف، چہرے پر بوقت ضرورت غصہ اور معصومیت دونوں اپنا اپنا رنگ دکھا سکتے ہیں۔ لوگ اسے حسین کہتے ہیں۔

سید: رفیعہ کا بھائی۔ گورا رنگ۔ درمیانہ قد۔ سریع الحس اور زود رنج لیکن جلد ہی من جاتا ہے مگر چہرے کی اور آنکھوں کی بناوٹ ہی کچھ ایسی کہ پتہ نہیں چلتا کہ رفیعہ سے چھوٹا ہے یا بڑا یقیناً دونوں توام تو نہیں۔

خالدہ: گورا بدن۔ اگر احتیاط نہ کرے گول مٹول ہو جائے۔ بڑی بڑی غلافی آنکھیں جنھیں وہ جان کر نیم باز رکھتی ہے۔ گندمی رنگ، پاؤڈر کی مدد سے ذرا کھلتا ہوا سنہرا۔ پھولے ہوئے گال جن سے معصومیت ٹپکتی ہے اور غصہ تو گویا آتا ہی نہیں۔

تراشے ہوئے بال گچھوں کی صورت میں شانوں پر پڑے رہتے ہیں۔ چھوٹے چھوٹے ہاتھ اور بادامی ناخن، چلنے میں بار بار معصومانہ غرور سے دونوں شانوں کو دیکھتی ہے۔

غفار: نہایت حسین اور نازک۔ اس کے باوجود دراز قد، شاعرانہ چال اور مصوروں کے سے صاف اور ستھرے ہاتھ۔ ہندوستان میں اتنے دلکش چہرے بہت کم نظر آتے ہیں۔ یہ رفیعہ کی خوش قسمتی ہے کہ غفار سے اس کی منگنی ہوگئی تھی اور اب شادی میں زیادہ کچھ دیر نہیں تھی۔ اس کے علاوہ وہ اپنے باپ کا اکلوتا بیٹا۔ دادی جان کے اصول کے مطابق اپنے گھر اور کالج کے علاوہ آج تک قسم لے لو کہیں نہیں گیا۔ ہاں سسرال آجاتا ہے۔ یہاں اسے شرم اس قدر آتی ہے کہ توبہ ہی بھلی۔ یہی وجہ ہے کہ وہ رفیعہ سے بے تکلف بھی نہیں۔

نوکر: ایسا جیسے عام نوکر ہوا کرتے ہیں فرمانبردار، محنتی، ڈانٹ برداشت کرنے والا۔

وقت: صبح آٹھ بجے گرمی کا دن۔

لباس: بہترین فیشن۔

اسٹیج: صرف ایک کمرہ جس میں سید رہتا ہے اور امیرانہ ٹھاٹھ کا ڈرائنگ روم۔

سید کا کمرہ: (کمرے میں دائیں اور بائیں ایک ایک دروازہ اور پشت پر ایک دروازہ اور کھڑکی۔ جس میں باغ اور پیڑ وغیرہ نظر آتے ہیں۔ ایک طرف ایک پلنگ اور چند کرسیاں اور میزوں پر کتابیں رکھی ہیں۔ ایک آرام کرسی پر سید آگے کو جھکا ہوا شیو کر رہا ہے۔ شیو کا سامان ایک بہت ہی چھوٹی میز پر رکھا ہوا ہے جس پر سے کوئی چیز اٹھانے میں بڑی مہارت کی ضرورت ہے۔ ورنہ دو تین چیزیں اور ٹکی چلی آتی ہے۔ سید کے چہرے پر کسی تازہ غم کے آثار ہیں جس سے معلوم ہوتا ہے وہ بہت چھپا رہا ہے۔ ذرا میلا ساراٹ کا لباس پہنے ہے اور بے انتہا سنجیدہ، بھویں چڑھائے ہوئے بیٹھا ہے۔)

سین نمبر (۱)

رفیعہ: (ایک بادامی رنگ کے کوٹ کے بازو پر ایک پٹی ٹانکتی ہوئی آہستہ آہستہ آتی ہے) لو سید (دانت سے تاگا توڑتے ہوئے) لاؤ اس دودھیا کوٹ کو ٹھیک کر دوں!

سید: (شیو روک کر بھنا کر کھڑا ہو جاتا ہے) ہیں! ٹھیک کر دو ٹھیک کر دو گی؟ (عاجز آ کر)۔۔۔ آخر یہ میرے ہر کوٹ کے پیچھے کیوں پڑ گئی ہو (کوٹ چھین کر) چھوڑو ادھر آخر یہ کیوں؟

رفیعہ: (سنجیدگی سے ڈورے میں گرہ لگاتے ہوئے) ہوں تو تمہارا ارادہ ہے کہ ابا جان کے انتقال کے بعد ذرا بھی اظہار غم نہ کرو۔ آخر دنیا کیا کہے گی کہ ایک ذرا سا ٹکڑا لگانا بھی دشوار ہے۔ لاؤ دودھیا کوٹ کہاں ہے؟

سید: کیا کہے گی دنیا؟ بکنے دو مجھے یہ دکھاوٹ پسند نہیں۔

رفیعہ: تم تو۔۔۔ بس دیوانے ہو۔ آخر اس میں کیا برائی ہے؟

سید: ہونے دو مجھے دیوانہ۔ کیا دنیا میں ہمیں ڈگی پیٹنی ہے کہ بھئی ہمارے باپ کا انتقال ہو گیا ہے جس کا ہمیں بہت ہی صدمہ ہے یقین نہ آئے تو دیکھ لو کالی پٹی۔

رفیعہ: یہ میرا مطلب نہیں۔

(کرسی پر بیٹھ کر ناخون سے تاگا سوت رہی ہے۔)

سید: پھر آخر تمہارا مطلب کیا ہے۔ یہ جو تم نے سیاہ کپڑے پہنے ہیں، خوب جانتا ہوں، کیوں پہنے ہیں!

رفیعہ: کیوں پہنے ہیں، ذرا بتانا تو سہی۔

سید: اس لیے کہ ذرا گوری نظر آؤ۔

رفیعہ: پاگل کیا میں ویسے نہیں پہن سکتی!

سید: (کچھ نہ سن کر تولیہ سے منھ رگڑتے ہوئے) اور دوسرے اس لیے کہ کالج کے لڑکے سوچیں کہ بڑی۔۔۔ فرمانبردار بیٹی۔ دیکھو نا کیسا ماتمی لباس پہن رہی ہے بچاری!

رفیعہ: (نفرت سے) اوہو۔۔۔ قطعی نہیں۔

سید: پھر شاید اس لیے کہ لوگوں پر ظاہر کر دو کہ تمہارا مذاق اس معاملے میں شیلا، خالدہ وغیرہ سے بلند ہے، وہ کبھی اتنے میچنگ ماتمی لباس نہیں پہن سکتیں، جتنے تم پہن سکتی ہو۔

رفیعہ: جھوٹ، بالکل غلط، شیلا اور خالدہ دونوں کے باپ زندہ ہیں۔

سید: (لاپرواہی سے) تو مائیں مری ہوں گی۔

نوکر: (دروازے میں آکر دو ایک بار کھنکارتا ہے اور کوٹ کا کالر پکڑ کر کھینچتا ہے۔) ہم سرکار۔۔۔ غفار میاں آئے ہیں۔

سید: (غصہ سے کرسی ڈھکیلتا ہے) اونھو! لاحول ولا قوۃ!

رفیعہ: کیوں آخر اترانے کیوں لگے۔

سید: (ویسے ہی چڑ کر) یہ کہاں کی رسم ہے کہ ایک تو انسان ویسے ہی پریشان ہو اور اوپر سے لوگ آکر جان کھائیں۔

(ڈریسنگ گاؤن پہن لیتا ہے۔)

رفیعہ: مگر سید غفار ہیں۔

سید: (گھٹی ہوئی آواز میں) غفار نہیں، اس کا باپ بھی ہو تو کیا کروں، مجھے ان پرسہ دینے والوں سے چڑ ہے۔ بار بار گویا چھیڑنے چلے آرہے ہیں۔

رفیعہ: (طعن سے) صبح سے نہ جانے کون کون تمہارے دوست چلے آرہے ہیں تو کچھ نہیں اب غفار کے آنے سے جل گئے۔

سید: (جھلا کر) تم اور مجھے جلا رہی ہو۔ جو بھی آرہے ہیں بے وقوف ہیں مانا کہ غفار تمہارا

منگیتر ہے تو اس کے یہ معنی نہیں کہ وہ ہر وقت سر پر سوار رہے۔

رفیعہ: (چڑ کر) اوہ شرم نہیں آتی۔ سب کے سامنے منگیتر کہہ دیا کرتے ہو۔

سید: اوہو تو گویا آپ شرماتی ہیں نا اپنے منگیتر سے۔

رفیعہ: یوں تو نہ کہو کافی شرماتی ہوں۔

سید: (منہ سکیڑ کر) کافی شرماتی ہو۔ میں کہتا ہوں جب تمہیں اس سے شادی ہی نہیں کرنی تو پھر اس سے چالیں کیوں چلا کرتی ہو۔

رفیعہ: اے ہے باولے نہ بنو (آہٹ سن کر) شش۔ چپ۔

(آہستہ سے پردہ ہلتا ہے اور غفار اندر آتا ہے۔ حسین اور بھولے چہرے کو غم اور گھبراہٹ نے اور بھی معصوم بنا دیا ہے۔ تھوڑی دیر تک بے تکی خاموشی چھائی رہتی ہے۔ تینوں خاموش ہیں۔ سید کو بھی غصہ ہے۔)

غفار: (سمجھ میں نہیں آتا کیا کرے ہمت کر کے) اف! کس قدر اداسی چھائی ہوئی ہے۔

سید: (کٹتے ہوئے لہجہ میں) معاف کرنا۔۔۔ غفار! یہی بالکل یہی جملہ تم صبح دہرا چکے ہو۔

غفار: (سٹپٹا کر رحم طلب نگاہوں سے رفیعہ کو دیکھتا ہے جو سید کو تنبیہاً گھورتی ہے، ہمت کر کے) رفیعہ! آپ کا ارادہ تعلیم جاری رکھنے کا ہے؟

سید: (رفیعہ کے بولنے سے پہلے ہی) کیوں؟ بھلا ایسی کیا خوشی کی بات ہوئی ہے جو یہ پڑھنا چھوڑ بیٹھیں گی۔ خوب!

غفار: (گھبرا کر) یہ میرا مطلب نہیں۔۔۔ میرا مطلب ہے کہ اماں جان تنہا ہو جائیں گی۔

سید: ہونھ! جیسے یہ ان کے پہلو ہی سے لگی بیٹھی رہتی ہیں۔

غفار: انھیں ایک غمخوار اور ہمدرد کی تو ضرورت ہو گی۔

سید: (جل کر) کس قدر بے وقوف ہو تم۔ بھلا یہ بیگم صاحبہ اماں جان کی کیا دلجوئی کریں

گی۔ بھئی ان کے شوہر کا انتقال ہوا ہے اور یہ قطعی نعم البدل نہیں ہو سکتیں۔

رفیعہ :(تنبیہاً)سید!!

غفار:(مردہ آواز میں) بھئی سید!نہ میں تمہاری طرح چالاک ہوں اور نہ چرب زبان!

سید: پھر آپ کو پرسہ دینے کی آفت کیا پڑی ہے۔

رفیعہ :(ڈانٹتے ہوئے)سید تم تو انسان کے پیچھے پڑ جاتے ہو۔

سید:(لڑائی کے لہجہ میں) تم کون غفار کی حمایت لینے والی۔ اس کے منہ میں زبان نہیں ہے۔

رفیعہ :زبان تو ہے تمہاری طرح منہ میں تلوار نہیں ہے میں کیوں نہ لوں حمایت!

غفار:(ذرا سنبھل کر) اگر رفیعہ میری حمایت بھی لیں تو تمہیں کیا اعتراض ہے یہ ان کی مہربانی ہے۔

سید:(جل کر)حمایت۔۔۔ تم۔۔۔ تمہیں اس سے بہت مہربانیوں کی امید ہے۔

رفیعہ :(بے زاری سے)سید دیکھو تم نے پھر میرے دل دکھانے کی باتیں کیں۔ ابا جان کے انتقال کے بعد سے تم بہت ہی وہ ہو گئے۔

سید:اونھ !یہ سب مکاری ہے۔

رفیعہ :(روہانسی ہو کر)ہر وقت میرے پیچھے ہی پڑے رہتے ہو۔

سید:(جل کر)تمہارے۔۔۔ تمہارے !ارے کیوں۔۔۔ بس۔۔۔ یہ سب ہمدردی وصول کرنے کے لیے ہے۔۔۔ (اسے واقعی رونے پر تیار دیکھ کر)اچھا بھئی غفار شروع کرو تم اپنی تقریر۔۔۔ ہاں کیا کہہ رہے تھے۔۔۔ کہ بڑی۔۔۔ وہ اداسی چھا رہی ہے۔۔۔ ہاں اور کیا؟

(غفار کھسیانی ہنسی ہنستا ہے۔)

(تھوڑی دیر پھر وہی بے تکی خاموشی۔)

غفار:(ہمت کر کے)رفیعہ تمہیں اتنا رنج نہ کرنا چاہیئے۔

سید:(جلدی سے)اتنا۔ کتنا؟

(رفیعہ رومال سے آنسو نہیں آنکھیں پونچھتی ہے۔)

غفار:(سید کی موجودگی کو بھولنے کی کوشش کر کے)رونا نہیں چاہیئے رفیعہ مرحوم کو دکھ ہو گا۔

(سید زور سے ہنستا ہے اور بڑے آئینہ کے پاس جا کر تولیہ سے منھ پونچھتا ہے اور اپنی شکل اور بال دیکھتا ہے۔)

غفار:(بڑی مستعدی سے)رفیعہ تمہاری صحت پر اثر پڑنے کا ڈر ہے۔

(سید بے تاب ہو کر جلدی سے غسل خانہ میں چلا جاتا ہے۔ غفار کو بہت ناگوار گزرتا ہے۔)

غفار:(جو تنہائی کو بہترین موقعہ سمجھتا ہے۔)رفیعہ! تمہیں رنجیدہ دیکھ کر جانتی ہو میرا کیا حال ہوتا ہے؟

رفیعہ:(بڑی معصوم آواز میں)اب رنج کرنا نہ کرنا تو اپنے بس کی بات نہیں ہے۔

غفار:(سرگوشی میں)رفیعہ!(گویا اس کے نام میں مزا ہے۔ ایسے منھ میں زبان پھیرتا ہے۔)رفیعہ! صبر کرنا چاہیئے صبر نہ کرے تو تم جیسا انسان کیا سے کیا ہو جائے۔

سید:(واپس آکر آخری جملہ سن کر)ہوں! پھر وہی نخرے!

(رفیعہ کو اعتراض کی نظر سے دیکھتا ہے۔)

غفار:(پہلی دفعہ غصہ ہونے کی کوشش کر کے)کیا!

(سید ناک سکیڑ کر سوں سوں کرتا ہے اور چھوٹی میز پر سے سنبھال کر کچھ چیزیں اٹھا کر

بڑی میز پر رکھ آتا ہے۔ تھوڑی دیر خاموشی رہتی ہے۔ تینوں پر جھنجھلاہٹ اور بے تکا پن چھا جاتا ہے۔ سید انگلیوں سے کوئی بے سری گت گھٹنوں پر بجا رہا ہے۔ رفیعہ بار بار رومال کا کونہ بدل رہی ہے۔ غفار اپنی انگشتری والی شاعرانہ انگلی کے ناخن کو گھبرا گھبرا کر دانتوں سے ٹٹول رہا ہے۔)

غفار: (ادھر ادھر دیکھ کر) اچھا تو اب اجازت ہے۔

سید: (چونک کر تیزی سے) بڑی خوشی سے۔

غفار: (ٹکڑا توڑ جواب سے مردہ دل ہو کر) میں۔۔۔ میں!

سید: (غفار کے جانے کے بعد) ہونھ! مکار!

رفیعہ: (بل کھا کر) دیکھو سید تمہاری حرکتیں۔۔۔

سین نمبر (۲)

منظر: (ڈرائنگ روم میں رفیعہ بیٹھی شیشے کے مرتبان میں مچھلیوں کو توس ڈال رہی ہے۔ سید بہت سے خط اور پیکٹ لیے آتا ہے۔ ایک ایک کو بار بار دیکھتا ہے اور الٹ پلٹ کرتا ہے۔)

سید: ہم۔۔۔ الہ آباد سے جواب ہی نہیں آیا۔

رفیعہ: (مڑ کر) ڈاک آ گئی۔ کوئی میرا خط؟

سید: (صوفے پر خطوں کو ڈالتے ہوئے) سب تمہارے ہی ہیں۔ میرا تو ایک آیا ہے۔۔۔ یہ مکھن والے کا بل۔

(رفیعہ جلدی سے خط اٹھاتی ہے اور کھول کر بڑی تیزی سے پڑھنا شروع کر دیتی ہے۔ بار بار ہنستی ہے۔)

سید: رفیعہ! کس طرح کا خط ہے؟
(رفیعہ سنتی ہی نہیں۔ پڑھنے میں مشغول ہے۔)
سید: (زور سے) میں کہتا ہوں کس کا خط ہے؟
رفیعہ: (سر ہلا کر ٹالتے ہوئے) ایک کا ہے۔
سید: آخر وہ ایک ہے کون؟
(رفیعہ دوسرا خط پڑھ کر اور بھی زور سے ہنس دیتی ہے۔)
سید: (بے تاب ہو کر) میں کہتا ہوں آخر تمہارے پاس اس قدر خط کیوں آتے ہیں؟
رفیعہ: یہ ڈاکیے سے پوچھو۔ وہی لاتا ہے۔
(مشغول ہے۔)
سید: نہ جانے کس کس کے خط اور ایسے بے ہودہ بے ہودہ، میں کہتا ہوں بے حیائی کی بھی کوئی حد ہے۔
رفیعہ: تم۔۔۔ تمہیں کون منع کرتا ہے۔ تم بھی خط منگوا لو۔ اس سے بھی بے ہودہ خط۔۔۔!
سید: مگر میں یہ باتیں پسند نہیں کرتا۔
رفیعہ: (چمکار کر) تم بڑے اچھے بیٹے ہو۔
سید: (غصہ سے) میں واقعی مذاق نہیں کر رہا ہوں۔ مجھ سے کئی لوگوں نے کہا۔۔۔ کہ۔۔۔
رفیعہ: (بے تکلفی سے) ہوں۔۔۔ کیا کہا۔
سید: تمہیں شرم نہیں آتی، مگر میں تو ذلیل ہوتا ہوں۔ اچھا تم اسے عبدالرحمن کو کیوں خط لکھتی ہو؟

رفیعہ :(سادگی سے)چند ضروری باتیں پوچھنا تھیں۔ اس لیے۔

سید: وہ ضروری باتیں میں جانتا ہوں کیا ہیں۔

رفیعہ : جب جانتے ہی ہو تو میرا دماغ کیوں چاٹ رہے ہو؟

سید: مجھ بڑی شرم آتی ہے اور وہ عبدالرحمن تم سے شادی کرنا چاہتا ہے۔

رفیعہ : اوہو!تب تو بڑی اچھی بات ہے۔

سید: کیسے بنتی ہو جیسے تمہیں معلوم ہی نہیں۔

رفیعہ : ارے بے وقوف معلوم ہی ہوتا تو میں اس کے چھ خطوں کا جواب کیوں گول کر جاتی۔ آج۔۔۔ یہ دیکھو لکھا ہے۔ "یہ ساتواں خط ہے۔" دیکھو نا۔۔۔ اگر مجھے معلوم ہوتا تو یقیناً۔۔۔

سید: تم اس سے شادی کروگی!

رفیعہ : دیکھو زور زور سے نہ کہو، غفار سن لے گا تو بس۔

سید: بکو مت۔ میں تم سے پوچھتا ہوں کیا۔۔۔ تم۔۔۔ اس سے شادی کروگی؟

(ایک ایک لفظ صاف کہتا ہے۔)

رفیعہ : اب اس کا جواب کیسے دے سکتی ہوں۔

سید: کیوں ابھی سے کیا۔ رفیعہ۔۔۔ مگر یاد رکھو، اگر تم نے اس بڈھے گھاگ سے شادی کی تو بس۔۔۔

رفیعہ : تو بس۔۔۔ کیا؟ تو تم غصہ میں آکر چمن بی سے بیاہ کر لینا۔ بس مزا تو رہے گا سید۔ ابا جان کے بعد گھر کس قدر۔۔۔

سید: چپ رہو۔ تو اب تم اسے خط نہ لکھنا۔

رفیعہ : کیوں۔ واہ!

سید: نہیں۔ آخر فائدہ۔ تم اس سے شادی تو کر نہیں رہی ہو۔

رفیعہ: کیا معلوم۔۔۔ قسمت کی کس کو کیا خبر؟ فرض کرو، غفار مجھ سے شادی نہ کرے اور جیسے کہ تم کہتے ہو ظفر میرے اوپر تھوکے بھی نہیں، تو پھر یہ۔۔۔ ٹھیک رہے گا۔۔۔ روپیہ بہت ہے سید پھر دونوں۔۔۔

سید: (غصہ سے بھنا کر) کم بخت چپ رہ، اور پھر کہتی ہے تجھے کچھ نہ کہوں۔

رفیعہ: آخر کیوں؟ میں کرتی کیا ہوں۔

سید: اور پھر پوچھتی ہو "کیا کرتی ہوں" یہ تم اتنا کیوں اتراتی ہو؟

رفیعہ: کون میں اتراتی ہوں؟

سید: اور خصوصاً غفار کو دیکھ کر۔

رفیعہ: (ذرا۔۔۔ جل کر) اچھا جاؤ۔ اتراتے ہیں۔ پھر تمہارا کیا۔ تم کیوں جلے مرتے ہو؟

سید: مجھے غفار پر ترس آتا ہے۔

رفیعہ: اوہو بڑا ترس آتا ہے۔ جیسے اسے کوئی کھائے ہی جارہا ہے۔

سید: کھائے ہی جارہا ہے اور نہیں تو پھر کیا۔

رفیعہ: (خط اٹھاتے ہوئے) تم تو پاگل ہو۔۔۔ یاد ہے وہ باؤلا کتا جس نے تمہیں کاٹا تھا تو کسولی گئے تھے۔ جو نہ کرو کم ہے۔

سید: ارے مجھ سے جلتی ہو۔ آخر کو تمہارا بڑا بھائی ہوں۔

رفیعہ: تو تم ہی بتادو۔ میں نے غفار کے ساتھ کیا ظلم و ستم کیے۔

سید: تم اسے پھانسنے کی کوشش کرتی ہو۔

رفیعہ: (متحیر ہو کر) سید کوئی بھائی اپنی بہن سے ایسی بے ہودہ بات کہتا ہو گا۔ پتہ ہے یہ گالی ہے۔

سید:(ہاتھ گھما کر) سچی بات میں گالی بھی ہو تو کیا کیا جائے۔

رفیعہ :اچھا کھاؤ قسم کہ میں غفار کو۔۔۔ توبہ توبہ پھانستی ہوں۔

سید:(اطمینان سے) پھانستی ہی نہیں بلکہ پھانس چکیں اور اب ظفر پر دانت تیز کر رہی ہو۔

رفیعہ : دیکھو سید تم بڑی بے ہودگی پر اتر آئے ہو۔ میں برداشت نہیں کر سکتی، واہ یہ بھی کوئی بات ہے۔

سید: تو پھر تم کیوں ایسی حرکتیں کرتی ہو۔ آخر اس میمنہ کا خون چوسنے میں کیا مزا آتا ہے ہاں ظفر اور چیز ہے۔

رفیعہ :(جلدی سے) اور چیز۔۔۔ اور چیز سے تمہارا کیا مطلب ہے۔

سید:(ایک اخبار کو موڑتے ہوئے)۔۔۔ میرا مطلب ہے ظفر تم سے بھی زیادہ مکار ہے وہ الٹا تمہیں مزہ چکھا دے گا۔ لوہے کو لوہا کاٹتا ہے نا۔

رفیعہ :(بگڑ کر) دیکھو تم گھما پھرا کر کسی نہ کسی بہانے سے مجھے مکار کہہ ہی جاتے ہو، تمہاری خالدہ بڑی معصوم ہے نا!

سید: خالدہ! لفظ معصوم کے ساتھ تمہیں خالدہ کیسے یاد آسکتی ہے، ارے وہ؟۔۔۔ وہ تو تمہاری بھی استاد ہے، اسی نے تو تم کو بگاڑا ہے۔

رفیعہ :(دھمکا کر) اچھا کہوں گی خالدہ سے۔

سید:(بدمزاجی سے) لاحول ولا قوۃ، ایک دفعہ نہیں لاکھ دفعہ کہہ دینا۔

رفیعہ : پھر دیکھنا وہ تمہاری کیا گت بناتی ہے۔ صورت بھی نہ دیکھے گی۔

سید: ارے وہ مبارک دن آئے بھی کبھی جب وہ میری صورت دیکھنے اور اپنی دکھانے سے باز آئے۔

رفیعہ :(حیرت سے) کیا سچ کہہ رہے ہو تم؟

سید: اور نہیں تو کیا جھک مار رہا ہوں۔

رفیعہ: تمہیں دوڑ، دوڑ کر وہاں جاتے ہو اس کی جوتی بھی پرواہ نہیں کرتی۔

سید: جوتی پرواہ نہ کرتی ہوتی تو بھلے ہی دن تھے۔ جوتی میں خالدہ سے زیادہ انسانیت ہے۔ مگر وہ تو یوں (پنجہ گھما کر) مجھے شکنجے میں کسے ہوئے ہے۔۔۔

رفیعہ: کون منع کرتا ہے نکل آؤ نہ شکنجہ میں سے۔

سید: (جھلا کر) ارے وہ نکلنے بھی دے جب نا۔ وہ ایک پہنچی ہوئی ہے نکلنے کب دے گی، جوں ہی نکلنے کی کوشش کرتا ہوں اڑنگا لگا دیتی ہے۔

رفیعہ: بودے ہو تم۔ یوں کہو۔

سید: اور کیا۔ بودا نہ ہوتا تو وہ مجھ پر چھا سکتی تھی۔

(دائیں دروازے کا پردہ ہلتا ہے اور خالدہ ایک سیاہ ساری اور سنہری چھوٹی سی صدری پہنے داخل ہوتی ہے۔)

خالدہ: (دونوں ہاتھ پھیلا کر ایک طرف سر ڈال کر) رفی!

رفیعہ: (دوڑ کر اس سے لپٹتے ہوئے) خلو!

سید: (جانے کے لیے کھڑے ہو کر نقل میں) اترانا!

خالدہ: (چونک کر) ارے رفی! ابھی کون چوں سے بولا تھا؟ (کان پر ہاتھ رکھ کر) کہیں۔۔۔ بھئی مجھے چوہوں سے بہت ڈر لگتا ہے۔

سید: (دانت بھینچ کر) بلبلاں ہی چوہوں سے نہ ڈریں گی تو کون ڈرے گا۔

خالدہ: (مڑ کر مسرت سے) سید ڈیئر!

(سید جیبوں میں ہاتھ ڈالے تھوڑی سینے پر ٹکائے کھڑے گھورتے ہیں۔)

خالدہ: (جیسے نڈھال ہو کر کرسی پر گر جاتی ہے۔) رفی! میں سید سے بہت خفا ہوں۔

سید:(ویسے ہی تنے ہوئے) شکریہ!

خالدہ:(تعجب سے) شکریہ؟ رفی سید سے پوچھو آج میرے غصہ پر شکریہ کیسا؟

سید:(نقل میں) رفی! خالدہ سے کہہ دو مجھے اس کے غصہ کی رتی بھر پروا نہیں۔

خالدہ: ان سے کہو اترائیں نہیں۔

سید: رفی! ان سے کہہ دو دبتے نہیں تم سے۔

خالدہ:(سنجیدگی سے) رفی ان سے کہہ دو خدا کے لیے ہاتھ اپنی جیبوں سے نکال لیں۔ بالکل ربڑ کا گڈا لگ رہے ہیں۔

(سید جلدی سے جیبوں میں سے ہاتھ نکال لیتا ہے، مگر فوراً ہی شرمندہ ہو جاتا ہے، رفیعہ اور خالدہ ایک دوسرے پر گر کر لوٹ جاتی۔۔۔ اور بے بات ہنستی ہے۔)

سید: اور تم۔۔۔ تم جیسے موم کی پتلیاں۔ منوں پوڈر تھوپ لیا اور بن گئیں حسین۔

خالدہ:(چہرے کے پاؤڈر کو احتیاط سے تھپتھپاتے ہوئے) رفی! میں پاؤڈر لگاتی ہوں۔

رفیعہ:(جھوٹ بول کر) نہیں تو۔

خالدہ:(ڈانٹ کر) پھر۔۔۔ پھر سید نے کیسے کہا؟

رفیعہ:(خوشامد سے) غلطی ہوئی بچارے سے۔

سید: بالکل نہیں۔ تم دونوں پاؤڈر لگاتی ہو اور بھویں بھی اکھیڑتی ہو۔

رفیعہ: آہا۔۔۔(مذاق اڑاتے ہوئے) اکھیڑتی!

خالدہ: ہاں۔ "اکھیڑتی ہیں۔" بھویں نہ ہوئیں خیمے ہو گئے جو اکھیڑے جائیں۔

سید:(کھسیا کر) اور کیا۔۔۔

خالدہ: رفی یہ سراسر بہتان ہے نہ ہم پاؤڈر لگائیں نہ بھویں اکھیڑیں ہم قطعی اتنے ہی حسین ہیں جتنے نظر آتے ہیں۔۔۔ اور سید کو خدا کے لیے سمجھاؤ کہ ہماری بھویں پیدائشی کمان

جیسی کھنچی ہوئی ہیں۔

سید: (ہاتھ جھٹک کر) ہوں گی ضرور ہوں گی۔ کمان نہیں توپ کے گولے ہوں گی۔ بس!

خالدہ: تو گویا آپ کو شک بھی ہو سکتا ہے۔ رفی! سید کتنے بد مذاق ہیں، دنیا اپنے محبوب کی شان میں قصیدے کہتی ہے اور مٹھوس خواہ پاؤڈر لپ اسٹک کا ذکر کرتے ہیں۔ تمہیں کیا ہم کچھ لگائیں دکھائی تو خوبصورت دیتی ہیں۔

سید: تم لوگ بے شرم ہو۔

(لاپروائی سے کھڑکی میں سے جھانکنے لگتا ہے۔ خالدہ اور رفیعہ چپکے چپکے اسکیم بناتی ہیں۔)

رفیعہ: اچھا تو میں ذرا دوپہر کے کھانے کے لیے باورچی کو بتاؤں (رعب سے) سید، خالدہ کا دل نہ گھبرانے پائے۔

سید: (گویا سنا ہی نہیں۔)

(خالدہ دبے پیر سید کے پیچھے جاتی ہے۔ وہ کچھ نوٹس نہیں لیتا اور برابر باہر غور سے جھانک رہا ہے۔ خالدہ کچھ چڑ کر ہاتھ تول کر گال پر تھپڑ مارتی ہے۔)

خالدہ: (بھولپن سے ہاتھ دیکھتی ہے۔ گویا کچھ ڈھونڈ رہی ہے۔) کہاں گیا، یہ موٹا سا مچھر تھا، اڑ گیا۔

سید: (بھنا کر مڑتا ہے اور گال پر ہاتھ رکھ کر) لاحول ولا قوۃ۔

خالدہ: سچ کہتی ہوں۔ مچھر تھا یہ بڑا سا اڑ گیا۔

سید: معاف کیجئے آئندہ سے آپ میرے منھ پر مچھر کا شکار نہ کیجئے کاٹنے دیجئے مچھروں کو۔

خالدہ: (معصوم آنکھیں بنا کر لچکتی ہوئی آواز میں) واہ یہ کیسے ہو سکتا ہے میرا دل کیسے مانے گا کہ مچھر کو کاٹتے دیکھوں گی۔ تمہاری تکلیف۔۔۔

سید: میری تکلیف؟(رکھائی سے) معاف رکھو اپنی ہمدردی سے۔

(دور کرسی پر بیٹھ جاتا ہے۔)

خالدہ: واہ یہ کیسے (آکر کرسی کے ہتے پر بیٹھ جاتی ہے۔) یہ کہیں ہو بھی سکتا ہے میں تمہاری تکلیف کا خیال نہ کروں تو پھر کون کرے سید؟ پھر کون تمہاری خبر گیری کرے۔ تمہارے اوپر مکھیاں بھنکنے لگیں تو کیا میں نہ اڑاؤں۔

سید: (کچھ جلا ہوا) ہوں۔ بکواس جو کوئی تمہاری سنے۔

خالدہ: تم پر تو ہر وقت بھوت سوار رہتا ہے۔

سید: (ترشی سے) ہوں۔ جانتی ہو یہ بھوت آتا کہاں سے ہے!

خالدہ: ہا۔۔ آں۔۔۔ ارے ٹھہرو(کان پر ایسے چٹکی لیتی ہے گویا کوئی کیڑا پکڑ رہی ہے۔) اے ہے جوں! توبہ ہے سید! (بال پکڑ کر ہلا کر) سر منڈواؤ۔ یہ پٹیاں پارنے کا کیا شوق ہے۔ کانوں پر تو جوئیں رینگ رہی ہیں۔۔۔ ی۔۔۔ ق۔۔۔

(گھن کھاتی ہے۔)

سید: (تڑپ کر دوسری کرسی پر زور سے جا بیٹھتا ہے۔) کیا مطلب ہے تمہارا خالدہ! اس ذرا سی دیر میں مذاق ہی مذاق میں تم نے ایک تھپڑ ٹکا دیا۔ چٹکی بھر لی اور بال نوچ ڈالے۔ کہاں ہے جوں ذرا میں بھی تو دیکھوں۔

خالدہ: لو تو کیا میں تمہاری جوئیں سینت کر رکھتی ہوں۔ پھینک بھی دی میں نے۔

سید: (تاڑ کر) ہاں ضرور پھینک دی۔

خالدہ: اے ذرا سی جوں کا جھگڑا کھڑا کر لیا اور نہیں تو کیا میں نے کھالی دیوانے۔

(روٹھ کر کرسی پر بیٹھ جاتی ہے۔)

سید: میں پوچھتا ہوں تمہیں مزا کیا آتا ہے؟

خالدہ: کاہے میں؟

سید: لوگوں کو دکھ پہنچانے میں۔

خالدہ: (خوشی سے کھل کر) دکھ پہنچانے میں، تمہیں دکھ پہنچتا ہے۔ سید میں سمجھتی تھی تم بالکل مٹی کے تودے ہو (محبت سے) جسے نہ کوئی دکھ پہنچ سکتا ہے نہ سکھ۔ جو نہ روتا ہے نہ ہنستا ہے۔ (دعا کے لیے ہاتھ اٹھا کر) یااللہ تیرا شکر ہے کہ سید میں بھی جان ہے۔

سید: (غصہ سے پہلو بدل کر) تم بڑی مکار ہو۔

خالدہ: (ایک دم سنجیدہ ہو کر) تمہاری زبان بڑی گندی ہو گئی ہے سید!

سید: جو بات ہو گی وہ ضرور کہوں گا۔

خالدہ: کیا بات ہے آخر، میں نے تمہارے ساتھ کیا مکاری کی؟ جو ہر وقت کہتے رہتے ہو۔

سید: یہ مکاری نہیں تو پھر کیا ہے کہ خود۔۔۔ خود تو میرے سر پر چڑھ کر آتی ہو اور اپنی سہیلیوں سے کہتی پھرتی ہو سید میری جوتیاں چاٹتا پھرتا ہے، ہنہ۔۔۔

خالدہ: بالکل غلط۔ ٹامی اگر تمہیں میری جوتیاں چاٹتے دیکھ لے تو چاب ڈالے، ناممکن، میں ایسی بے ہودہ اور غلط بات کہہ ہی نہیں سکتی۔

سید: (تیزی سے) تم نے نہیں کہا کہ میں تمہارے پیچھے پیچھے لگا پھرتا ہوں۔

خالدہ: (اطمینان سے سر ہلا کر) ہاں، یہ تو میں نے کہا، تو اس میں کیا عیب ہے۔ لڑکوں کے لیے تو یہ بات باعث فخر ہے کہ وہ خوبصورت لڑکیوں کے پیچھے دوڑیں۔ دیکھ لو سبھی یہ۔۔۔ کرتے ہیں۔

سید: ہو گا باعث فخر اوروں کے لیے مگر میرے لیے تو ذلت ہے۔ میں یہ بے ہودگی پسند نہیں کرتا۔

خالدہ: اوہو، بڑے وہ ہونا۔ خوب جانتے ہیں تمہیں شیلا کے ساتھ۔۔۔

سید: لاحول ولا قوۃ۔ وہ میری کلاس میٹ تھی۔ کبھی کبھی بات کر لیتا تھا تو سنا ہے آپ نے اس سے الٹی سیدھی باتیں کیں۔

خالدہ: میں نے کیا الٹی باتیں کہیں؟ میں نے بھی کہا کہ تم بڑے چلتے ہوئے ہو۔

سید: جھوٹی۔ یہ نہیں کہا تم نے

خالدہ: جھوٹے ہو گے تم۔ پھر کیا کہا میں نے۔۔۔ اچھا وہ منگنی والی بات!

سید: ہاں۔

خالدہ: تو کیا ہوا؟

سید: تم نے کہا کہ میری تمہارے ساتھ منگنی ہو گئی!

خالدہ: ہاں کہا تو پھر۔

سید: تمہارا مطلب کیا تھا یہ کہنے سے۔ جب کہ۔۔۔ جب کہ۔۔۔ تم۔۔۔

خالدہ: اے سید سچ مچ۔ دیوانے ہو۔ اے ہے یونہی کہہ دیا تھا تاکہ وہ تم سے فلرٹ نہ کرے۔

سید: تم کون ہوتی ہو۔ تمہیں اس سے کیا۔ کوئی کچھ کرے!

خالدہ: تو اب میں نے یہ بھی تو مشہور کر دیا کہ منگنی ٹوٹ گئی۔ بس بدلہ نکل گیا۔

سید: ارے خالدہ۔ انتہا کرتی ہو۔ تم نے منگنی ٹوٹنے کے قصہ میں بھی مجھے ہی ذلیل کیا۔

خالدہ: اور کیا پاگل! خود اپنے آپ کو کچھ کہہ دیتی۔

سید: مگر اب جو میں شیریں سے ملتا ہوں تو کیوں جلتی ہو؟

خالدہ: کچھ بھی ہو سید، تم کیسے نالائق یا بد ہیئت کیوں نہ ہو، مگر کوئی لڑکی یہ کبھی پسند نہیں کرتی کہ اسے پسند کرنے والا کسی دوسری لڑکی کو پسند کرنے لگے۔ سمجھے!

سید: خواہ وہ خود اسے رتی بھر نہ پدھارتی ہو۔

خالدہ: ناچاہے رتی بھر نہ پدھارتی ہو۔

سید: بے شرم۔

خالدہ: کیوں؟

سید: اور یہ تم مجھے اس وقت دق کرنے نہیں آئیں۔ کیوں؟

خالدہ: خاک۔ میں تو پرسہ دینے آئی تھی۔

سید: ہاں، اور یہ جب سے تم میری جان کو پرسہ ہی تو دے رہی ہو یا بیٹھی بیٹھی مجھے دل رہی ہو۔

خالدہ: اونھ، اب تمہیں کون سمجھائے۔

سید: سمجھاؤ تو جب کہ میں خود سمجھتا ہوں۔ یہ تم نے رفیعہ کو کیوں ٹرخا دیا۔ اسی لیے کہ مجھے گھیر کر میرا خون چوسو۔

خالدہ: اگر تم ایسی باتیں کروگے تو میں ابھی چلی جاؤں گی۔

سید: (مردہ آواز میں) کاش تم اپنی دھمکیوں کو کبھی سچ کر دکھاتیں۔

خالدہ: تو کیا تم چاہتے ہو کہ میں چلی جاؤں۔

سید: یقیناً (پھر جلدی سے) نہیں نہیں اگر تمہیں شبہ بھی ہو جائے گا کہ میں چاہتا ہوں تم چلی جاؤ، تم سارے وقت میرے سر پر سوار رہو گی۔ تمہیں میری ہر بات سے ضد ہو جاتی ہے۔

خالدہ: (ہنستے ہوئے اس کی طرف بڑھ کر) تم بہت عقل مند ہو گئے ہو سید۔

سید: (ترشی سے) حالانکہ تمہیں پختہ یقین ہے کہ تم مجھے بے وقوف سمجھتی ہو۔ (اسے اپنی طرف بڑھتا دیکھ کر) یہ میری طرف پھر عنایت ہو رہی ہے۔ اگر تم چاہتی ہو تو وہ رہا دروازہ!

خالدہ:(مصنوعی حیرت سے) ارے تم تو واقعی ہوشیار ہوتے جارہے ہو۔

سید: ہا۔ہاں مگر تم بڑے آرام سے اس کرسی پر بیٹھ سکتی ہو۔

(دور کرسی کی طرف اشارہ کرتا ہے۔)

خالدہ:(پیار سے) آؤ سید ملاپ کرلیں۔

سید: معاف ہی رکھو۔ کیا پھر کوئی مچھر وچھر نظر آگیا؟

خالدہ:(نرمی سے) نا سید اب کے کچھ نہیں۔ جو کچھ بھی کروں تو جو سزا چاہو دینا۔(آ کر کرسی کے ہتے پر بیٹھ جاتی ہے۔)لو اسی بات پر تم میرا ہاتھ چوم سکتے ہو۔

سید:(تیوریاں چڑھائے منھ پھلائے) ہنہ!

(رفیعہ پردے کے آڑ سے جھانکتی ہے، اور خالدہ کو آنکھ سے اشارہ کرتی ہے۔)

خالدہ:(اپنا ہاتھ اس کے ہونٹوں سے لگا کر)لو۔

(چمکارتی ہے۔)

(رفیعہ اندر سے آتی ہے اور سید کو اعتراض کی نظروں سے دیکھتی ہے۔)

رفیعہ:(کٹتی ہوئی آواز میں) آج کل کے لڑکے اس قدر بدمعاش ہو گئے ہیں کہ توبہ ہی بھلی۔ شریف لڑکیوں کا تو گھر آنا ہی دشوار ہے۔

(سید جل کر خالدہ کو ہتے پر سے ڈھکیلنا چاہتا ہے۔ جو پہلے ہی ہٹ چکی ہے اور کھڑکی میں سے باہر جھانک رہی ہے۔)

رفیعہ:(ڈانٹ کر جس سے سید کو نفرت ہے) کیا بات ہے سید۔

خالدہ:(معصوم آواز میں) کچھ نہیں ان کے کان پر جوں رینگ رہی تھی، یہ موٹی بھینس کی بھینس۔ میں نے پکڑ کر پھینک پھانک دی اب کہتے ہیں۔۔(سید کو اٹھتا دیکھ کر جلدی سے کھڑکی کے باہر جھانکنے لگتی ہے۔ گویا کچھ ہوا ہی نہیں۔)

(سید بھنا کر اٹھتا ہے اور باغ کی طرف جو دروازہ ہے اس میں سے چلا جاتا ہے۔ خالدہ اور رفیعہ زور زور سے ہنستی ہے۔)

سین نمبر (۳)

منظر:(سید اور رفیعہ ایک ہی صوفہ پر بیٹھے ہیں۔ دونوں ذرا بہتر اور مہذب نظر آرہے ہیں رفیعہ البم میں تصویریں لگا رہی ہے اور سید ٹانگ پر ٹانگ رکھے اخبار دیکھ رہے ہیں۔)

رفیعہ: چھٹیوں نے تو سید تھکا دیا۔ جی ہی نہیں لگتا۔

سید: ہوں۔ بوٹنگ کو چلتی ہو؟

رفیعہ: ہاں خلو کو بھی بلالیں گے۔

سید: نا بھئی خلو ٹلو کا جھول ہے۔

رفیعہ: اوہو خلو بغیر چاہے کچھ مزا نہ آئے خود کو بھی۔

سید: کسے، مجھے توبہ کرو۔ سارے وقت تو مجھ سے الجھتی رہتی ہے تمہیں کہہ دو انصاف سے اس دن اس نے میرا جینا دو بھر کر دیا تھا کہ نہیں۔

رفیعہ: اچھا اب میں اسے منع کر دوں گی آج میں نے خالدہ، ظفر اور غفار کو کھانے پر بلایا ہے۔ خلو تو چائے بھی یہیں پئے گی۔

نوکر: (دروازے ہی میں سے جھک کر) ظفر میاں آئے ہیں آپ کو بلا رہے ہیں۔

سید: یہ کیا بے ہودگی ہے واہ کہ دروازے میں سے کوے کی طرح کھڑے گردن جھکا جھکا کر چلا رہے ہیں۔

نوکر: (اندر آکر کھسیانی آواز میں) ظفر میاں آئے ہیں۔

سید: کتنی دفعہ کہا کہ ایسے زور سے نہ چلایا کرو۔ گویا۔۔۔ کہ۔۔۔ یہ کوئی طریقہ نہیں۔

نوکر:(اور بھی مردہ آواز میں) ظفر میاں آئے ہیں۔

سید:(جل کر) بس بکے چلے جانا۔۔۔ ٹرٹر۔ ٹرٹر۔ کہہ دو آتے ہیں۔

رفیعہ:(البم سمیٹ کر) نہیں۔ ظفر میاں کو یہاں بلالو۔ یہیں بھیج دو۔

سید: نہیں ٹھہرو۔

(نوکر آدھا جاکر لوٹ آتا ہے۔)

رفیعہ:(نوکر کو ڈانٹ کر) جاؤ میں کہتی ہوں۔ کہہ دو سید کام کر رہے ہیں۔

سید: ٹھہرو، بدتمیز (نوکر منھ بنا کر لوٹتا ہے) یہی مجھے کام ہے ہم دونوں جا رہے ہیں موٹر خریدنے ظفر کے لیے۔

رفیعہ:(کھڑے ہو کر نوکر کو ڈانٹتی ہے) جاتے ہو کہ نہیں۔ کہہ دو نہیں آتے سید۔

(نوکر بھاگتا ہے تو اندر داخل ہوتے ہوئے ظفر سے ٹکرا جاتا ہے۔ بے طرح ڈر کر بھاگتا ہے۔)

ظفر: ارے بھئی آتے کیوں نہیں تھے۔ چلوگے؟

(سگریٹ سلگاتا ہے۔)

سید: ہا۔ ہاں۔ چلو۔

رفیعہ: ٹھہرو ظفر! اماں جان نے کہا ہے کہ تم مجھے فلاسفی پڑھانے آیا کرو۔

ظفر:(ناک سکیڑ کر) فلاسفی! میرے باپ نے فلاسفی نہیں پڑھی تو تمہیں کیا خاک پڑھاؤں گا۔

رفیعہ: تو خیر اکنامکس پڑھا دینا۔

ظفر: کیا بک رہی ہو۔ یہ نبیوں والے مضمون میں کیا جانوں۔ میں سائنس اسٹوڈنٹ ہوں۔

رفیعہ: بکو مت۔ اماں جان نے کہا ہے۔ شرم نہیں آتی ان کا کہنا ٹالتے۔

سید: (ہاتھ ہلا کر) نہیں ظفر، اماں جان نے قطعی نہیں کہا۔ دل سے گڑھ رہی ہے۔

ظفر: مگر بھئی مجھے آئے بھی جب ہی تو پڑھاؤں یا ویسے ہی۔

رفیعہ: اچھا پوئٹری (Poetry) پڑھا دیا کرو۔ (ہنس کر) اب بچ کر کہاں جاؤ گے۔

سید: کچھ نہیں جی جھوٹ بول رہی ہے، اسے ضرورت بھی نہیں۔

رفیعہ: میں نے کیا جھوٹ بولا۔

سید: یہی کہ اماں جان نے کہا کہ کوئی نہ کوئی الٹا سیدھا مضمون ضرور ہی ظفر سے پڑھو (ظفر سے) جب اس کا دل کسی کام کے کرنے کو چاہتا ہے تو میرے یا اماں جان کے سر تھوپ دیتی ہے اور کچھ ایسا پھند اڈالتی ہے کہ بس ہی نہیں چلتا۔

رفیعہ: (تیزی سے) اور جو میں نے پچھوالیا تو!

سید: کس سے پچھوادو گی؟

رفیعہ: خلو سے۔ دوسرے ظفر تمہارا ہی فائدہ ہے۔

ظفر: فائدہ! میرا کیا فائدہ ہے۔ نہ پڑھو گی نہ کچھ۔ جان ضیق میں رکھو گی سینکڑوں دفعہ لڑائی ہو گی۔ خواہ مخواہ بھلا کیا فائدہ۔

رفیعہ: تمہارا یہ فائدہ کہ تمہیں بہانہ ڈھونڈ کر مجھ سے ملنے نہ آنا پڑے گا۔ مزے سے ایک بہانہ موجود رہے گا، اور غفار کو بھی اعتراض نہ ہو گا۔ کیوں؟

سید: (تڑپ کر) او۔۔۔ ہ۔۔۔ بس۔۔۔ ظفر میں نے کتنا کہا تجھ سے کہ اس بلا سے بچا رہیو۔۔۔ مگر تو بھی نرا چغد ہی نکلا۔ اب دیکھ تجھے کیسی جوتیاں کھلواتی ہے۔

ظفر: اجی کھلوائیں جوتیاں۔ میں جیسے اس کی چالوں میں آہی تو جاؤں گا۔

رفیعہ: لو ظفر اب تمہیں بھی۔۔۔ روٹیاں لگیں اور سید کی طرح اترانا شروع کیا۔ ان کی

صحبت نے تمہیں کوڑی کام کا نہیں رکھا۔

سید: میری صحبت۔ میری صحبت کیا بری ہے۔ تم اپنی کہو۔ تمہیں خالدہ کی صحبت نے جنگلی بنادیا ہے بالکل۔

(خالدہ منھ پھلائے آتی ہے اور بالکل سید کے قریب بیٹھ جاتی ہے۔)

خالدہ: ہر وقت میرا ذکر۔ ہر وقت میرا ذکر۔ تمہارے خیالوں کی دنیا میں، میں ہی چھائی ہوئی ہوں۔

سید: (منھ بنا کر) ضرور!

رفیعہ: لو اب پچھوائے دیتی ہوں۔ کیوں خلو۔۔۔

ظفر: (بات کاٹ کر) کیوں۔۔۔ ٹھہرو۔ خلو تمہارے سامنے اماں جان نے کہا کہ رفیعہ کو پڑھاؤں۔

خالدہ: (سنجیدگی سے) کتنی مرتبہ کہا کہ ظفر میرا نام اس قدر پیار سے نہ لیا کرو سید کو رشک ہوتا ہے۔ کیوں سید؟

سید: (برا مان کر) لاحول ولا قوۃ۔

رفیعہ: تو کل سے ضرور مجھے پڑھانے آیا کریں گے۔

ظفر: نہیں، قطعی نہیں۔۔۔ میں۔۔۔

رفیعہ: خیر تو میں محمود صاحب کو لکھوں گی وہ پڑھا دیا کریں گے۔

سید: جی نہیں۔ محمود سے نہیں۔ ہمارے یہاں ان کی آمد ورفت نہیں۔

رفیعہ: آمد ورفت نہیں تو اب ہو جائے گی۔

سید: جی نہیں۔ نہیں ہو گی۔

رفیعہ: (چڑ کر) یہ بھی تمہاری دھونس ہے۔ ظفر پڑھائیں نہیں، محمود صاحب کی

آمدورفت نہیں۔ کیوں ان کے پڑھانے میں کیا اعتراض ہے آپ کو؟ پوئٹری ان سے اچھی کون پڑھا سکتا ہے۔

ظفر: اجی وہ ہے زمانے بھر کا لوفر۔

سید: جی نہیں۔ یہ بات نہیں (طعن سے مسکرا کر) ان سے بڑھ کر کون لوفر ہوگا۔

رفیعہ: (چونک کر) کون؟

سید: جی آپ۔ خالدہ وغیرہ وغیرہ۔

خالدہ: ہوش میں سید، تمہاری وغیرہ وغیرہ ہوں گی لوفر۔ ہم کیوں ہوتے۔

سید: جی نہیں۔ آپ تو سب سے بڑھ کر خدا بچائے۔

خالدہ: (حیرت اور رنج سے) سن رہی ہو رفیعہ!

رفیعہ: سن رہی ہوں، روز سنتی ہوں۔ سید تو خیر پاگل ہیں ہی، مجھے تو ظفر پر حیرت ہو رہی ہے کہ اماں جان کی بات نہیں سنتے۔

ظفر: میں کہتا ہوں اماں بچاری کو خبر بھی نہیں، تم دل سے بنا رہی ہو۔

رفیعہ: (آہٹ سن کر) شش! لو اماں جان خود ہی آ رہی ہیں۔

(ظفر سگریٹ پھینک کر ٹھیک سے بیٹھ جاتا ہے۔ خالدہ جلدی سے سید کے پاس اٹھ کر دور بیٹھ جاتی ہے۔ پردہ کھلتا ہے اور سیاہ شیروانی اور تنگ پاجامہ پہنے غفار داخل ہوتا ہے۔)

رفیعہ: (حیرت سے) ارے!

(سب زور سے قہقہہ لگاتے ہیں۔ خالدہ واپس سید کے پاس بیٹھ جاتی ہے۔ ظفر نیا سگریٹ سلگا لیتا ہے۔ سید ترش روئی سے گھٹنا ہلا رہا ہے۔)

(سب پھر زور سے ہنستے ہیں۔)

سید: چغد!

غفار: (مجرمانہ انداز سے) کون؟

ظفر: اونھ۔۔۔ ہم۔۔۔ سب (بات ٹال کر) تم اپنی کہو۔

غفار: (سب کی طرف سے بے توجہ ہو کر) رفیعہ طبیعت تو اچھی ہے؟

رفیعہ: (نیم باز آنکھوں سے سید کو دیکھ کر لو اب کیا جواب دوں) ہاں، مگر میری طبیعت تھی کب خراب؟

غفار: میرا مطلب ہے مزاج تو اچھا ہے۔

رفیعہ: میں بدمزاج کبھی تھی ہی نہیں۔

غفار: (تھک کر) یہ تو میں نے نہیں کہا کہ تم بدمزاج ہو۔

رفیعہ: پھر؟

غفار: (پشیمان ہو کر) میں نے تو ویسے ہی پوچھا تھا۔

رفیعہ: (دبی زبان سے) رسماً۔

غفار: ہاں رسماً ہی سمجھ لو اب۔

سید: ارے کانٹوں کی جھاڑی سے کیوں الجھ رہے ہو!

(تھوڑی دیر بے تکی خاموشی رہتی ہے۔)

رفیعہ: (ایک دم سے) اے ہے، زعفران دنیا تو بھول ہی گئی۔ میں آج شاہی ٹکڑے پکار ہی ہوں۔

سید: چل جھوٹی کبھی باورچی خانہ میں جھانکتی بھی نہیں۔

رفیعہ: تم کون سید۔

(چلی جاتی ہے۔)

خالدہ: (باغ کی طرف دروازے سے جاتے ہوئے) سید ذرا یہاں آؤ تم سے ایک ضروری

بات کہنا ہے۔

سید: (منھ پھلائے) کیا بات! پھر کوئی مچھر وچھر۔۔۔

خالدہ: نہیں، نہیں تم آؤ تو سہی۔

(سید اٹھ کر جاتا ہے۔ خالدہ اس کے بازو میں ہاتھ ڈال کر اسے کھینچتی ہوئی چلی جاتی ہے۔)

ظفر: (جیسے خواب میں) افوہ! یہ لڑکیاں!!

غفار: کیوں، کون لڑکیاں؟

ظفر: سب لڑکیاں، ایکو ایک۔۔۔ ناگنیں ہیں۔

غفار: (غیر شاعرانہ گفتگو سے متنفر ہو) میں تو نہیں سوچتا۔ یہ کیوں؟

ظفر: (بہت سادھواں ہوا میں پھیلا کر) ہوں۔ تم بے چارے سوچتے ہی کیا ہو۔

غفار: (برا مان کر) کیوں مجھ میں بے چارے پن کی ایسی کیا بات ہے!

ظفر: ۔۔۔ یہ ۔۔۔ یہ کہ تم ۔۔۔ تم ۔۔۔ جانے بھی دو اب۔

غفار: آخر کچھ کہو بھی۔

ظفر: کہوں کہا (کچھ جل کر) تم بچے ہو بچے، اور رفیعہ ناگن۔

غفار: (بگڑ کر) قطعی نہیں۔ کم از کم رفیعہ کے بارے میں تمہیں غلط فہمی ہوئی، وہ اس قدر۔۔۔

ظفر: (طعن سے جملہ پورا کرے) بھولی ہے! کیوں؟

غفار: یقیناً۔

ظفر: (زور سے ہنستا ہے اور مصنوعی کھانسی کھانستا ہے) بھولی! ضرور!!

غفار: (ذرا سختی سے) تم یہ بھی جانتے ہو یہ تم کس کے سامنے کہہ رہے ہو؟

ظفر: (جل کر بھویں سکیڑ کر اسے دیکھتے ہوئے) شاید آپ کے سامنے۔

غفار: اور شاید یہ بھی جانتے ہو کہ۔۔۔

ظفر: کہ جناب کو رفیعہ سے محبت ہے اور اسے چاہتے ہیں۔

غفار: یقیناً ایک فرشتہ خصلت لڑکی کے لیے میں۔۔۔

ظفر: رفیعہ۔ فرشتہ خصلت!

غفار: بے شک۔ کیوں نہیں۔۔۔ آخر۔۔۔

ظفر: (بات کاٹ کر اپنی تیز زبان میں) تم شاید ان بیوقوفوں میں سے ہو جو آنکھ میچ کر ہر لڑکی کو حسین، معصوم اور نیک قرار دیتے ہیں (ایک دم ذرا اٹھ کر) غفار تمہارا ارادہ میرا مطلب رفیعہ سے شادی کرنے کا ہے۔

غفار: یہ بات عرصہ ہوا طے ہو چکی۔

ظفر: تو تم ٹھکانے لگ چکے۔

(واپس کرسی پر لیٹ جاتا ہے۔)

غفار: (کچھ نہ سمجھ کر) یعنی۔

ظفر: (تھوڑی دیر غفار کو گھور کر) اُھو! تم نہیں سمجھتے۔ تم کچھ نہیں سمجھتے۔ تم سمجھ ہی نہیں سکتے۔

غفار: نہ جانے کیا بک رہے ہو۔

ظفر: (کچھ نہ سن کر) تم نہیں جانتے ان لڑکیوں کو۔ یہ سب۔۔۔ بلیلاں ہیں۔ تم نے دیکھا ہے ایک چوہے کو بلی کیسی جھنجھوڑیاں دیتی ہے۔ کبھی اس ران کو دبایا۔ کبھی اس پنجہ پر کچلی ماردی۔ کبھی کمر میں گدگدایا۔۔۔ اور کبھی پورا ہڑپ کر گئیں۔

غفار: (متحیر ہو کر) صنف نازک کے بارے میں تمہارے بڑے لچر خیالات ہیں۔

ظفر: (جلدی جلدی) صنف نازک، صنف نازک۔ اوہ کس قدر بے معنی لفظ ہے۔۔۔ نہ

جانے کن بیوقوفوں نے انھیں صنف نازک کا خطاب دیا ہے۔

غفار: (ظفر کی بیوقوفی پر مسکرا کر) تو تمہارے خیال میں عورتیں صنف نازک کہلانے کی مستحق نہیں۔

ظفر: مستحق! مستحق ہونے کی خوب رہی۔ اجی یہ دنیا کے سارے آرام اور چین اٹھانے کی مستحق ہیں۔ کولھو کے بیل کی طرح جت کر ہم کام کریں۔ سر پھٹوائیں۔ دنیا بھر کی آفتیں اٹھائیں ہم اور یہ صنف نازک بن کر ہمارے اوپر بھوت کی طرح سوار ہو جائیں اور پھر صنف نازک اپنی سی کرنے پر اتر آئیں تو وہ گت بنائیں کہ جینا دشوار کر دیں۔

غفار: میرے خیالات شکر ہے کہ تم سے مختلف ہیں اور رہیں گے۔

ظفر: اور پھر ان ہی خیالات کے ہونے پر تم رفیعہ سے شادی کرنے کا دعویٰ رکھتے ہو (ایک دم سے) کبھی تم نے براہ راست بھی رفیعہ کی رائے معلوم کی۔۔۔ میرا مطلب ہے شادی کے بارے میں۔

غفار: ہاں مجھ سے ایک دفعہ یہ غلطی ہو گئی تھی۔

ظفر: (غصہ سے چیخ کر) غلطی! کیا آدمی ہو تم۔۔۔

غفار: ہاں ہاں غلطی (رنجیدہ ہو کر) اس کے والد کے انتقال کے فوراً ہی بعد۔

ظفر: پھر اس نے کیا کہا۔

غفار: کچھ نہیں، مت یاد دلاؤ ظفر، وہ میری بیوقوفی تھی۔ وہ رونے لگی۔

ظفر: (حیرت سے) رونے لگی۔

غفار: ہاں میری بیوقوفی۔ ایسے موقع پر دل دکھانا۔

ظفر: ہوں۔۔۔ ضرور روئی ہو گی۔۔۔ تمہاری بد حواسیوں پر بار بار رو چکی ہے مگر دل دکھانے کو تم سے کس نے کہا تھا!

غفار: دل ہی دکھانا ہوا ایسے صدمے کے بعد۔

ظفر: (ہاتھ جھٹک کر) تو پھر قیامت تک کسی لڑکی کو نہیں سمجھ سکتے۔ اچھا (کچھ سوچ کر رک رک کر) فرض کرو رفیعہ۔۔۔کو۔۔۔رفیعہ مر جائے تو تم۔۔۔

غفار: کم از کم میرے سامنے تو ایسی باتیں نہ کرو۔

ظفر: (دونوں ہاتھوں سے کنپٹیاں دبا کر) افوہ کیسے کہوں تم سے غفار (مردہ آواز میں) ہم سب بے وقوف ہیں۔ ہم سب چوہے ہیں۔ میں۔ تم۔ سید۔ سب چوہے ہیں بزدل چوہے۔

غفار: (کچھ نہ سمجھ کر) میں تو یہ نہیں سوچتا۔

ظفر: (بے چین ہو کر) چپ رہو غفار۔ تم مجھے پاگل کر دو گے۔ اوہ۔

غفار: (نہایت سکون سے) میں ذرا اماں جان کے پاس جا رہا ہوں تم بھی چلتے ہو۔

ظفر: (پریشان ہو کر) تم جاؤ میں ذرا دیر میں آؤں گا۔

(غفار جاتا ہے۔ جسے ظفر رحم کی نگاہوں سے تکتا ہے۔ تھوڑی دیر سوچتا ہے پھر اٹھ کر ٹہلنا شروع کر دیتا ہے۔ دو تین کرسیوں میزوں سے بے خیالی میں ٹھوکر لگتی ہے۔ کارنس کے پاس جا کر تصویریں دیکھنے لگتا ہے۔ رفیعہ کی تصویر کو غور سے دیکھتا ہے۔)

(بڑبڑاتے ہوئے۔)

(دیر تک غور سے کبھی پاس سے کبھی دور سے تصویر کو اٹھا کر دیکھتا ہے۔ آہستہ آہستہ اس کا سر تصویر کی طرف جھکتا ہے۔ رفیعہ دبے پاؤں داخل ہوتی ہے، اس کی پشت سے پنجوں کے بل کھڑے ہو کر دیکھتی ہے۔ ظفر تصویر پر اپنے ہونٹ لگا دیتا ہے۔)

رفیعہ: (اس کے کندھوں پر ہاتھ رکھ کر تحکمانہ لہجے میں) دیکھا پکڑے گئے نا! کہو؟

(ظفر ایک دم مڑ کر اسے غصہ سے گھورتا ہے اور جلدی تصویر پیٹھ کے پیچھے کر لیتا ہے۔)

رفیعہ: اب تو تمہیں مجھے پڑھانے کے لیے آنے میں کوئی اعتراض نہیں۔

(ظفر ایک جھٹکے سے تصویر میز پر رکھ کر آتش دان کے پاس بیٹھ جاتا ہے۔)

رفیعہ: (اس کی ٹھوڑی چھو کر) بے چارا ظفر بہانے کیا کیا کرتا تھا۔ آج۔۔۔

ظفر: (اس کا ہاتھ جھٹک کر) اونھ! تم واقعی سانپ ہو۔

رفیعہ: اور تم چھچھوندر۔ جسے نہ میں نگلتی ہوں اور نہ اگلتی ہوں۔ مگر میں کہتی ہوں چھچھوندر کی دیدہ دلیری تو دیکھو سانپ کے منھ لگ رہی تھی۔

ظفر: (مسکرا کر) بھگت تو رہی ہے چھچھوندر اپنے اعمال کی سزا۔

(سید کچھ بھنایا ہوا آکر ایک کرسی پر بیٹھ جاتا ہے۔ پیچھے پیچھے خالدہ کندھوں کو ہلکی سی جنبش دیتی ہوئی داخل ہوتی ہے۔)

رفیعہ: آہا۔ ایک اور چھچھوندر!

ظفر: (خالدہ کو دیکھ کر) ایک اور سانپ بھی۔

خالدہ: ظفر تم سے کس نے بتایا کہ سید نے مجھے سانپ کہا۔

رفیعہ: کسی نے بھی نہیں۔ انھیں تو وحی آتی ہے۔ بے چارے کو ابھی ابھی شہادت کا رتبہ ملا ہے۔

خالدہ: (پژمردہ ہو کر) میں سمجھتی تھی کہ سید ہی اس قدر شاعرانہ بات کہہ سکتا ہے۔ پر اب معلوم ہوا کہ ظفر بھی۔ خیر سید تم کبھی تو کوئی نئی بات نکالا کرو جس سے مجھے فخر کرنے کا موقع ملے۔

(سید منھ بناتا رہتا ہے۔)

(رفیعہ خالدہ کے پاس جا کر اس کے کان میں کچھ کہنا چاہتی ہے۔)

ظفر: (بغاوت کر کے) یہ کانا پھوسی یہاں نہیں ہو گی (رفیعہ کو کھینچ کر) تم لوگ چپکے چپکے باتیں نہیں کر سکتیں!

رفیعہ: خلو! پھر بتاؤں گی اچھا۔

خالدہ: اور میں (سید سے آہستہ سے) بتا دوں سید تمہاری شاعری؟

سید: (اپنی جگہ جھوم کر) بھاڑ میں جاؤ تم اور تمہاری شاعری؟

خالدہ: رفی (سید کو دیکھتی ہے) میں نے انھیں ایک بات کہنے کے لئے بلایا تو یہ خود ایک بہت ضروری بات کہنے لگے۔ بولے (پیار سے) کہہ دوں سید؟

سید: (پہلی دفعہ مسکرا کر) بے حیا ہو تم دونوں۔

خالدہ: پھر اتر آئے اپنی اوقات پر۔ پھر تم نے مجھ سے شادی کی درخواست کیوں کی تھی؟

ظفر: اچھا!

رفیعہ: (خوشی سے اچھل کر) اور خلو یہ ظفر اتنی دیر یہاں کیا کرتے رہے۔ دیکھو نا آندھی کی وجہ سے ساری تصویروں پر گرد جم گئی تھی انھوں نے سا۔۔۔ب چاٹ کر صاف کر دی (اپنی تصویر اٹھا کر) یہ دیکھو کس قدر چمک گئی۔ ظفر تم چاہو تو اسے گھر بھی لے جاسکتے ہو۔ اطمینان سے صاف کر لینا۔

(ظفر کھسیانا مسکراتا ہے۔)

رفیعہ: نہیں لیتے؟ بس یہی تو مجھے جہالت کی باتیں کھلتی ہیں۔ اچھا کسی دن چھپا کر لے جانا۔ یہ رکھی ہے۔

(ظفر اٹھ کر تصویر لے کر جیب میں ڈال لیتا ہے۔)

سید: رفیعہ تم نے تو طے کر لیا کہ ظفر سے شادی کرو گی؟

رفیعہ: ہاں فی الحال تو میں ظفر ہی سے کر رہی ہوں۔

ظفر: (بگڑ کر) یہ فی الحال سے تمہارا کیا مطلب! (سید سے) یار میں نے ایسی لڑکیاں ہی کہیں نہیں دیکھیں۔ سنا کرتے ہیں بڑی سیدھی سادی ہوتی ہیں۔

خالدہ:اوہو جیسے تم نے دیکھی بھی بہت سی لڑکیاں ہیں۔ لے دے کر ہم دونوں ذرا ڈھنگ کے تمہیں دکھائی دیئے تو تم ہم پر ہی پیش ہو گئے اور سیدھی سادی لڑکیوں کو آج کل کون پوچھتا ہے۔ پڑی گھروں میں روٹیاں پکایا کریں۔

رفیعہ: اور کیا۔ سچ بتاؤ تمہیں وہ "گڈے" پسند ہیں؟

ظفر: (مسکرا کر سید کو دیکھتے ہوئے) تم سے تو غنیمت ہی ہوں گی۔

خالدہ: (ایک دم سے) لو گو یہ تو بتاؤ جب رفیعہ ظفر سے شادی کرے گی تو غفار کیا کرے گا؟

رفیعہ: وہ خودکشی کرے گا یا ہمیشہ میرے نام پر کنوارا بیٹھا رہے گا۔

ظفر: کس قدر اتراتی ہو تم۔

خالدہ: بھئی یہ تو عجیب گڑبڑ ہے۔ میرے خیال میں اسے کل معاملات سے آگاہ کر دیا جائے میں اسے سمجھا دوں گی۔ ابھی بلاتی ہوں۔

(اٹھتی ہے۔)

ظفر: (گھبرا کر) بھئی میں جا رہا ہوں۔

خالدہ: نہیں تمہیں یہیں رہنا چاہئے۔ ورنہ پھر پورا مرحلہ طے نہ ہو گا۔

سید: ہٹو جی سب واہیات ہے چلو جی ظفر یہ دونوں فساد پر تلی ہوئی ہیں۔

رفیعہ: اگر تم دونوں چلے جاؤ گے تو بھئی میں تو صاف مکر جاؤں گی۔

سید: (ایک دم مڑ کر) یعنی؟

رفیعہ: یعنی یہ کہ تم پھر مجھ سے نہ کہنا کہ غفار کو دھوکا دیا۔

سید: اور تم دھوکا دو گی!

رفیعہ: اور کی اور نہ تم مت جاؤ۔

سید: خیر اس میں بھی تمہاری کوئی چال ہے (بیٹھ جاتا ہے) بیٹھو بھئی ظفر۔

خالدہ: تو میں غفار کو بلانے جاتی ہوں۔

(چلی جاتی ہے۔)

سید: تم نے فیصلہ کر ہی لیا کہ رفیعہ سے شادی کروگے!

ظفر: میں شادی کر رہا ہوں یا رفیعہ مجھ سے شادی کر رہی ہے۔ چہ خوش!

سید: اماں وہ ایک ہی بات ہوئی۔

ظفر: ایک ہی بات کیسے ہوئی چھچھوندر سانپ کو نگلتی ہے یا سانپ چھچھوندر کو نگلے گا یا یوں ہی چباتا رہے گا۔

رفیعہ: بالکل غلط۔ سانپ چباتا کب ہے اس کے دانت ہی نہیں ہوتے۔

ظفر: تم دانتوں والا سانپ ہو۔ اجگر۔

(ہاتھ سے جسامت بناتا ہے۔)

رفیعہ: دیکھو سید اب یہ ظفر ہی بات نکال رہے ہیں۔

(خالدہ اور غفار آتے ہیں۔)

خالدہ: لو ایک اور چھچھوندر۔

رفیعہ: (جلدی سے) دیکھو غفار ظفر مجھے سانپ کہہ رہے ہیں۔

غفار: (بے وقوفی سے) یہ کیوں؟

ظفر: یہ یوں کہ یہ سانپ ہے ہی جو۔

(لڑنے پر آمادہ ہو جاتا ہے۔)

غفار: (بیٹھ کر) یہ ظفر تمہاری غلطی ہے۔

ظفر: (جل کر) اور تمہاری بیوقوفی! رفیعہ جس شخص سے شادی کرے گی اس بد نصیب کو

چھٹی کا دودھ یاد آجائے گا۔ ہم لوگ ابھی یہی سوچ رہے تھے۔

رفیعہ: (بناوٹی رنج سے) اوہ! مجھے نہیں معلوم تھا کہ میں اس قدر خوفناک ہوں۔

غفار: بالکل غلط۔ میں تمہیں خوفناک بالکل نہیں سمجھتا۔

(ایک دم موضوع کے چھڑ جانے سے گھبرایا ہوا ہے۔)

رفیعہ: نہیں میں تمہاری زندگی برباد نہیں کروں گی۔

غفار: (جوش سے) برباد نہیں۔ تم میری زندگی آباد کرو گی۔

رفیعہ: نہیں میں تمہیں نگل ہی جاؤں گی۔ سانپ ہی جو ٹھہری۔

غفار: (شدت جوش سے کانپ کر) کیسی باتیں کرتی ہو۔ تم مجھے نگل بھی جاؤ تو میرے لیے عین راحت ہے۔

خالدہ: مگر اب تو رفیعہ نے فیصلہ کر لیا۔

غفار: (چونک کر) کیا فیصلہ کر لیا۔

خالدہ: یہی کہ وہ تمہیں نہیں نگلے گی۔

رفیعہ: ہاں اب تو میں ظفر کو نگلوں گی۔ یہ ہے تو پھر یہی سہی۔

(ظفر پریشان ہو کر مسکراتا ہے۔)

غفار: (سمجھ کر) تو۔۔۔ تو تمہارا یہ مطلب ہے کہ مجھے ٹھکرا رہی ہو۔

رفیعہ: اونھ! اب تم نے بھی غلط شاعری شروع کر دی۔

غفار: (پریشانی سے انگلیاں چٹخا کر) اور ظفر تم مجھے دھوکا دیتے رہے۔

ظفر: غفار بچے نہ بنو۔ یہ فتنہ تمہارے بس کا نہیں تھا۔ شکر کرو کہ میرے ہی اوپر بیتی اور تم بچ گئے۔ تم دیکھنا وہ میری گت بنائے گی کہ توبہ ہی بھلی۔

غفار: کاش میری ہی وہ گت بن جاتی۔

خالدہ: مگر غفار سوچو تو۔

غفار: ایک عرصہ دراز سے یہ بات بزرگوں نے کر دی تھی۔

خالدہ: یہ بات تو ٹھیک ہے کہ آبائی حق تو تمہارا ہے۔ مگر یہاں تو رفیعہ کا معاملہ آن پڑا ہے وہ ایک ضدی ہے۔

غفار: (اندو ہگیں ہو کر) میں جا رہا ہوں۔ (نہایت اداسی سے) رفیعہ خدا کرے تم خوش رہو۔

(کھڑا ہو جاتا ہے۔)

ظفر: مجھے کوئی دعا نہیں دیتا۔۔۔ (بڑ بڑا کر) جیسے رفیعہ کو بڑی دعاؤں کی ضرورت ہے، لوگ مجھے دعا نہیں دیتے۔

رفیعہ: (غفار کے پاس جا کر پیار سے) غفار تم غصہ تو نہیں ہو۔

غفار: (غصہ سے) نہیں۔

رفیعہ: اور رنجیدہ!

غفار: (رقت سے) نہ رنجیدہ۔

رفیعہ: (ایک دم اس کا حسین چہرہ ہاتھوں میں لے کر بڑی محبت سے دیکھتی ہے) تم بڑے پیارے ہو غفار، تم نہیں جانتے ہو مجھے تم سے کتنی محبت ہے۔

سید: (تنبیہاً) پھر پھیلا یا جال۔

رفیعہ: (ویسے ہی اس کا چہرہ دیکھتے ہوئے) تم کون۔۔۔ ہوتے ہو سید بیچ میں بولنے والے۔ (غفار سے) میں تمہیں بچپن سے پسند کرتی ہوں۔ بہت ہی کرتی ہوں۔

(ظفر متحیر آنکھیں پھاڑے دیکھ رہا ہے۔)

غفار: (امید بھری آواز میں) رفیعہ!

رفیعہ :(بڑی رومینٹک آواز میں)ہاں !

غفار:(اس کے بازوؤں پر پاتھ پھیر کر)تم نے ابھی کہا کہ تم مجھ سے محبت کرتی ہو۔

رفیعہ :ہاں اور ہمیشہ اسی طرح محبت کرتی رہوں گی(اس کا منھ قریب کر کے) تمہیں یاد ہے غفار بچپن میں میں کس قدر تمہاری شرارتیں پسند کرتی تھی۔

سید: جھوٹی غفار نے کبھی شرارت کی ہی نہیں۔

غفار:(سید کی پرواہ نہ کر کے جوش سے)تو پھر۔رفیعہ !

رفیعہ :ہاں۔ پھر اب میں نے فیصلہ کر لیا کہ ظفر سے شادی کرنے کے بعد میں فوراً تمہیں گود لے لوں گی۔ کیوں ظفر!

(اس کا چہرہ جھکا کر پیار کرنا چاہتی ہے۔)

(ظفر ایک دبی ہوئی اطمینان کی سانس لینا چاہتا ہے اور آرام کرسی پر لیٹ جاتا ہے۔)

غفار:(جسم میں ایک دھکا محسوس کرتا ہے اور خاموش دو قدم پیچھے ہٹ جاتا ہے۔)سانپ!!!

(بغیر دوسری نگاہ ڈالے ایک دم پہلے دروازے سے نکل جاتا ہے۔)

رفیعہ :(حیرت سے مسکراتے ہوئے اپنے خالی ہاتھ دیکھتی ہے۔)

(ظفر،سید اور کچھ کچھ خالدہ بھی حیرت سے منھ پھاڑے بیٹھے ہیں۔)

ظفر:(گھٹی ہوئی مردہ آواز میں)سانپ!!!

***

گوشۂ عافیت

ڈاکٹر محمد حسن

(ایک ایکٹ میں ایک طربیہ)

کردار:

بیگم: بیس پچیس سال کی خوبصورت دوشیزہ جس کی شادی کو ابھی زیادہ مدت نہیں گزری ہے۔

انور: تیس بتیس سال کا متوسط طبقے کا ایک نوجوان۔

اختر: انور کا دوست جو تقریباً ہم عمر ہے مرنجان مرنج اور خوش طبع نوجوان ہے۔

بوڑھا: ۶۵ یا ۷۰ برس کا چھوٹے قد کا بوڑھا۔ اس کی خضاب سے رنگی داڑھی، اور شرارت سے بھری ہوئی آنکھیں اس کی کمینگی اور چالاکی کی غماز ہیں۔

پیر صاحب: ادھیڑ عمر کے درویش نما بزرگ جن کی داڑھی اور سر سیاہ ہے۔ لیکن تقدس سے زیادہ کھلنڈرا پن نمایاں ہے۔

چند پڑوسی ادھیڑ، جوان اور نوجوان۔

زمانہ موجودہ۔ دوسرے پنج سالہ منصوبے کے مکمل ہونے سے پہلے جب ہندوستان میں مکان کا مسئلہ حل ہونے کی صورت نظر نہیں آئی ہے۔ جگہ، ہندوستان کا کوئی شہر۔

پہلا منظر

(نہایت خستہ حال، گندے اور مختصر مکان کا کمرہ۔ جس کی دیواروں پر برسوں سے قلعی نہیں ہوئی ہے چھت نیچی ہے۔ دیواروں پر مختلف لکیریں اور کارٹون بنے ہوئے ہیں۔ فرش کہیں کہیں کچا ہے اور کہیں اینٹیں دکھائی دینے لگی ہیں۔ اس کمرے مین دو پلنگ بچھے ہوئے ہیں ایک کارخ اسٹیج کی طرف ہے اور دوسرا اسٹیج کے بائیں طرف اسٹیج کی لمبائی میں بچھا ہوا ہے، اسی طرح جو جگہ کمرے میں نکالی گئی ہے اس میں ایک چھوٹا سا غالیچہ بچھا دیا گیا ہے اور اس پر ایک چھوٹی سی اخروٹ کی لکڑی بنی ہوئی میز اور دو کرسیاں بچھی ہوئی ہیں یہ دونوں قیمتی اور اچھی حالت میں ہیں۔ اسٹیج کے بیچ میں پہلے پلنگ کے ٹھیک اوپر ایک کھڑکی ہے جس کی حالت اچھی نہیں ہے۔ لکڑی کا پالش کہیں کہیں سے اڑ گیا ہے کچھ حصہ دیمک نے کھالیا ہے۔ شیشے بھی بدرنگ ہوگئے ہیں۔ لیکن اس کھڑکی کے نچلے حصہ پر بھی پھوٹے چھوٹے پردے لٹکائے گئے ہیں پردے خوشنما ہیں لیکن اس کھڑکی پر عجیب بے جوڑ سے لگتے ہیں۔ بائیں طرف دوسرے پلنگ کے سرہانے چند بکس رکھے ہوئے ہیں ایک بکس کے اوپر میز پوش بچھا کر پاندان رکھ دیا گیا ہے دونوں پلنگوں پر صاف ستھرے بستر بچھے ہوئے ہیں مگر کمرے کی فضا پر بھی ملگجی، دھندلی اور دھوئیں سے بھری ہوئی معلوم ہوتی ہے بائیں طرف کپڑے ٹانگنے کی کھونٹیاں بھی لگی ہوئی ہیں۔ بیچ کی میز پر گل دان رکھا ہوا ہے جس میں پھول بھی موجود ہیں ان میں سے کچھ مرجھا گئے ہیں ظاہر ہے کہ یہی کمرہ بہ یک وقت سونے کا کمرہ بھی ہے اور ڈرائنگ روم بھی۔

اس کمرے کے دو دروازے ہیں اسٹیج کی دائیں طرف کا دروازہ باہر جاتا ہے اس پر رنگین پردے لٹکائے گئے ہیں بائیں طرف کا دروازہ مختصر سے صحن اور باورچی خانے کی طرف جاتا ہے۔

جب پردہ اٹھتا ہے انور کرسی پر بیٹھا جوتے کے بند کھولتا دکھائی دیتا ہے بکھرے ہوئے بال اور گرد آلود چہرے سے ظاہر ہے کہ کافی دور گھوم گھام کر آیا ہے۔ چیک کا گرم کوٹ اتا کر کھونٹی پر ٹانگ چکا ہے، جوتے کے بند کھول کر جرابیں اتارتا ہے اور ایک پاؤں گھٹنے پر رکھ کر اسے دباتا ہے معلوم ہوتا ہے بہت تھکا ہوا ہے پھر انگڑائی لیتا ہے اور نکٹائی کھولنے لگتا ہے ابھی کھول ہی رہا ہے کہ بیگم دائیں دروازے سے داخل ہوتی ہے۔)

بیگم: آ گئے شہزادہ گل فام؟ کہئے کچھ مکان کا بندوبست ہوا۔

(بیگم غرارہ جمپر اور دوپٹہ پہنے ہوئے ہیں لباس سے ان کی خوش مذاقی ظاہر ہوتی ہے۔)

انور: ابھی تھک ہار کر آیا ہوں۔ دم تو لینے دو۔ نہ چائے کو پوچھا نہ پانی کو۔ بس آتے ہی مکان کا سوال شروع ہو گیا۔

بیگم: میں کہہ چکی ہوں مجھ سے اس کمرے میں نہ گھٹا جائے گا۔ میں کل ہی اپنے میکے چلی جاؤں گی۔ نہیں تو کسی ٹھکانے کے مکان کا انتظام کرو۔

انور: یہی بات تمہاری سمجھ میں آ جاتی تو پھر رونا کاہے کا تھا میں کہتا ہوں اسی زمانے میں چاہو تو کولمبس کی طرح نئی دنیا ڈھونڈ نکالو مگر مکان نہیں مل سکتا۔

بیگم: آخر شہر بھرا پڑا ہے مکانوں سے۔ دنیا جہان کے لوگ رہتے ہیں ہر کوئی تمہاری طرح کونے کھدروں میں پڑا رہے تو بھلا کیسے کام چلے۔

انور: بیگم، جی جلانے سے کوئی فائدہ نہیں۔ مکان نہیں ملے گا، نہیں ملے گا، نہیں ملے گا۔

بیگم: تو میں کہتی ہوں ایسی نوکری کو جھونکو بھاڑ میں۔ صاف صاف تم اپنے دفتر والوں سے کہہ کیوں نہیں دیتے کہ "اگر تمہیں نوکر رکھنا ہے تو مکان دیں نہیں تو بابا، پھٹ پڑے وہ سونا جس سے ٹوٹیں کان۔ یہ لو اپنی نوکری۔

انور: جی ہاں! ایسے ہی تو وہ میرے عزیز دار لگتے ہیں کہ میرے ناز نخرے اٹھائیں گے۔

بیگم: جب اپنی گوں اٹکے گی تو ہزار بار اٹھائیں گے۔ میں تو پہلے ہی جانتی ہوں تم مکان کے لئے دوڑ دھوپ ہی نہیں کرتے۔ یہ تم تو سدا سے چاہتے ہو کہ میں گھبرا کے میکے چلی جاؤں۔

انور: بیگم! بیگم!! خدا کے لئے رحم کرو مجھ غریب پر۔ دیکھ رہی ہو آج تین دن سے مارا مارا پھر رہا ہوں۔ پنواڑی، سائیکل کا پنکچر بنانے والے۔ اخبار والے بھی سے کہہ آیا ہوں اور تم کہتی ہو کہ میں دوڑ دھوپ نہیں کرتا۔ اب کیا اپنی جان دے دوں؟

بیگم: (دوسرے پلنگ پر بیٹھ جاتی ہیں) میں بھی تو سنوں کیا کہتے ہیں یہ سب لوگ؟

انور: (کچھ دیر گھبرا کر خاموش ہو جاتا ہے۔ پھر یکایک جیسے کچھ یاد آ گیا ہو) ہاں خوب یاد آیا۔ اختر نے اس وقت آنے کو کہا تھا۔ وہ ضرور مکان کا کوئی انتظام کر کے لائے گا۔

بیگم: دیکھ چکی ہوں تمہارے سارے دوستوں کو۔ سب چولھے میں ڈالنے کے قابل ہیں۔ کام کے نہ کاج کے۔ دشمن اناج کے۔ ویسے انور میاں کہتے منھ سوکھتا ہے اور کام کے وقت ادھر رخ بھی نہیں کرتے۔

انور: جی ہاں۔ میں برا۔ میرے دوست برے۔ میری قدرت میں ہوتا تو الہ دین کا چراغ کہیں سے لے آتا۔ چٹکی بجاتے میں مکان کا فراہم ہو جاتا۔ مگر افسوس انسان ہوں الہ دین نہیں ہوں۔

(دروازے پر دستک ہوتی ہے۔ دستک کی آواز سن کر بیگم پہلے برا سا منہ بناتی ہے پھر سر پر دوپٹہ ٹھیک کر کے پلنگ پر بیٹھ جاتی ہے اور پاندان اٹھا کر چھالیہ کاٹنے لگتی ہے۔)

انور: کون؟

(اختر کے کھنکھارنے کی آواز آتی ہے۔)

انور: اختر۔ آؤ بھی اندر آ جاؤ۔ خدا کی قسم بڑی عمر ہے تمہاری۔

(اختر اندر داخل ہوتا ہے۔ گرم سوٹ پہنے ہوئے ہے چھوٹی چھوٹی مونچھیں ہیں۔ ٹائی شوخ رنگ کی ہے اس کی چال اور چہرے سے اس کی بشاشت اور ظرافت طبع کا اندازہ ہوتا ہے۔)

انور: ابھی تمہارا ہی ذکر ہو رہا تھا۔

اختر: آداب عرض ہے بھابھی۔ کہئے کچھ چائے وائے کا بندوبست ہے۔

بیگم: (آداب عرض سے خوش ہو گئی ہے مگر جلی کٹی سے باز آنے والی نہیں) آتے دیر نہیں چائے کی رٹ لگ گئی۔ اب بتاؤ اتنے سے کمرے میں تم لوگوں کو بٹھاؤں یا چائے کے برتن لگاؤں یا۔۔۔

اختر: (بات کاٹ کر) بس بس رہنے دیجئے صاحب۔ مکان کی تکلیف ہے آپ کو؟ تو یوں کہئے نا۔

بیگم: تو کیا کوئی مکان مل گیا ہے؟

اختر: ایسی معمولی بات ہے مکان ملنا؟ جناب بھابھی صاحبہ۔ دفتر کے چپراسی کو ترکی کی بنی ہوئی اعلیٰ ترین ایک چھوڑ دو سگریٹیں پلائی ہیں اس نالائق کے کندھے پر ہاتھ رکھا مکان ملنے پر انعام دینے کا وعدہ کیا تب کہیں خدا خدا کر کے۔۔۔

انور: (بے صبری سے بات کاٹ کر) کہو کہو رک کیوں گئے۔

بیگم: تو کیا مل گیا مکان؟

اختر: جلدی کام شیطان کا۔ بھابھی اب میرے پاس کوئی جادو کا ڈنڈا تو ہے نہیں کہ گھمایا اور مکان حاضر۔ نہ علاؤالدین کا چراغ ہے کہ ذرا سا گھسا اور جن نے ایک سکنڈ میں محل چن دیا۔

بیگم: خدا کے لئے! کیا اب ساری الف لیلیٰ یہیں پر ختم ہو جائے گی یا کچھ اور بھی بات کرو

گے۔

اختر: اچھا مٹھائی کا وعدہ کیجئے تو بتائیں۔

بیگم: وعدہ بابا، پکا وعدہ کرتی ہوں۔ کچھ کہو تو سہی۔

اختر: تو سنئے جگر تھام کے سنئے

اب جگر تھام کے بیٹھو مری باری آئی

کہ جناب اس چپراسی کا بیان ہے کہ ایک مکان خالی ہوا ہے اور آپ کو کرایہ پر مل سکتا ہے۔

بیگم / انور: (بے اختیار ہو کر) کہاں ہے؟ کیسا ہے؟ کرایہ کتنا ہے؟

اختر: آرڈر! آرڈر!! ذرا صبر سے کام لو بھائی۔

بیگم: اختر! ڈراما ختم کرو۔ سچ سچ بتاؤ مکان کہاں ہے اور کیسا ہے؟

اختر: یہی تو بتا رہا ہوں۔ یہی کوئی یہاں سے پانچ چھ میل کے فاصلے پر ہو گا کپڑا مل سے ڈیڑھ میل کے فاصلے پر ہے۔ ویسے ہے کافی بڑا۔ تین کمرے ہیں باورچی خانہ، غسل خانہ وغیرہ وغیرہ اور چھوٹا سا صحن بھی ہے۔ آبادی اس طرف ذرا کم ہے نیچے والے حصے میں مالک مکان خود رہتے ہیں اس پار چار پانچ مکان ہیں۔

بیگم: پانچ چھ میل!

انور: وہاں تو گویا ذرا دور ہے مگر خیر کیا ہوا؟ ہے تو مکان۔

بیگم: ہر مہینے تھوڑی بچت کر کے قسطوں پر ایک سائیکل خرید لینا۔

اختر: ایک بات اور ہے مالک مکان خبطی قسم کا بوڑھا ہے۔ عمر بھی کوئی ۷۰ سال کے قریب ہے۔ کرایہ داروں کو بہت پریشان کرتا ہے۔

بیگم: خبطی ہو تو ہوا کرے۔ ہمارا کیا کرے گا؟ اپنا کرایہ لے گا کوئی جان تھوڑا ہی لے گا۔

اختر: میں نے بتا دیا۔

انور: مالک مکان کو مارو گولی۔ یہ بتاؤ کہ کمرے کتنے ہیں اس مکان میں ؟

اختر: میں نے کہانا؟ تین کمرے ہیں بڑے! بیچ میں پردہ ڈال کر دو کمرے اور نکل سکتے ہیں۔

انور: بس تو ٹھیک ہے۔ بھئی ایسا کریں گے بیگم کہ ایک کمرہ مردانہ بنالیں گے وہاں ایک کمرے میں قالین اور دری چاندنی کا فرش کرادیں گے اور دوسری طرف صوفہ سیٹ اور دیوان۔

بیگم: یہ سمجھ لیجئے کہ میں آپ کی نشست کا کمرہ اور پڑھنے کا الگ الگ نہیں کرنے دوں گی۔ بس ایک کمرہ آپ کے قبضے میں ہو گا۔ چاہے اس میں بیٹھئے چاہے بٹھالئے۔

انور: نہیں بھئی یہ کیسے ہو سکتا ہے۔ پڑھنے لکھنے کا کمرہ تو الگ ہونا چاہئے۔ تمہیں دو کمروں کا کیا کام۔

بیگم: یہ لیجئے۔ مجھے کمروں کی بھلا کیا ضرورت ہو سکتی ہے۔ یہ بھی خوب کہی بھئی۔ آپ کے ملنے والے آئیں تو سونے اور قالین پر بیٹھیں اور میری سہیلیاں آئیں گی تو کیا ان کو کیا سونے کے کمرے میں بٹھاؤں گی۔

انور: بھئی تم تو ناحق خفا ہونے لگیں۔ ایسا کرو کہ اس کمرے میں ایک طرف بیڈروم بنالو اور پردہ ڈال کر ایک طرف سنگھار کا کمرہ بنالو۔ وہیں کرسیاں اور تخت ڈال کر دوسری طرف۔۔۔

بیگم: (بات کاٹ کر) آہا۔ دوسروں کو ترکیبیں بتانا کوئی ان سے سیکھے۔ تمہیں اپنے کمرے میں پردہ ڈال کر اسٹڈی کا کمرہ کیوں نہیں نکال لیتے!

اختر: بھئی اچھی خاصی خانہ جنگی شروع ہو گئی۔ پہلے کمرہ کو دیکھ لو پھر طے کرنا کس کے حصے میں کون سا کمرہ آئے گا۔

بیگم: نہیں صاحب ابھی طے ہو جانا چاہئے ایک کمرہ آپ کو ڈرائنگ روم اور اسٹڈی کے لئے ملے گا دوسرا کھانے کا کمرہ ہو گا اور تیسرے میرے لئے۔

انور: اور بیڈ روم؟ سونے کا کمرہ کدھر گیا؟

بیگم: اس کا بھی کچھ ہو جائے گا۔ یہ سب بعد میں طے ہو گا۔

اختر: اور ہاں یہ بتانا تو میں بھول ہی گیا کہ اس میں ایک چھوٹا سا برآمدہ بھی ہے۔

انور: بہت خوب بیگم، اب تو ہم گھر سے رنگین پردے بھی لیتے آئیں گے۔

بیگم: اور صحن میں گلاب کی کیاریاں لگائیں گے۔

اختر: مگر بھابھی وہ تو اوپری منزل پر ہے کچی زمین آپ کو کہاں ملے گی؟

انور: گملوں میں سہی۔ پھولوں کے گملے ہمارے یہاں ہونے چاہئیں۔ مجھے تو گلاب سے عشق ہے۔ ہمارے ملک میں تو پھولوں کا شوق ہی مٹتا جا رہا ہے۔ آدمی بالکل کاروباری ہو گیا ہے۔

بیگم: تمہاری بیٹھک میں کچھ تصویریں بھی ہونا ضروری ہیں۔

انور: خدا کی قسم کیا بات کہی ہے بیگم!! میرے ہاتھ بنائی ہوئی وہ خوبصورت تصویریں پڑی ہوئی ہیں کہ بس نہ پوچھو۔ جب سے کم بخت مکان کا چکر شروع ہوا ہے اس وقت سے ان تصویروں کا خیال ہی ذہن سے نکل گیا۔ ان سب کو پھر سے فریم کرا کے ڈرائنگ روم میں لگاؤں گا۔

بیگم: (اختر سے) اچھا بھیا۔ اب یہ بتاؤ کہ مکان کا کرایہ کیا ہے؟

اختر: پچھلا کرایہ دار تو پینتیس روپیہ دیتا تھا مگر میں نے سنا ہے کہ وہ کرایہ کچھ بڑھانا چاہتے ہیں۔

بیگم: زیادہ ہے کرایہ!

انور : بس اب لگیں تم باریکیاں نکالنے۔ پیسہ دانت سے پکڑو گی تو بس مل چکا مکان۔ کوئی روز روز آتے ہیں یہ موقع۔ بھئی دیکھو صبح ناشتے میں روغنی ٹکیاں کم کر دینا کسی طرح تو بچت کرنی ہو گی۔

بیگم : خیر! اللہ مالک ہے۔

اختر : تو پھر کیا ارادہ ہے۔

انور : ارے میاں۔ ارادہ کیا ہوتا۔ چلو میں گھڑی کی چوتھائی میں تمہارے ساتھ چلتا ہوں۔ ذرا مجھے مالک مکان سے تو ملا دو۔ سب ٹھیک کئے لیتا ہوں۔

اختر : بیگم برادر، وہ آدمی ذرا خبطی قسم کا ہے۔

انور : تم چلو تو سہی میں اس سے بڑا خبطی ہوں۔

اختر : (اٹھتے ہوئے) اچھا چلو۔

بیگم : خدا کرے کامیاب ہو کر لوٹو۔ سرخرو آؤ۔

(انور کھونٹی پر سے کوٹ اتار کر پہنتا ہے ٹائی لگاتا ہے جوتوں کی گرد جھاڑتا ہے اور دائیں طرف کے دروازے سے دونوں باہر نکل جاتے ہیں۔)

دوسرا منظر

(لکڑی کا جنگلہ اسٹیج کے تین طرف لگا ہوا ہے اس کا صدر دروازہ اسٹیج کے بائیں طرف ہے جنگلے کے پاس ہی ایک زبردست قسم کا کتا ٹہل رہا ہے کبھی ٹہلتا ہے اور کبھی آرام سے بیٹھ جاتا ہے۔ دائیں طرف اسٹیج کے بالکل آخر میں دو منزلہ مکان کا کچھ حصہ دکھائی دیتا ہے۔ سامنے میدان میں دو یا تین مونڈھے اور ایک آرام کرسی پڑی ہوئی ہے ان میں سے ایک مونڈھے کے نیچے مرغیاں بند ہیں اور ایک دوسرے مونڈھے کے نیچے ایک مرغا بند

ہے۔
جب پردہ اٹھتا ہے تو ایک مونڈھے پر بوڑھا بیٹھا اخبار پڑھ رہا ہے اس وقت اس کی خاکی پتلون کے علاوہ اور کوئی کپڑا دکھائی نہیں دے رہا ہے اس کے جوتے بغیر پالش کئے ہوئے سیاہ بوٹ ہیں۔ تھوڑی دیر بعد اسٹیج کے بائیں کنارے پر جنگلے کے صدر دروازے پر انور اور اختر دکھائی دیتے ہیں انور جنگلے کا دروازہ کھولتا ہے اور کتا ایک دم اس کی طرف آتا ہے اور بھونکتا ہے اور انور خوف زدہ ہو کر پیچھے ہٹ جاتا ہے۔)

انور: ارے ارے۔۔۔ میاں اختر۔ یہ تو کاٹ کھائے گا۔

(کتا پھر بھونکتا ہے۔)

انور: کھڑے کھڑے دیکھ رہے ہو اسے مارتے نہیں۔

اختر: تم اپنے آپ اسے مارونا۔

(کتا پھر بھونکتا ہے انور داخل ہونا چاہتا ہے پھر جھجک کر پیچھے ہٹ جاتا ہے۔)

انور: (کتے کی طرف دوبارہ بڑھتے ہوئے) ارے تم کیا مارو گے اسے۔ وہ تو کاٹ کھائے گا۔

اختر: ٹھہرو ابھی خبر لیتا ہوں۔

(اخبار میں جنبش پیدا ہوتی ہے اور اخبار تہہ کر کے بوڑھا فوراً صدر دروازے کی طرف بڑھتا ہے بوڑھا ٹھنڈی خاکی پتلون پر سیاہ صدری اور کالی ٹوپی پہنے ہوئے ہے داڑھی خضاب سے رنگی ہوئی ہے۔ آنکھوں پر پتلی کمانی کا چشمہ ہے جس کے شیشے اور کمانیاں میلی ہیں چہرے پر غصے کے آثار ہیں۔)

بوڑھا: خبر دار جو اس پر ہاتھ اٹھایا۔ نہایت بد تمیز معلوم ہوتے ہو آپ لوگ میرے گھر میں گھس کر میرے ہی کتے پر حملہ کرتے ہیں۔ یہ کہاں کی شرافت ہے؟

انور: بڑے میاں آپ بھی الٹا ہمیں پر خفا ہونے لگے۔ کتے کو کیوں باندھ کر نہیں رکھتے۔

بوڑھا: آپ میرے گھر میں مجھے مشورہ دینے والے کون ہوتے ہیں۔ میرا کتا ہے چاہے اسے کھلا رکھوں چاہے باندھوں۔ آپ سے مطلب؟

اختر: (جو ابھی تک پیچھے دروازے ہی پر کھڑا ہے آگے بڑھتا ہے) آداب عرض ہے۔ معاف کیجئے گا ہم ایک ضروری کام کے سلسلے میں آپ کی خدمت میں حاضر ہوئے تھے۔

بوڑھا: مجھ سے ملنے آئے تھے؟ میں آپ کی صورت تک سے ناواقف ہوں۔ غالباً آپ غلط مکان میں چلے آئے ہیں۔

اختر: نہیں جناب، ہم لوگ یعنی میں اور مسٹر انور۔۔۔ ہاں ان کا تعارف کرانا تو میں بھول ہی گیا۔ یہ میرے دوست مسٹر انور ہیں یہاں سرکاری ملازمت میں ہیں ابھی حال ہی آپ کا تقرر اس جگہ پر ہوا ہے۔ نہایت عمدہ اعلیٰ گھرانے سے تعلق رکھتے ہیں مصوری سے بھی دلچسپی ہے موسیقی کا بھی آپ کو مذاق ہے۔

بوڑھا: اچھا ہو گا! مگر آپ پہلے اپنی تعریف تو بیان کیجئے۔

انور: (اختر کھسیانا ہو کر پیچھے ہٹ جاتا ہے اور آگے بڑھتا ہے) یہ میرے دوست مسٹر اختر ہیں سرکاری ملازمت میں نہیں ہیں مگر اس کی کوشش کر رہے ہیں۔ ویسے نہایت عمدہ اور شریف گھرانے سے تعلق رکھتے ہیں مصوری سے دلچسپی نہیں ہے البتہ گانا سننے کا شوق ہے اور گانے رونے دونوں میں ماہر ہیں۔

بوڑھا: آپ کے یہاں آنے کا مقصد؟

انور: آپ کو کھڑے کھڑے تکلیف ہوتی ہو گی۔ آپ چل کر بیٹھک میں تشریف رکھیں اور اپنا مقصد بیان کریں۔

بوڑھا: بیٹھک میں میری بطخوں نے انڈے دیئے ہیں۔ بس اب بچے نکلنے والے ہیں۔ ہاں باہر بٹھایا جا سکتا ہے۔

انور: بہت خوب۔ دراصل عرض یہ کرنا تھا۔

بوڑھا: (مونڈھے پر بیٹھے ہوئے) فرمایئے فرمایئے۔

انور: تو وہ بات یہ تھی۔۔۔ (پھر کچھ سوچ کر ٹھہر جاتا ہے) تمہیں کہہ دونا میاں اختر۔

اختر: جناب دراصل آپ کے مکان کے بارے میں گفتگو کرنا چاہتے تھے۔

بوڑھا: ''گوشہ عافیت'' کے بارے میں؟

اختر: جی نہیں۔ جو آپ کے مکان کے اوپر کا حصہ خالی پڑا ہے سنا تھا اس کو آپ کرایئے پر اٹھانا چاہتے ہیں۔

بوڑھا: جی ہاں اسی کا نام ''گوشہ عافیت'' ہے۔ آپ شوق سے اسے دیکھ لیجئے کرایہ چالیس روپیہ ماہوار ہوگا۔ بجلی کا بل، دھوبی، نائی وغیرہ کے اخراجات آپ کو خود ادا کرنے ہوں گے۔ لیکن ٹھہریئے، پہلے ایک بات بتایئے۔

اختر: جی فرمایئے۔

بوڑھا: آپ شادی شدہ ہیں یا غیر شادی شدہ؟

انور: اگر گستاخی نہ ہو تو پہلے یہ بتا دیجئے کہ آپ شادی شدہ کو مکان دینا چاہتے ہیں یا غیر شادی شدہ کو۔

بوڑھا: دیکھیے میں ایسے شادی شدہ کو مکان دینا چاہتا ہوں جس کے بچے نہ ہوں۔

انور: اتفاق سے ہم لوگ شادی شدہ بھی ہیں اور ابھی تک باپ بننے کی نوبت نہیں آئی ہے۔

بوڑھا: اس کے علاوہ مکان میں رہنے کے لئے ایک شرائط نامہ بھی ہے۔ ٹھہریئے میں لاتا ہوں۔ میں نے احتیاطاً اس کی کچھ کاپیاں نقل کروا کر رکھ لی ہیں۔ بات یہ ہے صاحب کہ صاف بات ٹھیک ہوتی ہے۔ میں ابھی لاتا ہوں۔ اسے سن کر اس پر دستخط کر دیجئے پھر

آگے بات چیت ہو گی۔

(اٹھنے لگتا ہے۔)

اختر: جی ہاں، ضرور۔

(کتا پھر بھونکتا ہے اور اختر کی طرف آتا ہے۔)

انور: مگر معاف کیجئے گا جناب آپ اپنے کتے کو اپنے ساتھ لیتے جائیں۔

بوڑھا: (پھر بیٹھ جاتے ہیں۔) دیکھئے حضرت۔ یہ عہد نامے کی پہلی شرط ہے۔ آپ کو اس کتے کے بارے میں کچھ بھی کہنے سننے کا حق نہ ہو گا۔ اس کے بھونکنے پر آپ کبھی اعتراض نہیں کریں گے کبھی اس کو مارنے پیٹنے کا ارادہ نہیں کریں گے اور نہ اس کو روٹی وغیرہ کے ٹکڑے ڈال کر اپنے اوپر ہلائیں گے۔

انور: مگر صاحب یہ تو بڑی زیادتی ہے اور اگر کتا کاٹنے کو دوڑ پڑے۔۔۔

بوڑھا: تو اس کا مطلب یہ ہوا کہ میں کرایہ دار رکھوں تو وہ میرے گھر کے معاملات میں دخل دے۔ مجھے کتا پالنے کا بھی مجاز نہیں رہا۔ نہیں صاحب مجھے ایسے کرایہ دار کی ضرورت نہیں۔

انور: آپ تو خوامخواہ خفا ہوئے جا رہے ہیں میں نے صرف یہ عرض کیا تھا کہ آپ اپنے کتے کو زنجیر سے باندھ کر رکھا کریں۔

بوڑھا: لاحول ولا قوۃ۔ یعنی پھر گھر کی حفاظت میں اپنے آپ کروں۔ یہ سب کچھ نہیں ہو سکتا۔ آپ کو شرط منظور ہو تو مکان میں رہئے ورنہ کوئی دوسرا مکان تلاش کر لیجئے۔

انور: اور کوئی شرط۔

(اختر بور ہو کر اخبار اٹھا لیتا ہے۔)

بوڑھا: جی ہاں وہ دوسری شرط یہ ہے کہ کرایہ پیشگی ہر مہینے کی پہلی تاریخ کو صبح ۷ بجے ادا

کرنا ہو گا۔ تیسری یہ کہ کرایہ کی کوئی رسید نہ دی جائے گی اور آپ کو رسید مانگنے کا کوئی حق نہیں ہو گا۔ چوتھی یہ کہ آپ بیڑی یا سگریٹ پیتے ہوئے گنگناتے ہوئے یا شعر پڑھتے ہوئے اپنے زینے پر سے نہ گزریں گے۔

انور: سبحان اللہ شعر پڑھنا بھی جرم۔

بوڑھا: میاں صاحبزادے مجھے بحث کرنے کی مہلت نہیں۔ "گوشہ عافیت" چاہئے تو یہ شرط ہے۔

انور: مگر بیڑی سگریٹ پینے یا شعر پڑھنے سے آپ کا کیا تعلق۔ یہ ہمارا ذاتی فعل ہے آپ کو میرے گھریلو معاملات میں دخل دینے کا کوئی حق نہیں بڑے میاں۔

بوڑھا: واہ صاحب واہ، میاں ایسے ویسے کرایہ داروں کو رکھ کر میں اپنے بچوں کا ستیاناس مار لوں!؟ میرے بچوں کے اخلاق پر کیا اثر پڑے گا۔

اختر: (اخبار پڑھتے پڑھتے ایک دم بول اٹھتا ہے) خیر اب کوئی اور شرط تو باقی نہیں۔

بوڑھا: پانچویں شرط یہ ہے کہ اس مکان کی صفائی مرمت کرانے کے لیے آپ تقاضہ نہیں کریں گے اور اگر آپ مرمت کرائیں گے تو مجھ سے اجازت لے لیں گے۔ چھٹی شرط یہ ہے کہ آپ کے دوست اور مہمان سات بجے شام کے بعد اور نو بجے سے پہلے نہ آئیں گے۔ ساتویں شرط یہ ہے کہ آپ اگر گراموفون بجانے اور کوئی چیز کوٹنے سے پہلے اطلاع کر دیا کریں گے۔

(اختر پھر اخبار پڑھنے لگتا ہے۔)

انور: آپ نے تو پوری نادر شاہی بنا رکھی ہے۔

بوڑھا: نادر شاہی؟ نادر شاہی کیسی جی؟! میں نے آپ کے گلے پر چھری تو رکھی نہیں کہ آپ مکان لے لیں، آپ کو ہزار بار غرض پڑے تو "گوشہ عافیت" کا رخ کیجئے ورنہ کوئی

زبردستی نہیں ہے۔

انور: آپ نے کرایہ دار کو سمجھ کیا رکھا ہے۔ آخر کوئی حد ہے اس دھاندلی بازی کی۔

بوڑھا: برخوردار۔ پگڑی میں نہیں لیتا۔ کسی قسم کی زبردستی نہیں کرتا۔ کرایہ دار رکھ کر اپنے بچوں کے اخلاق کا ستیاناس مارنا نہیں چاہتا۔ میں صاف آدمی ہوں۔

انور: جی ہاں اس میں کیا شک ہے کہ آپ صاف آدمی ہیں۔

اختر: (اخبار تہہ کر کے رکھ دیتا ہے) مگر آپ جانتے ہیں بڑے صاحب کہ میرے دوست کو گانے کا بے حد شوق ہے۔

بوڑھا: جناب اس علاقے میں تو گانا نہیں ہو سکتا۔ آپ چاہیں تو اپنا شوق سنیما ہال میں پورا کر سکتے ہیں۔ میرے یہاں ناممکن ہے۔

اختر: اچھا تو آپ کا عہد نامہ ختم ہوا مکان دیکھ لینے کے بعد کچھ عرض کریں گے۔

بوڑھا: جی نہیں میرا عہد نامہ ختم کہاں ہوا ہے۔ آٹھویں شرط یہ ہے کہ میں جس وقت چاہوں گا پندرہ روز پہلے اطلاع دے کر مکان خالی کرا سکوں گا لیکن اگر آپ خالی کرنا چاہیں گے تو دو مہینہ پہلے اطلاع کرنا ضروری ہو گا۔ بات دراصل یہ ہے کہ میرے کچھ عزیز جلد ہی آنے والے ہیں ممکن ہے اس وقت آپ کو مکان خالی کرنا پڑے۔ ابھی سے بتائے دیتا ہوں میں صاف آدمی ہوں۔

اختر: کیا جلد ہی عزیز آنے والے ہیں؟

انور: لیکن یہ تو مذاق ہوا بالکل۔ ایک مہینے بعد ہم کو مکان خالی کرنا پڑا تو۔۔۔

بوڑھا: (بات کاٹ کر) یہ تو خدا ہی بہتر جانتا ہے میرا فرض تھا کہ آپ کو آگاہ کر دوں۔ عہد نامے کی باقی شرطیں آپ خود پڑھ لیجئے گا۔

انور: بہتر ہو تو مکان کو ایک نظر دیکھ لیں۔

بوڑھا: ٹھیک ہے چلئے۔

(اٹھنے کے لئے انور مونڈھا کھسکاتا ہے مرغیوں کی فوج مونڈھے کے نیچے سے نکل بھاگتی ہے اور اسٹیج پر ہر طرف دوڑنے پھرنے لگتی ہے۔)

بوڑھا: ارے ارے۔۔۔ آپ نے تو سارا معاملہ گڑبڑ کر دیا۔ مونڈھے کے نیچے مرغیاں بند تھیں۔ (جھنجھلا کر) اوہ ہو آپ سے کس نے کہا تھا کہ اس زور سے مونڈھا گھسیٹیئے۔ بس یوں ہی اٹھ جاتے۔ اسے ہلانے جلانے کی کیا ضرورت تھی۔ اب بتایئے کون پکڑ کر بند کرے گا اسے۔ لاحول ولا قوۃ۔

انور: معاف کیجئے گا۔

بوڑھا: اچھا معاف کیجئے گا! آپ تو زبان ہلا کر خاموش ہو گئے یہاں جان ضیق میں ڈال دی آپ نے۔

(اختر گھبرا اٹھتا ہے تو اس مونڈھے کے نیچے سے مرغا بھی نکل بھاگتا ہے۔)

بوڑھا: لاحول ولا قوۃ۔ خوب ہیں آپ کے دوست بھی۔ انھوں نے مرغ کو بھی کھول دیا۔ بڑا سرکش مرغا ہے۔ اب بتایئے کون بند کرے گا اسے۔ آپ لوگوں کو ذرا احتیاط برتنا نہیں آتا۔

اختر: ارے تو صاحب آپ غور فرمایئے بھلا مونڈھوں کے نیچے مرغیاں بند کرنے کی کوئی تک ہے۔

بوڑھا: میں کہتا ہوں آپ کے مونڈھا کھینچنے کی کیا تک تھی۔ آپ نے میری جان عذاب۔۔۔ میں ڈال دی۔ اچھا بیٹھئے آپ کرسی پر میں ان مرغیوں کو پکڑ لوں۔

(یہ کہتے ہوئے بوڑھا مرغیوں کے پیچھے لپکتا ہے اور دیر تک کڑی، ڈربے، ڈربے،

ڈربے، کور، کور کی آوازیں آتی رہتی ہیں ایک بار مرغیوں کا پیچھا کرتے کرتے بائیں طرف اسٹیج سے باہر چلا جاتا ہے۔)

انور: (بوڑھے کو جاتا دیکھ کر اطمینان کا سانس لیتا ہے پھر آہستہ سے اختر سے مخاطب ہوتا ہے) ارے بھئی اختر۔ اب بولو۔ کیا کہتے ہو دوست۔ یہ انیس شرطوں کا عہد نامہ کون پورا کرے گا۔

اختر: میری سنو تو مکان لے لو۔

انور: مکان تو لے لوں مگر یہ عہد نامہ اور مہینے بھر بعد ان کے عزیزوں کو کون بھگتے گا۔

اختر: وہ سب بھگت لیا جائے گا۔ تم آٹھ رہ کر دیکھ لینے کو کہو۔ باقی میں سنبھال لوں گا۔

بوڑھا: (ہنستا ہوا مرغ پکڑے ہوئے بائیں طرف سے اسٹیج پر آتا ہے) ارے جلدی اٹھے، مونڈھے پر سے بڑی مصیبت سے قبضے میں آیا ہے یہ کم بخت۔ میرا تو سانس پھول گیا اصیل ہے اصیل۔ (انور مونڈھا اٹھاتا ہے۔ بوڑھا اس کے نیچے مرغ کو بند کر کے مونڈھا سنبھال کر کھڑا ہو جاتا ہے) جناب دیکھئے خدا کے لئے مونڈھے پر جمے بیٹھے رہئے گا۔ (مرغا مونڈھے کے نیچے اذان دیتا ہے۔)

انور: آپ فکر نہ کریں اب میں ہلوں گا بھی نہیں۔

بوڑھا: آپ کا نام بھولا۔

اختر: جی۔ خاکسار کو اختر کہتے ہیں۔

بوڑھا: تو میں نے کہا ذرا مرغ پکڑنے میں۔ مدد کرو۔ نوکر کم بخت کو خضاب لینے شہر بھیجا تھا وہیں مر کر رہ گیا اور آج کل کے لڑکے تم جانو بالکل نالائق ہوتے ہیں دو کوڑی کام کے نہیں۔

اختر: جی صحیح فرمایا آپ نے۔ اکبر مرحوم نے اسی لئے تو کہا تھا:

ہم ایسی کل کتابیں قابل ضبطی سمجھتے ہیں
کہ جن کو پڑھ کے لڑکے باپ کو خبطی سمجھتے ہیں

بوڑھا: ارے اکبر کی باتیں چھوڑیئے۔ اکبر بادشاہ کو تو لال قلعہ بنوانے اور شعر لکھنے کے سوا کام ہی کیا تھا۔ اسی لئے تو ایسی آوارہ اولاد اٹھی ہاں تو اختر صاحب ذرا مرغیاں گھیر یئے نا۔

اختر: (ذرا ہنس کر) عجیب اتفاق ہے جناب آپ کے یہاں آتے ہوئے پاؤں میں درد محسوس ہوا اب اس وقت اچھا خاصا شدید ہو گیا ہے غالباً نزلے کا اثر ہے۔ مجھے معاف کیجئے البتہ۔۔۔

انور: میں ذرا جلدی میں ہوں دفتر سے ذرا دیر کی چھٹی لے کر چلا آیا تھا ورنہ میں آپ کا ہاتھ ضرور بٹاتا۔

بوڑھا: اچھا۔ اچھا۔ لیکن آپ ذرا دیر اسی مونڈھے پر جمے رہئے۔ ارے دیکھئے اسے ٹیڑھا مت کیجئے۔ آپ ذرا آگے جھک گئے تو مرغا نکل بھاگے گا۔

انور: بہت خوب۔ آپ فکر نہ کریں۔ میں نے سوچا مکان کے بارے میں بات پکی کر لی جائے۔

بوڑھا: آپ کا مطلب ہے "گوشہ عافیت" کے بارے میں۔

انور: جی ہاں۔ جی ہاں۔

بوڑھا: تو آپ کو ساری شرطیں منظور ہیں نا اور وہ ہاں وہ ایک شرط عہد نامے میں نقل کرانا بھول گیا۔

اختر: وہ کیا۔

بوڑھا: وہ شرط یہ ہے کہ آپ "گوشہ عافیت" کو اپنا مکان نہ کہہ سکیں گے خط و کتابت میں

بھی نہ لکھیں گے اور اگر ان شرائط میں سے کسی کی خلاف ورزی کریں گے تو مجھے مکان کو فوری طور پر خالی کرا لینے کا حق ہو گا۔

انور: تو پھر کہئے تو عہد نامے پر دستخط کر دوں۔ خیال یہ ہے کہ پہلے ایک مہینے کے لئے رہ کر دیکھوں گا۔ اگر آپ کی اور ہماری بنے گی تو رہوں گا ورنہ کوئی اور انتظام کر لوں گا۔

بوڑھا: مگر اس صورت میں بھی کرایہ تو ایک مہینے کا پیشگی دیناہی ہو گا۔

انور: (روپئے نکال کر بوڑھے کو دیتے ہوئے) اچھا تو یہ لیجئے پیشگی کرایہ۔ میں کل ہی سے مکان میں آجاؤں گا۔

بوڑھا: بہت خوب۔

انور: اچھا تو اب اجازت دیجئے۔ دفتر کو دیر ہو رہی ہے۔ آداب عرض۔

بوڑھا: آداب عرض، دیکھئے ذرا احتیاط سے اٹھئے گا مرغانہ نکل جائے۔

(انور اور اختر بہت احتیاط سے اٹھتے ہیں کتے سے بچتے بچاتے صدر دروازے تک پہنچتے ہیں۔)

تیسرا منظر

(گوشہ عافیت، کا ایک کمرہ جو زینے کے بالکل قریب ہے زینے کی دو ایک سیڑھیاں اسٹیج کے بائیں طرف دکھا دیتی ہیں کیونکہ زینے کا دروازہ کھلا ہوا ہے۔ اسی کمرے میں منٹل پیس پر ایک لیمپ جل رہا ہے کمرے میں ایک بڑا گھنٹہ ٹنگا ہوا ہے جس سے ظاہر ہوتا ہے کہ رات کے بارہ بج چکے ہیں۔ کمرے کی فضا میں ترتیب اور بے ترتیبی دونوں موجود ہیں جس سے ظاہر ہوتا ہے کہ یہ لوگ حال ہی میں اس مکان میں منتقل ہوئے ہیں اور ابھی پوری طرح سامان اور گھر سلیقے سے نہیں سجایا گیا ہے مثلاً وہ کرسیاں اور میز جو پہلے منظر میں

دیکھی گئی تھی یہاں بھی موجود ہے قالین بھی وہی ہے البتہ بکسوں میں سے صرف ایک بکس یہاں اسٹیج کے دائیں طرف بے ترتیبی سے پڑا ہوا ہے اور اس کے برابر چھوٹا موٹا سامان بھی پڑا ہوا ہے جس میں جوتے، خالی شیشیاں، خالی ڈبے فلٹ، ایک پرانا ہیٹ اور ایک ہارمونیم بھی ہے چند کتابیں بھی یہاں دکھائی دیتی ہیں کچھ مینٹل پیس پر رکھ دی گئی ہیں۔ یہاں کچھ کپڑے اور چادریں بھی بے ترتیبی سے پڑی ہوئی ہیں۔ برابر ایک پلنگ بچھا ہوا ہے جس میں بستر موجود ہے۔ دیوار پر ایک ڈھولک بھی لٹک رہی ہے۔

(جس وقت پردہ اٹھتا ہے اختر کرسی پر بیٹھا چائے پی رہا ہے۔ سلیپنگ سوٹ پہن رکھا ہے بال بکھرے ہوئے ہیں۔ چائے کی پیالی میز پر رکھ کر سگریٹ سلگاتا ہے اتنے میں انور دائیں کی طرف کے دروازے سے داخل ہوتا ہے یہ دروازہ دوسرے کمرے کی طرف جاتا ہے جبکہ اسٹیج کی بائیں طرف کا دروازہ زینے کے دروازے کے قریب ہے انور بھی شب خوابی کے لباس میں ہے۔ اس کے ساتھ ساتھ بیگم بھی داخل ہوتی ہیں۔ ملگجا ساغرارہ قمیض اور دوپٹہ پہنے ہوئے ہیں سویٹر بھی پہن رکھا ہے۔)

اختر: (ڈرامائی انداز میں کھڑے ہو کر استقبال کرتے ہوئے۔)

وہ آئیں گھر میں ہمارے خدا کی قدرت ہے
کبھی ہم ان کو کبھی اپنے گھر کو دیکھتے ہیں

انور: شہ۔۔۔ خاموش۔ ارے بھئی بڑے میاں سن لیں گے کہ تم گنگنا رہے ہو اور اس مکان کا اپنا گھر کہہ رہے ہو تو ابھی مکان سے نکال باہر کردیں گے۔

اختر: بڑے میاں نکالیں یار کھیں اس وقت تو یہ کمرہ میرا ہے۔ آپ لوگ اپنے کمرے سے اس کمرے میں آئے ہیں تو گویا ہم اپنے بھائی بھابھی کا استقبال بھی نہ کریں۔ کیا بالکل پھاوڑے ہی ہو جائیں۔

بیگم: اچھا مکان لیا ہے تو کیا سچ مچ ناک کان کٹا کر رہنا پڑے گا۔

اختر: نہیں بھابھی ہر گز نہیں۔ دیکھو تو میں کیا گل کھلاتا ہوں مگر ایک شرط ہے کہ تم ذرا اپنا دل مضبوط کر رکھنا کچھ وہم دل میں نہ لانا۔

بیگم: آخر سنوں تو کیا کرنے والے ہو۔

(انور اشارے سے منع کرتا ہے۔)

اختر: اجی نہیں سننے کی بات نہیں دیکھنے کی بات ہے۔

بیگم: اے ہو گی۔ تمہاری باتیں تو سدا بے تکی ہوتی ہیں۔ میں تو یہ پوچھنے آئی تھی کہ چائے اور لوگے یا نہیں۔ آج دن بھر سامان ٹھیک کرنے میں تو تھک کر چور ہو گئی ہوں۔ جوڑ جوڑ دکھ رہا ہے۔ میں تو جاتی ہوں سونے کو سخت نیند آ رہی ہے مگر تمہارے بھائی کو نیند نہ جانے کیوں غائب ہو گئی ہے۔

اختر: آپ آرام کیجئے۔ مردوں کی نیند زیادہ تھکن میں غائب بھی ہو جاتی ہے۔

بیگم: اچھا بھئی میں تو چلی۔

اختر: خدا حافظ۔

انور: ہاں بھئی ٹھیک ہے تم جا کر سوؤ۔ میں اختر سے دو باتیں کر کے ابھی آتا ہوں۔ خدا حافظ۔ شب بخیر۔

(بیگم باہر سونے کے کمرے کے دروازے سے چلی جاتی ہے۔)

اختر: (کچھ وقفے کے بعد) تو بھئی سارا انتظام مکمل ہے۔

انور: ہاں سب ٹھیک ہے۔ اس لڑکے سے بھی کہہ دیا ہے۔

اختر: تو پھر شروع کریں پروگرام۔ یار بہت دنوں بعد اداکاری کا موقع آیا ہے کیا پتہ تھا کہ کالج کے ڈراما کلب کے کمالات اس طرح کام آئیں گے۔

انور: مگر کمال کی اداکاری ہو تب تو بات ہے ورنہ پڑیں گی بے بھاؤ کی۔

اختر: ذرا انسپائر کرو۔ دیکھو ذرا وہ چادر اٹھاؤ۔ پرانا ہیٹ پہنو(انور ڈھیر سے چادر اٹھاتا ہے)اسے اوڑھ کر ذرا مردے کی طرح کمرے میں چکر تو لگاؤ جیسے ہی میں چیخ ماروں تم بھی چادر پھینک کر میری طرح چیخ مارنا۔

(انور چادر اوڑھ کر ہیٹ پہن کر مردے کی طرح لنگڑاتا ہوا کمرے کا گشت لگاتا ہے۔)

اختر:(زور سے چیختا ہے)بچاؤ۔بچاؤ۔۔۔مار ڈالا۔۔۔مار ڈالا۔۔۔بچاؤ۔

(انور بھی یہ سب الفاظ دہراتا ہے۔)

اختر:ہائے۔۔۔ہائے۔۔۔ہوہو۔۔۔ہاہا۔۔۔افوہ۔۔۔مار ڈالا۔۔۔ارے کوئی بچاؤ۔۔۔ اے مرا۔۔۔مرے اللہ۔۔۔بچاؤ۔۔۔

(بیگم گھبرائی ہوئی دائیں طرف کے دروازے سے داخل ہوتی ہیں۔)

بیگم: کیا ہوا؟ اختر بھائی! کیا ہوا۔

انور: کیا بات ہے؟

اختر: بھائی آپ جایئے۔ انور بھیا۔ وکیل صاحب کو بلایئے۔ میرا دم نکلا جارہا ہے میں مر جاؤنگا۔ میری آنکھوں نے اسے دیکھا ہے۔۔۔افوہ۔۔۔ارے کوئی بچاؤ۔۔۔وہ مار ڈالے گا مجھے۔

انور: تم انھیں سنبھالو۔ میں ابھی وکیل صاحب کو بلا کر لاتا ہوں۔

(انور نیچے جاتا ہے بائیں طرف دروازے زینے کی طرف جاتا نیچے سے کتے کے بھونکنے کی آواز سنائی دیتی ہے۔اختر کی بے قراری اور چیخ پکار بدستور جاری ہے۔)

اختر: ارے محلے والو مر گئے کیا؟۔۔۔ یہ مجھے مار ڈالے گا۔۔۔ ہائے۔۔۔ ہائے۔۔۔

افوہ۔۔۔مار ڈالا۔۔۔ مرے اللہ بچاؤ۔۔۔ میری جان لے لے گا۔۔۔

بیگم: اختر بھیا ذرا صبر سے کام لیجئے۔

اختر: بھابھی۔ آپ اپنے کمرے میں چلی جائیے۔ وکیل صاحب آتے ہوں گے۔۔۔ ہائے کیسے چپ ہو جاؤں میری آنکھوں میں اسی کی صورت ناچ رہی ہے۔۔۔ (پھر چلانے لگتا ہے۔) ہائے۔۔۔ مار ڈالا۔۔۔ وہ میرا پیچھا نہیں چھوڑے گا۔۔۔ وہ مجھے مار ڈالے گا۔

(انور بائیں طرف کے دروازے سے داخل ہوتا ہے۔)

انور: (تیز قدموں سے آتا ہے۔) آجائیے۔ وکیل صاحب۔

(بیگم دائیں طرف کے دروازے سے چلی جاتی ہے۔)

اختر: ارے محلے والو مر گئے کیا؟۔۔۔ یہ مجھے مار ڈالے گا۔۔۔ ہائے۔۔۔ ہائے۔۔۔ افوہ۔۔۔مار ڈالا۔۔۔ مرے اللہ بچاؤ۔۔۔ میری جان لے لے گا۔۔۔

(بوڑھے کا لباس وہی ہے فرق یہ ہے کہ پتلون کی جگہ پاجامہ پہنے ہوئے ہیں جو گرم ہے اور مٹیالے رنگ کا ہے اور سر پر کنٹوپ پہنے ہوئے ہیں جو کانوں کو ڈھکے ہوئے ہے۔)

بوڑھا: کیا بات ہے بھائی۔ کیا تکلیف ہے؟

اختر: وکیل صاحب! آپ کے گھر میں بھوت!

بوڑھا: (حیرانی اور پریشانی میں خود بھوت کی سی شکل اختیار کر لیتا ہے) بھوت میرے گھر میں بھوت!!

اختر: جی ہاں بھوت۔ آپ کے گھر میں بھوت!! میں نے اپنی آنکھوں سے دیکھا ہے۔ سفید کپڑے پہنے ہوئے دیوار پر بیٹھا تھا مجھے دیکھ کر مسکرایا پھر میری طرف بڑھا۔ (پھر چیخنے لگتا ہے۔) ہائے مجھے بچاؤ۔۔۔ وکیل صاحب کے مکان نے میری جان لے لی۔۔۔ مجھے

بچاؤ ہائے۔۔۔ہائے!!!

(شور سن کر چند ہمسایہ زینے پر دستک دیتے ہیں اور دستک دے کر تھوڑی دیر میں اندر داخل ہوتے ہیں۔ یہ پڑوسی مختلف قسم کے ہیں اور مختلف لباس پہنے ہوئے ہیں جو عام طور پر لوگ سوتے وقت پہنتے ہیں سب کے چہروں سے ظاہر ہوتا ہے کہ نیند سے اٹھ کر آ رہے ہیں۔ ان میں ایک پیر صاحب بھی ہیں جو گیروا کپڑے پہنے ہوئے ہیں اور تسبیح گلے میں ڈالے ہوئے ہیں۔)

ایک ہمسایہ: کیا ہوا؟ کیا بات ہے؟

اختر: (چلا کر) بھوت! وکیل صاحب کے گھر میں بھوت!!

بوڑھا: میں کہتا ہوں اس مکان میں پینتیس سال سے رہتا ہوں کبھی میں نے بھوت نہیں دیکھا۔

اختر: میں نے تو اپنی دونوں آنکھوں سے۔ (آنکھوں کی طرف اشارہ کرتا ہے۔) دیکھا ہے وکیل صاحب۔

دوسرا ہمسایہ: کہاں دیکھا! کہاں تھا؟ کیسا تھا؟

اختر: جناب سوتے سوتے میری آنکھ کھل گئی پیشاب کرنے کے لئے اٹھا صحن میں پہنچا تو کیا دیکھتا ہوں کہ دیوار پر سفید کپڑے پہنے بیٹھا ہے بھوت! (پھر چلانے لگتا ہے) اللہ! اللہ کی پناہ!! بھوت!

تیسرا ہمسایہ: تو جناب پھر کیا ہوا؟

اختر: مجھے دیکھ کر مسکرایا پھر میری طرف بڑھا۔

پہلا ہمسایہ: مسکرایا؟!

دوسرا ہمسایہ: جل تو جلال تو، آئی بلا کو ٹال تو۔

بوڑھا: جھوٹ ہے بالکل جھوٹ ہے۔

اختر: آپ تو کہیں گے ہی۔ آپ کے مکان میں جان دینے نہیں آئے ہیں ہم۔

تیسرا ہمسایہ: پھر کیا ہوا؟

اختر: اس نے مجھ سے کہا۔

پہلا ہمسایہ: اس نے بات بھی کی؟!

دوسرا: کیا بات کی اس نے۔

اختر: جی ہاں اس کی نذر نیاز نہیں ہوئی ہے نہ قوالی کرائی گئی ہے یہ لوگ اسے ترساتے ہیں اسی لئے اس کی روح بھٹکی بھٹکی پھرتی ہے۔

بوڑھا: لاحول ولا قوۃ۔ میں کہتا ہوں سب فضول کی باتیں ہیں۔

انور: جی ہاں، آپ کی نظر میں ہوں گی فضول کی باتیں؟ ایسا ہی ہے تو آپ ذرا اس مکان میں آکر رہیئے۔

پہلا ہمسایہ: ہاں بھئی جس پر گزرتی ہے وہی جانتا ہے۔

دوسرا ہمسایہ: کون رہے گا اس مکان میں۔ کس کی جان فالتو ہے؟!

بوڑھا: میں کہتا ہوں بھیڑ کیوں لگا رکھی ہے آپ لوگوں کو کس نے بلایا ہے کوئی تماشا ہو رہا ہے یہاں! بے کار کی باتیں لگا رکھی ہیں۔ لاحول ولا قوۃ۔

پیر جی: (جو ابھی تک خاموشی سے ساری گفتگو سن رہے تھے) جناب بدارواح اور جنات کا وجود تو قرآن کریم سے ثابت ہے۔ (اختر سے مخاطب ہو کر) حضت آپ بسم اللہ کیجئے آج ہی رات کو قوالی کا انتظام کر لیجئے۔ انشاء اللہ ساری زحمت رفع ہو جائے گی۔

بوڑھا: اجی سب ضعیف الاعتقادی کی باتیں ہیں۔

پیر جی: بھوت نے یہ بھی کہا کہ اگر مجھے اسی طرح ترسایا گیا تو میں محلے والوں کو بھی پریشان کروں گا۔

پہلا پڑوسی: محلے کے اور گھروں میں بھی جائے گا؟!

دوسرا: کیا کہا؟ محلے والوں کو پریشان کرے گا؟!

پیر جی: حضنت آپ قوالی کا انتظام کیجئے۔

بوڑھا: میرے گھر ہر گز ہر گز قوالی وغیرہ نہیں ہوگی۔

کئی ہمسائے: یہ سارے محلے کی خیریت کا سوال ہے۔

اختر: اور بھوت !!۔۔ ہائے میرے اللہ۔ ابھی تک میری آنکھوں میں بھوت کی شکل گھوم رہی ہے بھوت !!

(پھر چیخنا چلانا شروع کر دیتا ہے۔)

انور: وکیل صاحب ہم لوگ تو صبح کو اپنا سامان باندھ لیں گے۔ صاحب۔ آپ کا مکان آپ کو مبارک۔ یہاں اس چکر میں ایک آدھ کی جان چلی جائے گی۔

کئی آدمی: ہاں صاحب ٹھیک بھی تو ہے۔

بوڑھا: ارے انور میاں، خدارا کہیں ایسا بھی نہ کیجئے گا بھئی جیسے تمہارے گھر کی خیریت ویسے ہی میرے گھر کی خیریت اس میں کوئی غیرت کی بات تو ہے نہیں۔

انور: نہیں صاحب میں بھر پایا ایسے مکان سے۔ بیگم کا ڈر کے مارے برا حال ہے۔

اختر: میں تو چلا واپس۔ ہر گز اس گھر میں نہ رہوں گا۔

بوڑھا: ایسی بات نہیں کرتے اختر بیٹا۔ ایسا ہی ہے تو قوالی کرا لو۔

اختر: میں کیوں کرالوں؟ قوالی تو مالک مکان کی طرف سے ہونی چاہئے۔

(باقی لوگ آپس میں تبادلۂ خیال کر رہے ہیں۔ کچھ غور سے اس گفتگو کو سن رہے ہیں اور اختر کی حمایت میں سر ہلارہے ہیں۔)

بوڑھا: جی نہیں۔ میرے پاس اتنا فالتو روپیہ نہیں ہے۔

انور: ٹھیک ہے لیکن ہم تو ایک پل بھی اس بھوت گھر میں نہیں رہ سکتے۔ ہمارا اسلام لیجئے۔

پیر صاحب: وکیل صاحب۔ قوالی کا خرچہ تو واقعی آپ ہی کو کرنا چاہئے۔ کوئی سو دو سو روپیہ کا سوال تو ہے نہیں۔ بس نذر فاتحہ کے لئے کچھ مٹھائی، کچھ سگریٹ پان کا خرچہ اور قوالوں کو جو کچھ دیں۔ بس اللہ اللہ خیر صلا۔

بوڑھا: مگر اس وقت قوال کہاں ملیں گے۔

ایک ہمسایہ: یہ تو سارے محلے کا سوال ہے۔

دوسرا ہمسایہ: محلے کے لئے وکیل صاحب کو اتنی قربانی تو کرنی ہی چاہئے۔

تیسرا ہمسایہ: وکیل صاحب، مان جایئے نہیں تو ہمیشہ مکان خالی پڑا رہے گا۔

پی ر صاحب: اجی پیسہ کیا ہاتھ کا میل ہے۔ خدا کا فضل چاہئے۔ یوں بھی قوالی سے خدا کا فضل ہی ہو گا۔

بوڑھا: پیسے کی کیا بات ہے۔ چلئے میں ہی دیدوں گا مگر اب قوال کہاں ملیں گے۔

انور: وکیل صاحب۔ اس وقت ہم سب مل کر قوالی گالیں گے۔ ہارمونیم تو یہاں موجود ہے ڈھولک یہ رہی۔

پیر صاحب: بسم اللہ! بسم اللہ!!

اختر: حضرات تشریف رکھیں۔

(اختر میز اور کرسیاں ہٹا کر ایک کنارے رکھ دیتا ہے اور قالین پر سب لوگ بیٹھنے لگتے ہیں۔ بوڑھا کافی دیر ناگواری سے ادھر ادھر دیکھتا رہتا ہے پھر بیٹھ جاتا ہے۔)

پیر صاحب: اس وقت زیادہ تکلف کی ضرورت نہیں۔ لائیے ہارمونیم مجھے دیجئے۔ ڈھولک مرزا صاحب لے لیں گے۔

(ڈھولک اتار کر ایک پڑوسی کے سپرد کر دی جاتی ہے، پیر صاحب ہارمونیم لے کر بیٹھتے ہیں۔)

انور: (اختر سے) پارٹنر۔ ذرا سگریٹ پلاؤ۔

اختر: (سگریٹ نکال کر دیتا ہے۔) یہ لو اور دوسروں کو بھی پلاؤ۔

بوڑھا: یعنی لاحول ولا قوۃ۔ سگریٹ بھی پینا ضروری ہے۔

پیر صاحب: آخر حرج ہی کیا ہے وکیل صاحب جس روح کو جو چیز پسند ہو اسی پر نیاز دلا کر استعمال کرنا چاہئے۔

بوڑھا: میں کہتا ہوں کیا غدر مچار کھا ہے ان سب لوگوں نے۔

انور: دیکھئے وکیل صاحب جی تھوڑا نہ کیجئے نیت کا بھی بڑا اثر پڑتا ہے۔

بوڑھا: مگر صاحب، میرے گھر میں کبھی یہ نوبت نہیں آئی۔

اختر: سب کچھ اسی کا فتور ہے وکیل صاحب۔ بس قوالی ہونے دیجئے دیکھئے چند دنوں میں یہ گھر گلزار ہو جائے گا۔

پیر صاحب: صحیح فرمایا آپ نے۔ قوالی میں بڑی برکت اور بزرگوں کی ارواح مقدسہ کا سایا سر پر ہو تو واللہ کیا کچھ نہیں ہو سکتا۔ اچھا حضرات! شروع کرتا ہوں۔

(پیر صاحب! ہارمونیم بجاتے ہیں۔ ایک پڑوسی ڈھولک بجانا شروع کرتا ہے باقی انور، اختر

اور چند لوگ تالی بجاتے ہیں قوالی شروع ہوتی ہے پہلے دو رباعیاں پڑھی جاتی ہیں۔)

گلشن میں پھروں کہ سیر صحرا دیکھوں
دشت و دریا دیکھوں
ہر جا تری قدرت کے لاکھوں جلوے
حیراں ہوں کہ دو آنکھوں سے کیا کیا دیکھوں

دنیا بھی عجب سرائے فانی دیکھی
ہر چیز یہاں کی آنی جانی دیکھی
جو آ کے نہ جائے وہ بڑھاپا دیکھا
جو جا کے نہ آئے وہ جوانی دیکھی

اس کے بعد پیر صاحب غزل شروع کرتے ہیں انور لے ملاتا ہے اختر تال دیتا ہے اختر بار بار بوڑھے کو اشارہ کرتا ہے کہ آپ بھی تال دیجئے مگر بوڑھے کے چہرے پر تھوڑی دیر ناگواری کے آثار قائم رہتے ہیں پھر تال دینے لگتا ہے۔

---قوالی---

قوالی کے انتخاب کا معاملہ مکمل طور پر ڈرامے کے پروڈیوسروں کے مذاق پر چھوڑا جاتا ہے۔

(قوالی کے منظر کو مختلف ترکیبوں سے حقیقی اور دلچسپ بنانا چاہئے۔ کبھی کبھی پیر صاحب پر حال کے اثرات بھی ظاہر کئے جا سکتے ہیں مگر جلد ہی پھر ہار مونیم کی طرف متوجہ ہو جاتے ہیں لوگ فرمائش کرتے ہیں گانے والے کو نذر بھی دی جاتی ہے جو پہلے بوڑھے کو

پیش کی جاتی ہے اور بعد کو انور کی جیب میں پہنچ جاتی ہے۔)

ایک پڑوسی: سبحان اللہ! سبحان اللہ!! جناب غزل کا پہلا شعر پھر عنایت ہو۔

انور: جناب! ٹھہریئے۔ قوالی میں مالک مکان کو بھی ضرور شریک ہونا چاہئے کار خیر ہے اور پھر۔

بوڑھا: میں؟ میں گاؤں؟!

انور: جی ہاں۔ تو کیا ہوا؟

وہی پڑوسی: بسم اللہ! بسم اللہ!!

دوسرا پڑوسی: جی ہاں۔ آپ کی شرکت ضروری ہے۔

بوڑھا: کیا شعر ہے۔ (انور شعر دہراتا ہے۔ پھر بوڑھا بھی وہ شعر اپنی انتہائی بھدی آواز میں گاتا ہے اس کے بعد پیر صاحب اسے دہراتے ہیں پھر سب دہراتے ہیں۔)

(ایک پڑوسی اتنے میں پان اور سگریٹ لئے داخل ہوتا ہے بوڑھا اسے بڑی ناگواری کے ساتھ سر سے پاؤں تک دیکھتا ہے۔ اس کے آنے کے کچھ دیر بعد تک قوالی جاری رہتی ہے پیر صاحب دعا کے لئے ہاتھ اٹھاتے ہیں سب لوگ اٹھ کھڑے ہوتے ہیں۔)

انور: اب سب حضرات اپنے اپنے حصہ کی سگرٹیں اور پان لے لیں اور دھواں اڑاتے ہوئے مرحوم کی روح کو ثواب پہونچاتے ہوئے اپنے گھر جائیں۔ آپ سب حضرات کا میری طرف اور وکیل صاحب کی طرف سے بہت بہت شکریہ۔

(بوڑھا چلنے لگتا ہے تو انور اسے روک لیتا ہے، باقی لوگ رفتہ رفتہ چلے جاتے ہیں۔)

انور: وکیل صاحب۔ مجھے آپ سے ایک بات عرض کرنی ہے۔

بوڑھا: کیا بات ہے میاں انور؟

انور: بات یہ ہے جناب کہ صاف صاف ہی کیوں نہ کہدوں کہ ہم اس مکان میں شاید نہ رہ سکیں گے۔

بوڑھا: پھر وہی بات؟ اسی کے لئے سب کچھ کیا ہے اور پھر تم کہہ رہے ہو کہ نہ رہ سکوں گا۔

انور: جی نہیں۔ بھوت پریت کے خوف سے نہیں کہہ رہا ہوں۔ بات دراصل یہ ہے کہ مجھے آپ کے عہد نامے کی شرطیں منظور نہیں ہیں۔

بوڑھا: تمہیں جو شرط منظور نہ ہو میں اسے کاٹ دوں۔

انور: مجھے آپ کا کتا ایک آنکھ نہیں بھاتا۔ رات میں دیر سے لوٹنے کا عادی ہوں اور پھر گانا، پان سگریٹ دونوں میری عادت میں داخل ہیں اور پھر مہینے بھر میں عزیز بھی آنے والے ہیں۔

بوڑھا: کیسی باتیں فرما رہے ہیں آپ میاں انور۔ تم تو میرے بیٹے کے برابر ہو واللہ آج ہی سے کتے تو زنجیر میں باندھ کر رکھوں گا۔ رہا گانا اور سگریٹ یہ تو بھئی اپنا اپنا شوق ہے اور تم کیا میرے عزیزوں سے کم ہو۔ اب تو میرے کتنے ہی عزیز کیوں نہ آئیں تم سے مکان خالی نہ کراؤں گا۔

انور: اور پھر مکان کا کرایہ بھی زیادہ ہے۔

بوڑھا: ارے بھئی تم خواہ مخواہ شرمندہ کر رہے ہو۔ اچھا چلو دس روپیہ کم کر لو۔ اس قسم کا آدھا کرایا دے دیا کرو۔ بس اب تو خوش۔

انور: کیا عرض کروں وکیل صاحب۔ یہ رقم بھی ہر مہینے کی پہلی تاریخ کو صبح ۷ بجے پیشگی دینا میرے لئے مشکل ہوگا اس لئے بہتر یہی ہے کہ میں دوسرے مکان کی تلاش۔

بوڑھا: (بات کاٹ کر) لاحول ولا قوۃ۔ میں نے ایسا تکلف کرنے والا انسان نہیں دیکھا کون مردود تم سے پیشگی کرایہ مانگتا ہے جب مرضی ہو کرایہ دے دینا۔ بات دراصل یہ ہے کہ اس طرح تمہارے چلے جانے سے پھر کوئی کرایہ دار میرے مکان میں نہ آئے گا۔

انور: پھر آپ کا عہد نامہ ؟!

بوڑھا: بھاڑ میں جھونکو عہد نامے کو میں تمہارے سامنے پھاڑ کر جلائے دیتا ہوں۔

انور: بہت خوب۔ اب آپ مجبور کرتے ہیں تو اور بات ہے۔ بزرگ کی بات ٹالی نہیں جا سکتی۔

بوڑھا: اچھا بھئی اب مجھے اجازت دو۔ نیند آرہی ہے۔

(بوڑھا چلا جاتا ہے۔)

(اختر پڑوسیوں کے ساتھ باہر چلا گیا تھا داخل ہوتا ہے۔ انور کمرے کو پھر سے ٹھیک ٹھاک کر رہا ہے اور قالین پر سے کاغذ کے ٹکڑے اور سگریٹ کے ٹکڑے ہٹا رہا ہے انھیں ہٹا کر کرسیاں اور میز پھر سے جماتا ہے۔)

اختر: (قہقہہ لگاتے ہوئے داخل ہوتا ہے۔) کہو دوست۔ مانتے ہو کیسا رام کیا بڈھے کو۔

انور: واہ بھئی واہ۔ عہد نامہ منسوخ۔ کرایہ آدھا۔ گانے کی آزادی۔ کتے سے چھٹکارا۔ اب تو بس عیش کریں گے عیش۔ ہالا استاد۔

اختر: اس کو کہتے ہیں "گوشۂ عافیت"۔

انور: بوڑھے کو تو اب عمر بھر بھوت نظر آئیں گے۔ مکان خالی ہو جانے سے تو وہ ڈر ہی رہا ہے خوف اسے اس بات کا بھی ہے کہ بھوت خود اس کے گھر میں نہ گھس آئیں۔

اختر: اچھا سبق ملا ہے بڑے میاں کو۔ بہت دنوں تک یاد رکھے گا ظالم۔ بہت افلاطون اور

قانون داں بنتا تھا اور یہ بھابی کہاں چلی گئیں۔ (آواز دیتا ہے۔) بھابھی۔

(بیگم برقعہ پہنے ہوئے داخل ہوتی ہے۔)

انور: ارے یہ تم برقعہ اوڑھے کیوں چلی آرہی ہو۔ کیا کہیں کی تیاری ہے۔

بیگم: سامان باندھ رہی تھی تم لوگ بھی تیاری کرو۔

انور: آخر بات کیا ہے۔

بیگم: مجھ سے اس گھر میں ایک سیکنڈ بھی نہیں رہا جائے گا۔

انور: تو کیا تم سچ مچ سمجھ رہی ہو کہ اس گھر میں بھوتوں کا اثر ہے۔ بھابھی۔ وہ تو فقط ذرا مالک مکان کو ڈرانے دھمکانے کو ڈرامہ کھیلا تھا۔

بیگم: یہ تو میں بھی سمجھتی ہوں۔

انور: تو پھر کیا بات ہے تم سے تو پہلے کہہ دیا گیا تھا کہ جی میں وہم نہ لانا۔

بیگم: مگر میری آنکھوں میں تو وہی کم بخت بھوت ناچ رہا ہے۔ طبیعت میں بڑی وحشت ہے نابابانا۔ مجھ سے اس گھر میں ذرا دیر بھی نہ رہا جائے گا۔

انور: بچوں کی سی باتیں نہیں کیا کرتے۔ تھوڑے دنوں میں پریشانی دور ہو جائے گی بھوت پریت پر اعتقاد نہیں کیا کرتے۔

بیگم: کون اعتقاد رکھتا ہے، مگر بھوت پریت (چیخ مارتی ہے۔) وہ دیکھو کون ہے۔ کتنے بڑے بڑے دانت نکالے کھڑا ہے سفید کپڑے پہنے ہوئے۔

انور: توبہ، توبہ۔ وہ تو دیوار پر پچھلی مرمت کا نشان ہے۔

بیگم: میں پاگل ہو جاؤں گی خدا کے لئے یہاں سے چلو۔ میرا دم گھٹ رہا ہے تم تو یونہی چاہتے ہو تاکہ میں گھبرا کر اپنے میکے چلی جاؤں۔ مجھے ساتھ رکھنا ہے تو ٹھکانے کا مکان

ڈھونڈو۔ مجھ سے یہاں نہیں رہا جائے گا۔ ہر گز نہیں رہا جائے گا۔ میں تو ڈر کے مارے مر جاؤں گی۔

انور : اچھا بابا۔ جیسی تمہاری مرضی۔ اختر چلو سامان باندھو۔

(دونوں کے چہروں پر مردنی چھا جاتی ہے اور دونوں کرسی میں دھنس جاتے ہیں۔)

✹ ✹ ✹